더 깊고 넓어진 〈부의 인문학〉과 함께
투자시장에서 건승하시길 바랍니다.

- 우석

부의 인문학

슈퍼리치의 서재에서
찾아낸 부자의 길

부의 인문학

우석 지음

JOHN MAYNARD
KEYNES
Milton Friedman
Michael Eugene Porter
Friedrich August von Hayek

DAVID
RICARDO

Paul Romer   Adam Smith
JOSEPH ALOIS   HENRY
SCHUMPETER   GEORGE
Thomas Piketty   Edward Glaeser

JAMES M. BUCHANAN

THORSTEIN
BUNDE VEBLEN
Robert James Shiller
Daniel
Kahneman 韓非子

Francis Galton
THORSTEIN
BUNDE VEBLEN
VILFREDO
DAMASO

Harry Max Markowitz
*Eugene Francis
Fama*

Richard H. Thaler

OPENMIND

성지순례 온다는 전망 글,
사실은 인문학 속에 숨겨져 있는
오래된 예언일 뿐

―――――

나는 동갑내기 아내랑 8년 연애 끝에 결혼해 월세 20만 원짜리 집에서 신혼살림을 시작했다. 혼수도 패물도 없는 초라한 시작이었지만 우리는 전세 보증금까지 모두 빼서 모은 종잣돈 500만 원으로 재테크를 시작했다. 그리고 결국 그 500만 원을 50억으로 불려서 40대 초반에 은퇴했다.

진짜 재벌들은 50억쯤 우습게 볼지도 모르겠다. 하지만 밑바닥에서 시작한 우리 부부에게 그것은 꿈의 완성이었다. 그리고 우리 세 식구 행복하게 살기에 부족함이 없는 돈이었다. 무엇보다 그것을 지키거나 불리기 위해 스트레스를 받아가며 일을 해야 할 필요가 없다는 것이 행복했다.

나는 대학 때부터 자유를 꿈꾸었다. 직장 생활은 지긋지긋했다. 마흔두 살이 되던 해, 나는 미련 없이 회사를 그만두고 캐나다행 비행기에 올랐다. 딸아이의 교육을 위해서였다.

아내와 나는 아이를 학교에 데려다주고 나면 딱히 할 일이 없었다. 일이라곤 여기저기 볼거리를 찾아다니고 이름난 맛집을 차례로 탐방하며 노는 것이 전부였다. 마침내 소망하던 자유를 얻은 것이다.

아마도 직장을 더 오래 다녔다면 지금보다는 재산이 조금 더 늘었고 사회적 지위를 더 얻을 수도 있었을 것이다. 그러나 빠른 은퇴 덕분에 딸과 더 많은 시간을 보낼 수 있었고, 딸에게는 최고의 교육을 받을 수 있게 해주었다. 딸은 원하던 전문직에 종사하며 행복하게 살고 있고, 나와는 지금도 친구처럼 지낸다.

나는 직장 생활을 할 때 부정맥으로 고생을 했는데, 일을 그만두고 나니 그것도 거짓말처럼 사라졌다. 또 아내와도 여전히 친구처럼 잘 지낸다. 남들보다 빨리 은퇴해서 젊을 때부터 같이 보낸 시간이 많다 보니 나이 들어 갑자기 부부가 온종일 함께 있으면서 갈등을 겪는 친구들 부부와는 많이 다르다. 이만하면 소시민에겐 꿈의 삶이 아닐까 싶다.

이 책은 네이버 카페 '부동산 스터디'에 글을 쓴 것이 계기가 되어 시작되었다. 몇 년 전 우연히 카페를 알게 되어 심심할 때마다 '우석'

이란 필명으로 글을 올렸는데, 부동산 전망이나 투자 조언이 맞아떨어지면서 팬이 생기기 시작한 것이다.

나는 글을 쓰기 시작한 2017년 11월부터 일관되게 서울이 아주 많이 오를 것이라고 주장했다. 강남을 위시해 내가 찍어준 곳을 중심으로 오르고 나중에 시간이 흐른 뒤에는 나머지 서울 지역도 오를 것이라고 전망했다. 시장은 내가 말한 대로 정확히 움직였다.

2018년 1월에는 비트코인이 폭락할 것이라고 경고했는데, 역시 전망은 딱 맞아떨어졌다. 비트코인은 내가 경고한 날부터 네 토막이 났다. 또 서울 아파트가 2018년 4월 이후 매물이 잠겨서 급등할 것이라고 전망했는데 한두 달의 시차가 있었지만 그 역시 적중했다. 2018년 2월부터는 재개발이 많이 오를 것이라고 전망했는데 역시 맞아떨어졌다. (그동안 내가 했던 전망은 지금도 모두 네이버 카페 '부동산 스터디'에 남아 있어서 지금도 확인할 수 있다.)

전망마다 척척 맞아떨어지다 보니 어느새 내게는 팬이 생기게 되었다. '부동산 스터디'에서 가장 많은 조회 수를 보유하게 된 것도 바로 적중률 덕분이다. 언젠가부터 내 전망 글에는 "성지순례 왔다"는 댓글이 달리기 시작했다. 내 글을 출력해서 남편이나 자녀에게 보여준다는 회원이 나타나기 시작했고, 배우자가 운전할 때 내 글을 읽어준다는 사람도 한둘이 아니었다. 세상 돌아가는 건 전혀 모르는 주부이지만 내 글은 읽고 투자를 시작해 돈을 벌고 있다는 댓글도 올라왔다.

그러다 보니 내가 신기(神氣)가 있다는 소문이 돌 정도였다. 부동산이나 주식 외에 자녀 교육이나 세상 돌아가는 이야기에도 회원들의 공감이 컸고, 정시가 확대될 것이라는 입시 전망까지 적중하면서 '우석'이란 캐릭터 자체에 대한 관심도 높아졌다.

하지만 그동안 내 전망이 들어맞은 것은 내게 신기가 있어서가 아니다. 나의 전망이 적중률이 높은 것은 그것이 단지 내 개인의 경험과 생각에서 나온 것이 아니라 거인들의 통찰력을 빌렸기 때문이다. 나의 거인은 역사 속에 살아 있는 경제학 거장이다.

실제로 나는 카페에 인문학적인 관점의 부동산 이야기를 많이 썼다. 처음에 한두 번 썼더니 부동산 전망 글보다 오히려 인기가 더 높았다. 당장 몇 달 뒤의 전망도 좋지만 부동산의 근본원리를 설명해주는 경제학자나 철학자의 이야기가 너무 흥미롭다고, 더 써달라는 반응이 이어졌다. 어느 순간 나는 인문학적 배경을 갖춘 부동산 전문가가 되어 있었다.

물론 나보다 인문학을 더 많이 아는 교수나 지식인은 차고 넘치도록 많다. 그러나 나처럼 인문학을 돈 버는 것과 관련지어서 읽고 생각하고 실전 투자로 연결시킨 사람은 많지 않은 것 같다. 나는 아직 그런 책을 본 적이 없다.

나는 이 책을 통해서 내가 인문학을 공부하면서 알게 된 거인들의 투자 통찰을 아주 알기 쉽게 알려주려 한다. 아무리 어려운 경제학자나 철학자의 사상도 중학생이면 알 수 있도록 최대한 쉽게 쓰려 노력했다.

이론과 메시지는 노벨 경제학상을 수상한 경제학자들을 중심으로 소개하고 있다. 왜냐하면 경제학 이론은 너무나도 다양하고 심지어는 상반된 이론을 주장하는 경제학자도 많기 때문이다. 노벨 경제학상 수상자들의 이론은 어쨌거나 까다로운 검증을 거친 것이라고 할 수 있고, 다른 것보다 신뢰할 수 있다고 생각하기 때문이다.

　　한 권 한 권 직접 읽고 이해하고 활용한다면 더없이 좋겠지만 그러자면 시간과 노력이 많이 필요하니 내가 그 수고를 조금 덜어줄 수 있을 것이라 생각한다. 이 책에 실려 있는 내용만 잘 이해해도 여러분은 거인의 어깨에 올라서서 세상을 좀 더 잘 전망하고 올바른 판단을 내리게 될 것이다. 또 세상이 어떻게 돌아가는지 더 잘 이해하게 되고 무엇보다 하지 않아도 되는 실패를 피할 수 있을 것이다.

　　직감만으로, 타인의 입소문에 의존해 큰돈과 시간과 열정을 날린 몇몇 친구들에 대한 애정을 여기 다 담았으니 부디 여러분에게도 도움이 되기를 바란다.

– 우석

차례

제1장
철학은 어떻게 투자의 무기가 되는가

제 2 장

노예의 삶을 선택한 사람들

제 3 장

부동산 가격이 움직이는 메커니즘

제 5 장

투자의 길을 만드는 부의 법칙

제 6 장

자본주의 게임에서
승리하는 법

철학은 어떻게 투자의
무기가 되는가

거인의 어깨에 올라서면
비로소 보이는 것들

사람들은 나를 보고 팔자 좋은 사람이라고 한다. 남들 보기에 힘들이지 않고 쉽게 사는 것처럼 보이기 때문인 듯하다. 어떤 면에서 맞는 말이다. 나는 성과가 반드시 노력에 비례하지 않는다는 걸 일찍 깨달았다. 인생을 살아가는 데 열심히만 한다고 모두가 잘되는 건 아니다. 엉뚱한 곳에서는 열심히 삽질을 해도 얻을 수 있는 게 없다. 무작정 노력하기 전에 전략적으로 사고하는 법을 배워야 인생이 편하다.

진입 장벽이 곧 수익이다

내 친구 A는 회사를 그만두고 지방에서 프랜차이즈 가맹점으로 자영업을 시작했다. 너무나 외진 지방이라서 서울에 있는 친구들을 만날 수도 없었다. A 부부는 가맹점 사업만 열심히 했다. 아침부터 밤늦게까지 가게에 매달렸다. 그렇게 몇 년을 투자했지만 그 수입이란 게 부부의 인건비에다 투자한 사업 자금(가게 보증금과 시설비)에 붙는 쥐꼬리만 한 이윤뿐이었다.

그러다 4년 만에 사업을 접었다. 인수자가 나타나지 않아서 권리금도 포기하고 시설 일체를 단돈 100만 원에 넘겨주었다고 한다. 그나마 임자가 있어야 원상 복구 비용을 물지 않기 때문이라고 했다. 그래서 4년간 정산을 해보니, 그동안 자기가 투자한 돈을 자기가 쓴 거랑 별반 차이가 없었다고 한다.

원래 가맹점은 통제권이 없는 비즈니스다. 본점에서 재료비를 올리거나 광고를 안 하면 수입이 줄어든다. 장사가 잘 되면 더 많은 가맹점이 생겨서 이익을 깎는다. 결국 그 가맹점 사업은 인건비 따먹기 사업이었다. 절대 큰돈을 벌 수 없는 일이지만 이 일에 뛰어드는 사람이 생각보다 많다.

또 다른 친구 B의 이야기도 꼭 들려주고 싶다. B는 신도시에서 패스트푸드 가맹점 사업을 한다. 2년 전에 가맹점을 하게 되었다는 소리 듣고 나는 속으로 걱정을 했다. 하지만 이미 계약금을 치른 상태라서 그냥 잘되기를 빈다고 말해주었다.

B는 처음에는 희망에 부풀어서 사업을 시작했다. 인근 오피스텔과 빌딩이 다 완공되면 매출이 크게 늘어날 것으로 기대하고 있었다. 그런데 이미 3년이 지났고 인근 건물은 모두 완공되었지만 공실이 많았고 매출은 기대한 만큼 오르지 않았다. 시간이 갈수록 아르바이트생 관리는 더 힘들어졌다. 이젠 가맹점을 팔려 한다고 했다. 입지가 별로라서 앞으로도 장사가 그리 잘되지 않을 것 같단 생각이 들었다는 것이다. 그동안 B가 한 몸 고생 마음고생을 생각하면 마음이 아프지만 잘한 판단이라는 생각이 들었다.

그런데 더 걱정스러운 일을 벌이고 말았다. 최근에 다른 신도시의 신축 빌딩 상가를 매입했다는 것이다. 맨 처음 분양하는 구분상가를 분양받아서 성공하는 경우가 매우 드물다는 것을 몰랐단 말인가! 신도시는 상권이 언제, 어떻게 형성될지 아무도 모른다. 상권이 제대로 형성되려면 앞으로도 몇 년을 더 기다려야 할 것이다. 확률로만 본다면, 산 가격에 다시 되팔 수만 있어도 나는 성공이라고 평가할 것 같다. 물론 낮은 확률을 뒤엎고 대박이 터질 수도 있다. 부디 그랬으면 좋겠지만 나는 또 입을 다물었다. 가까운 사람일수록 조언은 언제나 조심스럽고 힘들다.

상가는 넘친다. 진입 장벽이 없기 때문이다. 반면에 아파트는 청약 통장 같은 진입 장벽이 있다. 그러니 돈이 있다고 해서 누구나 분양받을 수 있는 게 아니다. 왜 그럴까? 수요에 비해서 공급이 부족하기 때문이다. 그러니 값이 오르는 것이다.

그런데 상가, 빌라, 단독주택이나 오피스텔은 청약 통장이 필요

없다. 왜 그럴까? 수요보다 공급이 넘친다는 뜻이다. 이제 이 정도는 이해할 수 있을 것이다. 결과는? 진입 장벽이 없다면 수익도 별 볼일 없다. 게다가 구분상가는 통제권이 없다. 통제권이 없다는 말은 무슨 뜻인가? 자기 혼자서 갈아엎을 수가 없단 이야기다. 그냥 '몇 호'로 불리면서 전체 상가의 의견에 따라야 할 뿐이다. 이런 상가의 운명은 독립적이지 못하기에 전망이 어둡다.

독립적인 상가는 뭘까? 자기 마음대로 할 수 있는 상가는 뭘까? 바로 꼬마빌딩이다.

게다가 지금은 인터넷 정보혁명으로 거리가 사라지고 있다. 『거리의 소멸 디지털 혁명 *The death of distance*』이란 책 제목을 들어봤다면 상가를 사고 싶은 마음은 없을 것이다. 물론 모든 상가가 힘든 것은 아니다. 분명 잘되는 곳도 있다. 그런 곳을 보면 잘되는 이유가 있다. 예를 들면 홍대 같은 상권인데, 여기에서도 인터넷이 대신할 수 없는 문화적 욕구를 충족시킬 수 있는 곳만 성업 중이다.

거인의 어깨 위에 서면 돈의 길이 보인다

대다수 사람들이 간단한 원리조차도 모른 채 행동한다. 부동산을 사고팔고, 주식을 사고파는 오늘의 이야기가 수십, 수백 년 전 경제학자, 철학자의 연구 속에 이미 다 나와 있는데 말이다. 몇 년 간의 고생 끝에, 돈과 시간을 낭비한 끝에 깨달은 결론이 이미 경제학자들의 책에 나온 몇 줄 조언에 불과했다는 걸 뒤늦게 알게 되면 그제야 자신이 얼마나 바보짓을 했는지 깨닫고 후회하지 않겠는가! 원리도 모른 채 열심히만 하면 빨리 망할 뿐이다.

당장 올 하반기 부동산 전망이 어떨지, 어떤 종목에 투자해야 할지 돈이 될지도 물론 중요하다. 하지만 돈의 흐름을 꿰뚫어 보는 통찰이 없다면 성공은 우연일 뿐 절대 반복되지 않는다. 나처럼 게으른 사람이 투자에 성공할 수 있었던 것도 다 거인의 어깨 위에 서서 돈의 흐름을 읽었기 때문이다. 그들은 100년, 200년이 흘러도 굳건히 서서 돈이 움직이는 길을 보여준다. 거인은 어디에 있나? 책 속에 있다. 노벨 경제학상을 받은 모든 학자를 우리는 언제든 만날 수 있다. 그들의 통찰력을 빌려서 투자한다면 훨씬 쉽게 큰 그림 안에서 성공할 수 있다.

왜 세상과 세월이 인정한 전문가를 놔두고 실체도 모를 누군가의 분석과 제안을 기다린단 말인가. 나는 부동산 전망을 위해서 복덕방을 방문한 적이 한 번도 없다. 주식 투자할 때도 다른 사람에게서 정보를 얻으려고 애쓴 적이 없다. 혼자서 생각하고 혼자서 판단하고 투자했다. 내 곁에는 항상 최고의 경제학자와 철학자와 심리학자가 있었기 때문이다. 내가 젊은 나이에 투자에 성공하고 일찍 은퇴할 수 있었던 것은 모두 그들 덕분이다.

책 속에 돈이 있다는 검증된 진리

주식 투자로 100억 넘게 번 두 사람이 있다. 두 사람의 공통점은 독서량이 많다는 것이다. 두 사람 다 이것저것 닥치는 대로 읽는 스타일이었다. 그들을 보면 독서와 돈 버는 것 사이에 분명한 상관이 있다는 것을 느낄 수 있다.

나 역시도 투자 아이디어를 책 속에서 얻곤 한다. 주식 투자의 예를 들어보자. 나는 강원랜드에 투자해서 5배를 벌었다. 그런데 그건 순전히 독서 덕분에 가능한 일이었다. 강원랜드가 생길 때만 해도 사람들은 카지노 사업에 대해서 별로 관심이 없었다. 당시 내가 알던 벤처캐피탈의 심사 역은 강원랜드 현장 답사까지 다녀오고서도 투자를 하지 않았다. 그렇게 길도 험하고 외진 산골짜기에 누가 도박을 하러 올까 하는 의구심에 투자를 접었다고 했다.

그러나 나는 생각이 달랐다. 왜냐하면 로버트 윌슨이란 전설적인 투자자가 카지노주를 공매도하고 세계 일주를 하는 동안에 파산할 뻔했다는 이야기를 책에서 읽었기 때문이다. 또 중국인들이 도박을 좋아하고 한국인들 역시 도박을 좋아한다는 사실을 책을 통해서 알고 있었다. 피터 린치 역시 자신의 저서에서 카지노주의 엄청난 위력을 언급하고 있다.

책에서 카지노 주식에 대한 글을 읽지 않았다면 나도 강원랜드를 지나쳤을지 모른다. 결국 독서를 통해서 나는 카지노 주식에 대해서 다른 시각을 가질 수 있게 되었던 것이다.

부동산 투자 역시 독서의 도움을 많이 받았다. 『국부론』을 읽다보면 불쾌하고 불명예스러운 직업일수록 수입이 많다는 언급이 나온다. 어느 나라나 백정은 수입이 좋았다고 한다. 또 사형 집행인은 수입이 상당히 많다고도 한다. 여관이나 술집 주인도 명예롭지 못하기에 돈을 많이 번다고 한다. 불쾌감과 불명예가 심리적인 진입 장벽 역할을 해서 수익을 내기 좋다는 것이다. 그래서 나는 부동산 투자로 불쾌하고 불명예스러운 투자처에 투자하면 수익을 많이 거둘 수 있을 거란 아이디어를 생각해냈다. 그래서 내가 찾은 곳은 집창촌이었다.

집창촌이란 말만 들어도 범죄, 타락 같은 이미지가 떠오르고 불쾌하다. 조사해보니 용산 텍사스촌, 청량리 588, 천호동 텍사스촌 등 대부분의 집창촌은 교통이 편리한 곳에 위치해 있고 역세권 상업 지구에 위치해 있다. 이런 곳은 재개발되면 교통이 편리한 상업지 특성상 대박이 날 수 있다. 그래서 나는 경매로 성남시에 있는 중동 588이라 불리는 집창촌 내의 상가 주택을 샀다. 나는 분위기를 살펴 최고가를 적었다. 20평짜리 주택을 2억1천만 원에 낙찰을 받았으니 경매장이 술렁거릴 만했다. 그 집이 지금은 11억 원 정도 한다. 현재 재개발 진행 중인데 사업성이 좋아 완공되면 15억 원은 족히 될 것이다.

주식은 어떤가? 주식시장에서 남보다 높은 수익을 얻으려면 남들이 하지 못한 어떤 일을 해야 한다. 시장이 미처 알지 못하거나 평가하지 못한 가치를 남보다 먼저 알 수 있을 때 큰 수익을 올릴 수 있다. 주식 투자에서 완벽한 성공은 언제 오나? 바로 시장과 반대의 입장에 서 있는데 시장이 틀리고 자신이 옳았다는 것이 밝혀질 때다.

시장이 평가하지 못한 면을 볼 수 있는 안목은 어떻게 키워지는가? 대부분의 정보가 시장에 공개되어 있고 동시에 정보를 접하는 경우 내가 어떻게 시장과 다른 입장을 가질 수 있나? 어떻게 똑같은 재료(정보)를 가지고 남과 다른 결과(시각)를 가질 수 있나?

비밀은 바로 남과 다른 해석 능력에 있다. 같은 정보를 가지고도 해석 능력이 달라야 한다. 남과 다르게 해석할 수 있는 능력은 어디에서 오나? 바로 독서에서 나온다. 나의 경우도 좋은 투자는 인문학적 탐독에서 나온 경우가 많았다. 특히 인문학은 시대를 거슬러 변하지 않는 인간의 본성과 돈의 흐름을 간파할 수 있는 통찰력을 길러준다. 사람이 살아가는 원리, 세상이 돌아가는 원리는 예나 지금이나 변함이 없기 때문이다.

칼 포퍼 덕분에
세계적인 투자자가 된 조지 소로스

조지 소로스 George Soros (1930~)

헝가리 부다페스트 출생. 런던정치경제대학교에서 공부했으며 세계적인 투자자로
소로스 펀드 매니지먼트 회장이다. 2019년 9월 기준으로 70억 달러,
한화로 약 8조 5000억 원의 재산을 보유한 것으로 알려졌다.

조지 소로스는 세계 최고의 투자자인 동시에 자선가다. 그는 열린사회재단(Open Society Foundation)에 320억 달러(36조 원) 이상을 기부함으로써 독재와 전체주의에 저항하고 싸우는 자유주의자들을 지원해 왔다.

소로스는 1930년 헝가리에서 태어난 유대인이다. 당시 헝가리계 유대인들은 나치 치하에서 50만 명이 넘게 살해되었는데, 소로스 가족은 어렵게 신분증명서를 위조해 살아남았고 다른 유대인들을 구하는 데도 기여했다.

나치가 물러나고 헝가리가 공산당 지배하에 놓이게 되자 소로스는 헝가리를 떠나 런던으로 이주했다. 가난한 소로스는 철도 짐꾼과 나이트클럽 웨이터로 일하면서 런던정치경제대학에서 공부했다. 소로스는 대학에서 『열린사회와 그 적들』의 저자로 유명한 칼 포퍼 교수로부터 배웠고 그의 사상은 소로스에게 큰 영향을 주었다.

칼 포퍼는 나치와 공산주의 같은 전체주의를 '닫힌사회'로 정의하고 비판했다. 어떤 철학이나 이념도 최종적인 진실이 될 수 없기에, 민주주의적 통치가 이루어지고 표현의 자유와 비판이 허용되고 개인의 권리가 존중되는 '열린사회'만이 번영할 수 있다고 주장했다.

소로스가 위대한 투자자가 된 이유

1956년, 소로스는 영국을 떠나 미국으로 향했다. 가난한 소로스는 평생 철학을 공부하기 위해서는 많은 돈이 필요하단 걸 깨닫고 투자에 뛰어들었다. 우선 투자에 집중해 50만 달러만 벌고 나면 철학 공부에 매진하겠다는 생각이었다.

철학 공부 자금 마련을 위해 투자에 뛰어든 소로스는 자신만의 철학적 사고의 틀을 이용하여 세계적인 투자자가 되었다. 1973년, 그는 자신의 헤지펀드인 소로스 펀드 매니지먼트를 출범시켰고, 미국 역사상 가장 성공적인 투자자 중 한 명이 되었다.

소로스는 1992년 영국 중앙은행인 잉글랜드은행(영란은행)을 대상으로 파운드화를 공매도하여 단숨에 10억 달러를 벌었다. 소로스가 1973년에 설립한 퀀텀펀드는 2013년까지 약 396억 달러의 수익을 거두었다.

소로스는 어떻게 위대한 투자자가 될 수 있었을까? 그는 이렇게 고백했다.

"나는 인생을 살아가면서 독자적인 '사고의 틀'을 개발한 덕분에 투자에 성공하고 자선사업을 할 수 있었다. '사고의 틀'은 사고와 현실 사이의 관계를 다루는 방법이며, 이는 철학자들이 오래전부터 다뤄온 주제다."

즉 소로스는 철학 덕분에 자신이 투자에 성공할 수 있었다고 고백한 것이다.

'사고의 틀'을 이해하기 위한 2가지 키워드

소로스의 '사고의 틀'을 이해하기 위해서는 두 가지 키워드를 알아야 한다. 바로 '오류성'과 '재귀성'이다.

먼저 오류성에 대해 알아보자. 오류성은 소로스가 그의 스승인 칼 포퍼에게서 물려받은 개념이다. 칼 포퍼는 인간은 세상을 완전히, 정확히, 전부 이해할 수 없으며 부분적으로만 이해할 수 있기에 필연적으로 세상을 왜곡하여 보게 된다고 주장했다. 그는 경험적 진실조차 절대로 확신할 수 없다고 강조했다.

예를 들면, 당신이 그동안 아무리 많은 하얀 백조를 보았다고 해도, 세상의 모든 백조가 하얗다고 확신할 수 없다는 것이 칼 포퍼의 주장이다. 『블랙 스완』의 저자로 유명한 나심 탈레브(Nassim Nicholas Taleb)도 칼 포퍼의 영향을 받았다. 나심 탈레브는 젊은 시절에 칼 포퍼의 책을 읽고 감동받아서 책방에 있는 칼 포퍼의 책을 모두 샀다고 밝힌 바 있다.

칼 포퍼는 과학 법칙조차도 옳다는 것을 입증할 수 없으며, 단지 검증과정을 통해서 틀렸음을 밝혀낼 수 있을 뿐이라고 했다. 이런 주장을 달리 말하면 우리가 철썩 같이 진실이라고 믿고 있는 과학 법칙조차도 '아직까지는 검증 과정을 통해서 틀렸다고 기각되지 않은' 하나의 가설에 불과하다는 뜻이다. 현재까지는 확실해 보이고 단단해 보이는 과학 법칙조차도 언젠가는 검증 과정을 통해서 기각될 수도 있다는 게 칼 포퍼의 생각이다.

칼 포퍼는 과학 법칙이나 진리에 대해 왜 이렇게 회의적이었을까? 그 이유는 인간이 세상을 바라보는 관점은 항상 부분적이고 왜곡되어 정확하지 않다고 보았기 때문이다. 바로 인간 인식의 '오류성' 때문에 과학 법칙도 확실하지 않을 수 있다는 것이다. 투자와 관련해서 이해하기 쉽게 설명하자면, 금융시장에 참가한 투자자들의 믿음은 대체로 엉터리이며 착각이라는 것이다.

예를 들자면 투자자들은 시간이 지나고 보면 예전에 갖고 있던 주식에 대한 믿음이 착각이라고 밝혀지는 것을 경험하게 된다. 예를 들면 5G, 로봇, 생명공학, 대북경협 등 많은 테마주들이 한동안 끊임

없이 주가가 상승할 것 같은 믿음을 주지만 그런 믿음은 시간이 지나면서 대부분은 착각이었던 걸로 확인되는 경우가 많다. 이런 일들이 발생하는 것은 모두 칼 포퍼가 말하는 인간 인식의 '오류성' 때문이다.

오류성과 재귀성 때문에 거품이 생긴다

두 번째로 소로스의 '사고의 틀'을 관통하는 키워드인 '재귀성'에 대해 알아보자. 재귀성이란 서로 영향을 주고받고 상호작용(피드백)을 한다는 말이다. 사람의 생각은 사건의 흐름에 영향을 미치고, 사건의 흐름은 다시 사람의 생각에 영향을 준다. 투자자의 생각과 시장(주가)은 서로 상호작용을 주고받는다는 것이 바로 소로스가 말하는 재귀성의 원리다.

조지 소로스는 자신의 재귀성 원리에 대해서 이렇게 말했다.

"나는 (오류성과 재귀성을 토대로) 거품이론을 만들었다. 모든 거품에는 두 가지 요소가 있다. 하나는 현실 세계에서 유행하는 추세고, 다른 하나는 그 추세에 대한 착각(오류성)이다. 추세와 착각이 서로 작용하면서 함께 강해질 때 거품이 형성되기 시작한다. 이 과정은 중간에 부정적 피드백(재귀성)으로 검증받기도 한다. 그러나 추세가 강해서 검증을 통과하면 추세와 착각이 모두 강화(재귀성)된다. 마침내 시장에 대한 기대가 현실과 동떨어지면, 사람들은 자신의 착각을 깨닫게 된다. 이제 사람들 사이에서 의심이 자라나고 확신이 줄어드는 혼돈의 시간이 이어지지만, 현재의 추세는 관성에 의해 유지된다. 그러나 결국엔 추세가 반전되는 시점이 오면 반대 방향으로 자기강화(재귀성)가 진행된다."

더 분명한 이해를 위해서 소로스가 직접 든 예를 살펴보자.

"1960년대에는 복합기업이 유행이었다. 기업들이 다른 기업 인수하는 방법을 이용해 주당순이익을 늘려나갔다. 주가는 주당순이익을 따라 올랐다. 복합기업들은 앞 다투어 다른 기업을 인수하여 주당순이익을 높였고, 투자자들은 복합기업의 주당 순이익에 대한 기대를 계속 높였다. 그러나 결국은 현실이 기대를 따라가지 못했다. 혼돈의 기간이 지나자 한쪽 구석에 덮어 놓았던 문제들이 표면으로 드러났고, 이익은 빠르게 감소했다. 당시 한 복합기업의 사장이 내게 이 같은 실상을 말해주었고, 내가 이 말을 전하려고 해도 귀 기울이는 투자자는 아무도 없었다. 이처럼 거품은 ①시작, ②가속기간, ③검증을 통해 강화, ④혼돈기간, ⑤정점, ⑥하락세 가속, ⑦금융위기 절정의 단계를 거치게 된다."

거품은 추세에 대한 투자자의 착각으로 형성된다는 것이 소로스의 주장이다.

한국 주식시장에도 이런 주장을 적용할 수 있을까? 2019년, 5G 장비 회사 주식들이 슬금슬금 올랐다. 이는 4차 산업 혁명에서 정보 고속도로 역할을 하는 것이 5G이기에 5G 장비 회사들이 많은 돈을 벌 것이란 기대가 팽배했기 때문이다. 일부 5G 장비주들은 실제로 이익이 늘어나 이 같은 기대를 확인시켜 주었다. 그러자 5G 장비주에 대한 투자자의 믿음은 강화되고 5G 장비주의 주가 상승 추세는 더욱더 가팔라졌다. 또 5G 장비주의 주가가 올라가니 투자자의 믿음(착각)도 더 커졌다. 이런 식으로 주가의 상승이 가속화된 것이다. 그러다 어느 순간, 투자자들은 5G 장비주의 실적이 기대에 못 미친다는 것을 깨닫게 된다. 착각에서 깨어난 투자자들은 5G 장비주를 앞 다투어 내던졌고 주가는 급락했다.

이처럼 주가 추세가 착각(오류성)과 만나서 서로 피드백(재귀성)하면서 거품을 형성한다는 것이 소로스의 거품이론이다.

투자자들의 착각으로 만들어진 거품도 기회가 된다

내가 소로스에게서 배운 것 중에 하나는 내 판단과 상관없이 다른 투자자의 착각을 이용하여 수익을 내는 것이 더 현명한 투자법이라는 것이다. 나는 고지식한 편이라서 실적이 확인되지 않거나 의심스러운 투자 대상은 투자할 엄두를 내지 못했다. 그러나 소로스는 자신은 의심하더라도 다수 투자자들이 확신하여 거품이 커질 수 있는 투자 대상에 기꺼이 투자하여 돈을 벌었다.

나는 한 재야 주식 고수를 통해 소로스의 거품이론을 확인한 적이 있다.

A기업이 중국에서 어떤 사업을 하는데, 시장에는 A기업이 중국

사업으로 큰돈을 벌 것이라는 믿음이 퍼졌고, 이 믿음 때문에 A기업 주가는 상승 추세를 보이고 있었다. 하지만 내가 보기에는 A기업 오너가 과거에 비도덕적인 행위를 한 전력이 있고, 중국 사업도 확인할 방법이 없어 의심스러운 점이 있었다. 그래서 나는 투자하지 않았다. 그러나 그 고수는 투자를 했다. 그가 걱정된 나는 A기업이 중국에서 벌인다는 사업은 사기성이 농후해 보인다고 조심스럽게 말을 꺼냈다. 그런데 그는 한마디 말로 자신이 얼마나 고수인지 내게 보여주었다.

"나도 알아. 모든 게 사기란 걸."

고지식한 나는 투자할 엄두를 내지 못했지만 고수는 투자자들의 착각으로 거품이 만들어질 것을 예상하고 이를 이용하여 큰 수익을 거두었다.

철학을 이용해 황금을 만든 투자자

소로스는 또한 이렇게 말했다

"시장에 추세가 보이고 투자자의 착각이 더해져 거품이 형성되는 초기 국면을 발견하면 나는 불에 기름을 붓듯 투자하여 추세를 강화시킨다."

소로스는 거품을 수익을 낼 수 있는 기회로 본다. 그는 향후 거품이 엄청 커질 수 있는 추세를 골라서 투자하며, 추세와 투자자들의 착각이 상호 어떻게 작용하는지 면밀히 관찰하고 투자하여 투자자들이 착각에서 깨어나기 직전에 남들보다 먼저 빠져나온다.

소로스는 시장 참가자들의 생각이 한쪽으로 과도하게 쏠렸을 때와 남들이 미처 보지 못한 인식의 허점을 이용하여 큰돈을 벌었다. 그는 오류성 때문에 다른 투자자뿐만 아니라 자신도 틀릴 수 있음을 항상 인식하고 예상과 다른 반전을 활용하여 돈을 벌었다.

소로스는 철학이 어떻게 투자의 무기가 될 수 있는지 생생하게 보여주었다. 그는 철학을 이용하여 황금을 만들어낼 수 있다는 것을 증명한 연금술사였다. 그는 투자자이면서 철학자로 불리기를 원했다.

멍거의 든든한 뒷배가 되어준
칸트의 철학

칸트 Immanuel Kant (1724~1804)
비판 철학의 창시자. 서양 근대 철학사에서 데카르트로부터 이어지는 합리주의와
존 로크로부터 이어지는 경험주의를 집대성했다.
인식론, 형이상학, 윤리학, 미학 등 서양 철학 전반에 큰 발자취를 남겼다.

———

나는 칸트의 철학이 투자의 무기로 활용될 수 있음을 깨달았다. 투자에서 성공하려면 '정신적 격자모형'을 갖추라고 조언한 투자자 찰리 멍거의 조언이 바로 칸트의 철학을 기반으로 하고 있음을 뒤늦게 발견한 것이다. 찰리 멍거는 칸트의 철학을 어떻게 활용했는지 살펴보자.

합리론과 경험론을 비판하고 종합한 서양 철학의 필두

칸트는 마구(馬具)를 만드는 장인의 아들로 태어났다. 그는 평생 독신으로 살았고 고향 쾨니히스베르크(오늘날 러시아 칼리닌그라드)를 벗어난 적이 없었다. 그는 16살에 쾨니히스베르크 대학에 입학해 6년간 공부했다. 집안이 가난했던 그는 23살부터 30살까지 가정교사로 일하며 생계를 유지했다. 그는 31살 때 논리학, 형이상학 교수직에 응모했지만 임용되지 못했고, 34살 때도 교수직에 응모했지만 실패했다. 그의 나이 42살이 되었을 때 프로이센 교육 당국이 철학이 아닌 문학부 교수직을 제의했지만, 칸트는 거절했다. 칸트는 오직 철학에만 관심을 가졌고 전공 분야를 달리하면서까지 교수가 되고 싶지는 않았던 것이다.

칸트는 32살부터 46살까지 시간 강사로 지냈기에 생계 유지를 위해서 도서관 사서도 병행했다. 늦은 나이인 46살이 되어서야 쾨니히스베르크 대학의 논리학, 형이상학 교수로 임용됐으며 57살 때 철학사의 기념비적인 대작『순수이성비판』을 발표했다. 그러나 당시 사람들은 그의 철학을 이해하지 못했기에 '해괴망측한 나머지 도저히 이해할 수 없는 글'이라고 혹평했다고 한다.『순수이성비판』의 핵심 주제는 '인간은 보편적인 진리를 도대체 어떻게 알 수 있는가?'였다.

칸트는 어려서부터 허약 체질이었지만 규칙적인 생활로 건강 관리를 했다. 그는 하루도 어김없이 정해진 시각에 산책에 나섰기 때문에, 쾨니히스베르크 시민들은 산책하는 칸트를 보고 시간을 가늠

했다고 한다. 딱 한 번, 장 자크 루소의 『에밀』을 읽느라 산책 시간을 어겼다는 일화는 유명하다. 칸트는 1804년 2월 12일 하인에게 포도주 한 잔을 청해 마시고 "좋다!"는 말을 마지막으로 남긴 뒤 세상을 떠났다.

칸트는 서양 철학자 중에서도 으뜸가는 철학자의 위상을 가지고 있다. 칸트 이전의 모든 서양 철학은 칸트에 의해서 집대성되고, 칸트 이후 철학은 모두 칸트에서 흘러나왔다고 할 정도다.

칸트의 '순수이성비판'에서 배울 수 있는 것들

칸트의 '순수이성비판'을 간단하게 말해보자. 칸트 이전의 철학자들은 세상이 그렇게 생겼기에 우리가 세상을 그렇게 본다고 생각한 반면, 칸트는 우리 두뇌에 세상을 그런 식으로 이해하고 바라보게 만드는 '정신적 모형'이 있으며, 그 '정신적 모형'으로 세상을 이해한다고 말했다. 칸트의 이러한 주장은 기존의 서양 정신사상에 코페르니쿠스적인 전환을 가져온 일대 혁명이었다.

칸트는 인간의 두뇌는 12가지 정신적 모형(선험적 판단기준)을 가지고 있으며, 이것으로 세상을 이해하고 판단한다고 말했다. 칸트가 말한 12가지 기준은 칸트가 알아내고 밝힌 것에 불과하며, 실제로 인간의 두뇌는 더 많은 정신적 모형을 가지고 있다.

그러면 투자자인 우리는 칸트의 순수이성비판에서 무엇을 배울 수 있을까? 나는 두 가지를 말하고 싶다. 첫째, 인간을 포함함 모든 생명체는 자신이 가진 정신적 모형을 통해서 세상을 이해한다. 뱀은 적외선 카메라라는 정신적 모형으로 세상을 본다. 그래서 뱀은 인간과 달리 어둠 속에서도 쥐가 어디에 있는지, 쥐가 누고 간 오줌까지 볼 수 있다. 뱀은 쥐의 온도가 주변 온도와 0.1도만 차이가 나도 그것을 감지할 수 있기 때문이다.

나비는 자외선 카메라라는 정신적 모형으로 세상을 본다. 그래서 나비는 인간보다 꽃을 잘 찾는다. 박쥐는 초음파라는 정신적 모형을 통해서 세상을 본다. 그래서 박쥐는 깜깜한 밤에도 초음파를 이용하여 여기저기 부딪히지 않고 먹이를 찾아 날 수 있다. 개들은 후각이란 정신적 모형이 인간보다 더 많이 발달되어 있다. 그래서 개들은 주방에서 요리할 때 사용되는 재료 하나하나를 인간과 달리 정확히 구분하여 판단할 수 있다.

이처럼 모든 생명체는 각자 자신의 정신적 모형으로 세상을 이해한다. 인간도 마찬가지다. 사람은 저마다 각자의 색안경(정신적 모형)을 쓰고 세상을 바라본다.

둘째, 세상을 이해하는 정신적 모형이 많으면 많을수록 세상을 더 정확하게 이해할 수 있다. 칸트는 12가지를 말했는데, 실제로는 훨씬 더 많은 정신적 모형, 즉 판단기준이 있다. 많은 정신적 모형을 가질수록 우리는 세상을 더 잘 이해할 수 있다. 의사가 환자의 병을 판단할 때 일반 가시광선 카메라로도 환자의 상태를 확인할 수 있다. 그러나 뼈와 폐의 질병을 판단할 때는 엑스레이 카메라를 사용하면 더 정확히 진단할 수 있다. 뇌의 종양을 찾아내려면 MRI 카메라가 도움이 될 것이다. 이처럼 의사가 다양한 카메라(정신적 모형)를 더 많이 가질수록 환자의 병을 더 정확하게 진단할 수 있게 되는 것이다.

당신은 세상을 보는 정신적 모형(판단기준)을 몇 가지나 가지고 있는가? 하나만 가지고 있는 사람이 제일 위험한 사람이다. 망치만 든 사람은 세상 모든 게 못으로 보이기 때문이다. 정신적 모형을 많이 가질수록 투자에 유리하다는 증거가 있다. 심리학자 필 테틀록(Phil Tetlock)은 자신의 저서『전문가의 정치적 판단 Expert Political Judgement』에서 15년에 걸쳐서 전문가 수백 명에게 정치경제 사건을 예측해 달라고 했고, 그 예측 결과를 추적했다. 예측 결과를 보니 다양한 분야를 조금씩 아는 전문가가 한 분야만 깊이 아는 전문가보다 예측을 잘했다는 것이 밝혀졌다. 즉 다양한 정신적 모형을 많이 가진 사람이 상대적으로 예측을 더 잘한 것이다.

독서로 전방위적 정신적 격자모형을 구축한 찰리 멍거

미국의 억만장자 투자자 찰리 멍거(Charles Thomas Munger)는 정신적 모형을 강조한 투자자다. 그는 무엇보다 정신적 격자모형을 잘 구축해야 투자를 잘 할 수 있다고 주장한다.

찰리 멍거는 워런 버핏(Warren Buffett)이 운용하는 회사 버크셔 해서웨이(Berkshire Hathaway)의 부회장으로 더 잘 알려져 있다. 그는 버핏의 가장 가까운 파트너이자 오른팔이다. 그의 아버지는 변호사였고 할아버지는 판사였다. 그는 하버드 로스쿨에서 두각을 나타냈고 우등으로 졸업했다. 멍거는 버핏을 만나기 전에 독자적인 펀드를 운용했는데, 1962년부터 1975년까지 다우지수가 연간 5.0퍼센트 상승하는 동안에 멍거의 펀드는 연 19.8퍼센트의 수익률을 보여주었다.

버핏에 대해 잘 아는 사람들은 "찰리 멍거가 없었더라면 지금의 워런 버핏은 없었을 것이다"라고 단언한다. 버핏 역시 "말은 찰리가 하고, 나는 입을 벙긋댈 뿐입니다"라며 멍거에 대한 깊은 신뢰를 드러냈다.

멍거는 '자본주의 시대의 진정한 현자'라 칭송받으며, 한 수 앞을 더 내다보는 남다른 통찰력으로 버핏을 도와 지금의 버크셔 해서웨이를 만들었다. 멍거는 투자에 성공하기 위해서는 "회계와 경제학뿐만 아니라 자연과학, 사회과학, 인문학으로 촘촘하게 짜여진 정신적 격자모형을 가져야 한다"고 주장한다.

그는 정신적 격자모형을 갖추기 위해서 평생 동안 책을 읽었다.

"책을 읽지 않는데도 똑똑한 사람을 나는 본 적이 없다. 정말로 단 한 사람도 없다. 여러분은 워런 버핏과 내가 얼마나 많은 책을 읽는지 안다면 깜짝 놀랄 것이다."

"오랜 세월을 살아보니 공부가 나의 가장 큰 자산이었다. 나는 평생을 정신적 격자모형을 투자에 적용하며 살았다. 정신적 격자모형이 정말 투자에 도움이 되었다."

그의 어록 곳곳에서 독서의 중요성이 드러나는 것을 알 수 있다.

투자자에게 필요한 정신적 격자모형

어떤 문제를 해결하거나 바라보는 판단기준이 하나의 정신적 모형이며, 이러한 정신적 모형을 많이 가질수록 우리는 문제를 더 잘 이해하고 해결할 수 있다.

투자에 적합한 예를 들어보자. 우리는 주가가 싼지 비싼지 측정하는 기준의 하나로 PER을 사용한다.[1] '주가가 싼 저PER주를 사는 게 유리하다'는 것도 하나의 투자기준, 즉 정신적 모형(판단기준)이 될 수 있다. 그러나 PER 기준만으로는 돈을 벌 수 없고 오히려 손해를 볼 수도 있다. 예컨대, 경기 사이클에 따라서 민감하게 이익이 변동되는 반도체 주식의 경우는 오히려 고 PER에 매수하여 저PER 때 팔아야 한다. 즉 '경기 민감주는 고PER에 사서 저PER에 팔아야 한다'는 것은 또 다른 투자기준, 즉 정신적 모형이다. 이처럼 정신적 모형이 많을수록 경우에 맞게 적절하게 적용할 수 있어 투자의 성공 확률을 높일 수 있다.

투자의 세계에서 정신적 모형은 PER 말고도 많다. 나 같은 경우에는 대주주의 능력, 기업 사이즈, 이익 추이, 차트 형태, 비즈니스 모델, 테마 유형, 장세 판단에 대한 정신적 모형을 가지고 있다. 나는

---

1) PER은 주가를 주당순이익으로 나눈 수치다(PER=주가/주당순이익). 어떤 기업의 PER이 5라는 것은 5년간 이익을 다 합치면 그 기업을 살 수 있다는 이야기다. PER이 10이라는 것은 10년간 이익 합계 가격에 기업이 거래되고 있다는 뜻이다. 즉 PER이 낮을수록 기업의 주가가 싸다고 볼 수 있다.

이런 정신적 모형을 모두 통과한 주식에 한해서만 투자한다. 많은 정신적 모형을 통과할수록 투자의 성공 가능성과 투자수익률을 높일 수 있다. 성공적인 투자자가 되려면 머릿속에 여러 가지 다양한 정신적 격자모형을 구축하는 것이 필수적이다.

멍거는 평생 독서를 통해서 정신적 모형을 구축하려고 노력했다. 나 역시도 그랬다. 정신적 모형은 경제학뿐만 아니라 철학, 심리학, 역사, 과학, 소설에서도 배울 수 있다. 그래서 독서가 중요한 것이다.

멍거는 칸트의 정신적 모형을 자신의 투자방식에 적용하여 투자의 대가가 된 것이다. 멍거는 다양한 분야의 핵심 원리를 종합적으로 연결한 자신만의 정신적 격자모형을 통해서 세상을 좀 더 정확히 파악할 수 있었고 투자에 성공할 수 있었다고 고백했다. 멍거는 칸트 철학이 투자의 무기가 될 수 있음을 증명했다.

데카르트 철학이
투자자에게 필요한 이유

데카르트 René Descartes (1596~1650)

진리를 확실하게 인식하기 위하여 인간에게 허용된 길은 연역 외에는 없다고 생각하여
모든 명제를 자명한 공리로부터 연역해 내는 기하학적인 방법을 철학에 도입했다.
데카르트는 근대 철학의 창시자가 되었다.

데카르트의 철학은 내가 세상을 이해하는 방식과 투자법에 큰 영
향을 주었다. 난 대학생 때부터 '어떻게 진리에 도달할 수 있을까?' 이
문제가 궁금했다. 그러다가 우연히 데카르트의 『방법서설(Discourse on
Method, 方法敍說)』을 읽었다. 데카르트는 논리적으로 연역적으로 추론
을 통해서 진리를 깨달을 수 있다고 주장했다. 그는 원리를 통해서
개별적인 현상을 설명할 수 있다고 했다. 즉 연역법을 주장했다. 난
그의 주장에 설득되었고 믿어 의심치 않았다.

데카르트의 연역법은 내게 잘 맞았다. 난 무엇인가를 그냥 외우

는 것보다 원리를 깨치는 걸 좋아했다. 그래서 내가 주로 접근한 투자법은 몸으로 부딪쳐서 경험을 통해서 배우기보단 나보다 앞서 고민한 많은 학자들이 발견한 원리를 깨우치고 이를 현실에 적용하는 걸 좋아했다.

나는 뭔가 시도하기 전에 도서관으로 먼저 달려가는 스타일이었다. 책 속의 거인들이 말한 원리를 이해하고 배우고 그런 다음에 이를 실전에 적용하는 걸 좋아했다. 이런 방식이 불필요한 실패와 삽질을 줄이는 효과적이고 효율적인 접근 방식이라고 믿었기 때문이다.

데카르트 철학을 투자에 이용하는 방법

주식 투자와 관련해서 예를 들어보자. 난 주식 투자와 관련한 각종 투자 이론을 공부했다. 먼저 주식시장에서 성공한 실전 투자자들의 책을 읽고서 그들의 투자 노하우를 내 것으로 만들려고 노력했다. 원리를 배우고 이를 적용하려고 한 것이다. 이 방식이 많은 삽질을 피하게 하고 시간을 단축하는 등 나름 도움을 주었다.

한편 진리에 이르는 길은 데카르트의 합리주의 방식이 아닌 다른 방식을 주장하는 철학자들이 있었다. 경험주의 철학자들이다. 경험주의자들은 우리는 경험을 통해서만 배울 수 있고 확신할 수 있다고 주장했다. 이런 경험주의자의 세상 이해 방식은 합리주의자와 달랐다. 합리주의자들은 원리를 통해서 개별적인 사물을 이해하는 연역법을 사용한다. 모든 사람은 죽는다. 소크라테스도 사람이다. 그래서 소크라테스도 죽는다라는 결론을 얻는다.

그러나 경험론자들은 개별 현상을 경험함으로써 어떤 규칙이나 원리를 발견할 수 있다는 귀납법을 사용한다. "여기 까마귀도 검네, 저기 까마귀도 검네, 거기 까마귀도 검네, 아하, 모든 까마귀는 검구나!" 하며 결론을 얻게 된다고 주장한다. 경험주의자들은 경험을 통해서만 우리가 새로운 진리를 깨달을 수 있다고 믿었다. 경험주의자들은 경험하지 못한 것은 믿을 수 없고 신뢰할 수 없다고 생각했다.

좌충우돌 경험에서 배우는 투자자들

그런데 사람들은 연역법으로도 배우고 또 귀납법으로도 배운다. 난 과거에 연역법에 경도된 사람이었다. 그러나 좌충우돌 많은 경험을 통해서 배우는 사람도 있다. 예를 들면『젊은 부자의 법칙』의 저자 바이런베이가 대표적이다. 그는 어학원도 하고, 중화요리집도 하고, 스터디카페, 펜션 사업 등등 나로선 불가능할 것 같은 수많은 경험을 통해서 자신의 투자 노하우를 체득해 나갔다. 그가 말하는 '인생스킬' 중에는 경험하지 않으면 절대 알 수 없는 것들이 제법 많다.

그런데 나도 나이가 들면서 합리주의자에서 경험주의도 함께 중시하는 사람으로 변했다. 그동안 학자들이 내놓은 많은 주식 투자 이론들이 있지만, 이들 주식 투자 이론은 시장의 일부분만을 설명할 뿐이고, 아직 이론으로 설명되지 못한 숨겨진 것들이 많다는 것을 난 뒤늦게 깨달았다.

예를 들어보자. 2013년, 로버트 쉴러 교수는 내러티브(narrative, 이 야기) 이론이라는 주장으로 노벨 경제학상을 수상했다. 하지만 예전 부터 투자자들은 스토리(story, 이야기)가 주가 상승에 상당한 영향을 준다는 것을 경험적으로 알고 있었다. 다만 이를 설명해주는 이론이 없었을 뿐이다.

또 다른 예를 들어보자. 학계에는 차트 분석이 쓸모없다는 것을 주장하는 논문이 아마도 수천 편, 수만 편이 쌓여 있을 것이다. 그래 서 난 합리주의자 관점에서 차트쟁이들은 바보거나 사기꾼 둘 중에 하나라고 생각했다. 내가 대학원 시절에 읽은 수많은 논문이 다 그 렇다고 증명했기 때문이다. 아마도 지금 나오는 논문들도 역시 차트 에 대해서 부정적일 것이다.

그런데 난 오직 차트 하나만으로는 주가 전망이 어렵다는 건 여 전히 사실이지만, 차트에다 기업 분석과 관련 기업 최근 뉴스를 종 합적으로 분석하면 쉽게 투자 종목을 발굴할 수 있고 승률을 높일 수 있단 걸 알게 되었다. 오랜 주식 투자 경험을 통해서 배운 것이다. 경험주의의 수혜를 본 것이다.

그렇다. 진리에 이르는 길도, 올바른 투자법에 이르는 길도 데카 르트의 연역법과 경험주의 철학자의 귀납법 둘 다 필요하고 도움이 된다. 결국 많이 읽고 많이 생각하고 많이 경험할수록 투자법을 더 빨리 깨우칠 수 있다는 얘기다.

소크라테스 철학을
투자에 적용하는 가장 쉬운 방법

소크라테스 Socrates (기원전 5세기경)
고대 그리스를 대표하는 철학자. 플라톤, 아리스토텔레스와 함께
고대 그리스 철학의 전성기를 이룩했다.
문답법을 통한 깨달음, 무지에 대한 자각, 덕과 앎의 일치를 중시했다.

소크라테스는 "너 자신을 알라"고 했다. 왜 자신을 아는 게 중요한 것일까? 그건 소크라테스의 설명을 직접 들어보는 게 가장 이해가 빠를 것이다. 크세노폰이 쓴 『소크라테스의 회상』을 보면 소크라테스가 청년 에우티데무스에게 '왜 자기 자신을 아는 게 중요한지' 스스로 깨닫게 만들어주는 장면이 있다.

둘의 대화 내용을 보자.

소크라테스 : 델파이 신전에 가본 적이 있나?

에우티데무스 : 네, 소크라테스님. 두 번 방문했습니다. 저는 중요한 결정을 내려야 할 때는 언제나 델파이 신전에서 최고의 조언을 구합니다.

소크라테스 : 델파이 신전 입구에 있는 금언을 보았나? 신전에 갔다면 틀림없이 볼 수 있었을 텐데?

에우티데무스 : 어떤 글이었죠, 소크라테스님?

소크라테스 : "너 자신을 알라."

에우티데무스 : 아, 제가 주의 깊게 보질 못한 것 같아요. 별 생각 없이 그냥 지나쳤네요.

소크라테스 : 그럼 신전을 나올 때는 생각해봤니? 중요한 의사결정을 내릴 때 '너 자신을 알라'는 말이 생각해 볼만한 가치가 있단 생각이 안 들었나?

에우티데무스 : 생각해볼 필요가 없어요, 소크라테스님. 제가 신전을 나올 때는 이미 신탁의 조언을 받았기에 더 이상의 생각은 필요치 않다고 생각했어요. 또 저는 제 자신을 잘 알고 있다고 생각했어요. 의심의 여지가 없죠. 저는 그렇게 혼란스러운 사람은 아니에요.

소크라테스 : 그래, 그건 너 자신만이 결정할 수 있는 문제지. 그러나 다른 각도에서 이 문제를 한번 접근해보자! 어제 길거리에서 네가 말의 키를 재고 있는 것을 봤는데, 말을 살까 하고 생각하고 있었나?

에우티데무스 : 네 맞아요, 소크라테스님. 저는 이제 다시 가서 거

래를 마무리하려 해요.

소크라테스 : 너는 말의 강점과 약점을 알기 위해서, 또 건강과 나이 그리고 기질을 알아보려고 많은 시간을 보냈겠구나?

에우티데무스 : 당연하죠, 소크라테스님. 저는 마구간 주변에서 많은 시간을 보냈어요.

소크라테스 : 그러고 난 뒤 너는 말을 어디에다 쓸까? 말로 무얼 할까 생각했겠지?

에우티데무스 : 맞아요. 그게 바로 제 생각이었어요, 소크라테스님.

소크라테스 : 너는 말을 어디에다 쓸까 하는 것보다는 말을 조사하는 데 더 많은 비중을 두었지?

에우티데무스 : 네, 정확히 그래요.

소크라테스 : 그러나 너는 말에 대한 조언을 구하기 위해서 점쟁이나 무녀를 찾아가지는 않았구나?

에우티데무스 : 왜 무녀를 찾아가야 하죠, 소크라테스님? 제 스스로 말을 잘 조사할 수 있어요. 뭐가 좋은지는 분명해요.

소크라테스 : 그런데 너는 인생에 영향을 주는 일을 결정할 때 '너 자신을 알라'는 조언보다는 무녀의 신탁을 받아들이지 않았느냐?

에우티데무스 : 소크라테스님, 당신이 말씀하시고자 하는 요점을 이제야 알겠어요. 내가 말을 조사했던 것과 마찬가지로 내 자신을 조사했어야 한다는 거죠.

소크라테스 : 그렇지. 사람들이 자신의 강점과 약점을 안다면 더 현명하게 선택할 수 있다고 생각하지 않니?

에우티데무스 : 맞아요, 소크라테스님. 어제도 친구 포도클레스크가 자기가 얼마나 삽화가 일을 싫어하는지 불평하면서 자신의 재능을 더 잘 이용할 수 있는 다른 뭔가가 되고 싶다고 말했죠.

소크라테스 : 그래, 이제 대화를 정리해보자. 네가 방금 말한 것이 바로 내가 너와 지금까지 대화를 나눈 이유야. 자신을 잘 알고 있는 사람은 무엇이 자신에게 적절한지를 알 수 있고, 자신이 할 수 있는 것과 할 수 없는 것을 구분할 수 있어. 사람은 자기가 이해한 것을 함으로써 필요한 걸 구할 수 있고 성공도 누릴 수 있어. 또 사람은 자기가 이해하지 못한 것을 하지 않음으로써 실수를 저지르는 걸 피하고 불행을 피할 수 있지.

에티데무스 : 저는 분명 여러 번 '너 자신을 알라'는 경구를 보았지만 내 자신에게 어떻게 적용해야 할지 전혀 몰랐어요. 제 생각에는 '너 자신을 알라'는 경구가 델파이 신전 앞에 놓여 있었던 이유는 자기 자신을 모른다면 무녀로부터 어떤 조언을 받든 간에 조언을 정확하게 이해하지 못하고 잘 이용할 수 없기 때문인 것 같아요. 자신을 모르고 자신의 능력을 오판하는 사람은 다른 사람과 거래하거나 다른 세상사를 처리할 때도 같은 처지에 놓이게 된다는 거죠.

'너 자신을 알라'는 조언을 삶에 적용하는 법

소크라테스의 조언을 삶에 적용하여 성공한 실제 사례를 보자. 제2차 세계대전 때 적기 80대를 격추하여 에이스 조종사가 된 폴 로스만 상사 이야기를 들어보자. 폴 로스만은 팔을 부상당했다. 그래서 그는 기존의 공중전 전투비행(도그 파이터)을 사용할 수 없었다. 전형적인 공중전에서는 신체적 조건이 뛰어난 사람만이 승리할 수 있었기 때문이다.

폴 로스만 상사는 자신은 이러한 공중전에서는 살아남을 수 없음을 깨달았다. 그래서 그는 자신의 약점을 보완할 수 있는 전투 방법을 고안해냈다. 그는 단숨에 밀어붙이는 공중전 대신에 아주 복잡하게 계산된 방법을 택했다. 적 비행기를 쫓아가서 기총 소사하는 것보다 예상 목표를 분석하는 데 더 많은 시간을 보냈다. 그는 자신이 이길 수 있는 최적의 위치에 있을 때만 공격을 했다. 그는 완벽히 먹혀들 적기를 향해서만 돌진했다.

그는 이런 식으로 전투비행을 한 덕분에 1425회를 출격했지만 털끝 하나 안 다치고 살아 돌아올 수 있었다. 더욱 놀라운 것은 그의 전투 방법을 전수받은 제자 하트만은 적기를 무려 352대를 격추했고 제2차 세계대전의 최고 영웅이 되었다.

공부 머리 없이 자수성가한 부자들은 폴 로스만 상사처럼 자신이 '부상당한 팔'과 같은 어떤 한계를 가지고 있다는 걸 잘 알고 있다. 그들은 경제적 성공을 거두기 위해서 자신만의 독특한 전략을 고안

하게 되었다.

　실제로 자수성가한 미국의 백만장자들을 조사해보면 법대나 의대에 갈 정도의 공부 머리를 가진 사람은 거의 없었다. 대학 성적도 그다지 뛰어나지 않았다. 좋은 대기업에 취직할 실력이 안 되어서 스스로 고용해야 했던 부자들이 많았다. 어쩔 수 없이 자영업을 선택해야 했던 것이다.

　그들은 지적으로 타고난 부류와는 거리가 멀었지만 창의성을 발휘하고 자신이 잘할 수 있는 기회를 포착하여 부자가 될 수 있었던 것이다. 이런 것이 바로 소크라테스의 '너 자신을 알라'는 조언의 성공적인 적용 사례다.

투자에 소크라테스의 조언을 적용하는 2가지 방법

구체적 예를 들어보자.

　A 주부가 자신의 어려운 재정적 상황을 토로하며 자신은 주식에 대해서 아는 게 없는 초보인데 주식을 어떻게 해야 하는지 알려달라고 내게 물었다. 나는 A같은 분에게 도리어 이렇게 묻고 싶다.

　"당신이 주식시장에 참가해서 남들보다 우위에 서서 돈을 벌 수 있는 이유를 대보세요. 당신은 주식에 대한 전문 지식이 있나요? 없다고요? 재무제표를 읽고 이해하시나요? 모른다고요? 악보도 못 읽으면서 연주를 하시겠다고요? 그러면 남들보다 빠른 정보력이 있나요? 없다고요? 그냥 남들 다 보는 신문 보고 투자한다고요? 그러면 주식 투자 경험이 많은가요? 별로 없다고요? 그럼 당신이 유명 대학을 나오고 해외 유학까지 다녀온 똑똑하고 하루 12시간 이상을 투자하는 펀드매니저들을 이길 수 있을 거라고 생각하는 근거는 도대체 무엇인가요? 당신의 강점은 어디에 있나요? 왜 신이 당신에게 상을 줘야 하죠?"

당신이 전략적 사고를 한다면, 직접 주식 투자를 하는 대신에 인덱스 펀드에 가입해야 한다. 인덱스 펀드에 가입 후 10년이 지나면 상위 10퍼센트의 수익률을 거둘 수 있다. 아무런 노력도 하지 않고 상위 10퍼센트에 속할 수 있다.

만약에 자신이 머리가 뛰어나지 않다고 생각되면 주식보다는 부동산에 투자하는 게 유리하다. 부동산 투자로 돈을 불린 사람들을 보라. 부동산 투자는 절대로 성적순이 아니다. 당신보다 공부머리 없는 사람들 중에 부동산 부자를 찾으면 헤아릴 수 없이 많을 것이다.

피터 린치(Peter Lynch)는 주식 투자보다 내 집 마련부터 하기를 권했다.

"주식에 투자하기 전에 집 사는 것을 고려해야 한다. 왜냐하면 집이란 결국 모든 사람들이 가지고자 하는 좋은 투자이기 때문이다. 집값이 떨어지는 예외적인 경우도 있지만 99퍼센트의 경우에는 집값이 오른다. 당신은 주변에서 '집 투자로 손해봤어!'라고 탄식하는 경우를 본 적이 있는가? 아마도 없을 것이다. 대다수 아마추어 투자자들이 주택 투자에는 성공을 거둔다. 그러나 주택 투자에 천재성을 발휘해 성공한 사람들도 주식 투자에서 바보가 된 것은 절대로 우연이 아니다."

왜 피터 린치는 주식 투자와 달리 주택 투자는 99퍼센트 이기는 게임이라고 했을까? 주식 투자와 달리 주택 투자의 승률이 99퍼센트인 데는 또 다른 중요한 이유가 있다. 주택 시장에 참가하는 투자자와 주식시장에 참가하는 투자자가 다르기 때문이다. 시장이 전쟁터라고 생각했을 때, 주식시장과 주택 시장에서 당신이 상대해야 하는 적이 다르다. 주택 시장 참가자는 거의 개인이다. 기관과 외국인 투자자는 거의 없다.

반면에 주식시장에는 개인 투자자 말고 기관투자자와 외국인도 참가한다. 개인과 기관투자자 그리고 외국인이 주식시장에서 경쟁한다면 누가 손해를 봐야 하나? 주가지수가 횡보한다고 가정하면 개인이 손해를 보는 게 너무나도 가능성이 높고 당연하지 않나? 엄청난 정보력과 자금력을 갖춘 기관과 외국인이 개인과 경쟁해서 이기는 건 너무나도 당연하다. 그러나 주택 시장은 개인간의 경쟁이기에 승률이 높다. 개인에게 주택 투자만큼 돈 벌기 쉬운 투자도 없다는 것이다.

나 자신을 알고 난 뒤에야 찾은 내게 맞는 투자법

손자가 일찍이 이렇게 말했다.

"진짜 뛰어난 장수는 쉽게 이길 수 있는 싸움에서 이기기에 장수의 이름조차도 세상에 회자되지 않는다."

주택시장에는 정말 뛰어난, 알려지지 않은 장수들이 많다. 그러니 쉬운 투자를 놔두고 굳이 어려운 투자에 매달릴 필요가 없다. 대부분의 개인 투자자는 피터 린치의 조언대로 집장만 후에 주식 투자에 나서는 게 좋다. 피터 린치의 조언도 따지고 보면 경쟁자와 비교해서 '너 자신을 알라'는 소크라테스의 가르침과 다르지 않다.

사람은 각자 성격이 다르다. 나는 내 자신에게 맞는 투자법을 스스로 만들어야 한다는 것을 뒤늦게 깨달았다. 워런 버핏의 투자법은 워런 버핏에게 딱 맞는 투자법이고, 나에게 맞는 투자법은 따로 있다.

나는 투자자가 아니라 트레이더(매매자)에 어울리는 마인드를 가졌다. 투자자라면 장기투자를 좋아하며 한두 달 동안의 주가 등락으로 일희일비하지 않는다. 투자자라면 주가가 하락하면 오히려 더 살 기회라고 좋아한다. 그러나 나는 주가 등락에 심리적 영향을 받고, 단기 매매 욕구를 가진 트레이더다. 그래서 장기 투자하는 종목 따로, 단기 트레이딩하는 종목 따로 관리하며 둘을 병행하니 내 스타일에 맞아 수익률이 더 좋아졌다.

또한 나는 상대적으로 남보다 두려움은 잘 극복하지만 남보다 탐욕이 많다. 폭락장에 투자하는 용기를 낼 수 있었으나, 탐욕 때문에 언제나 주식을 100퍼센트 보유하고 있어 정작 싼 주식이 널려 있을 때는 돈이 없어 살 수 없었다.

내가 탐욕이 많다는 것을 깨달은 뒤에는 현금 비중을 적절하게 유지하면서 수익률이 오히려 좋아졌다. 나는 자신이 어떤 사람인지 먼저 깨닫고 난 뒤에야 나에게 맞는 투자법을 찾을 수 있었다.

소크라테스의 조언은 인생의 거의 모든 문제에 적용할 수 있다. 주식뿐만 아니라 부동산도 그렇고, 직업 선택도 그렇고, 사업 선택도 그렇고 인생도 그렇다. 열심히 노력만 한다고 성공하는 게 절대 아니다. 빨리 망할 뿐이다.

전략적 사고를 해야 한다. 전략적 사고의 출발점은 바로 자기 자신을 아는 것이다. 자신을 알아야 불필요한 인생의 슬픔과 불행을 피할 수 있다. 투자의 성공도 자기 자신을 아는 데서부터 출발한다. 소크라테스의 '너 자신을 알라'는 투자에서 성공하려면 반드시 명심해야 할 조언이다.

노예의 삶을
선택한 사람들

왜 진보정권이 집권하면
부동산 가격이 더 오를까?

밀턴 프리드먼 Milton Friedman (1912~2006)

자유방임주의와 시장 제도를 통한 자유로운 경제활동을 주장한 미국의 경제학자다.
시카고 대학교, 스탠퍼드 대학교 등에 재직했으며 1976년 노벨 경제학상을 수상했다.

선거를 생각해 보자. 누구에게 표를 줄까? 서민과 노동자 그리고
자신이 가난하다고 생각하는 유권자는 대개 약자를 대변하는 정당
의 후보에게 투표한다. 그가 나를 대신해 목소리를 높여줄 것이라는
기대감에서다. 그런데 나중에 후회하는 경우가 종종 있다. 이상하
게도, 서민과 노동자를 위한다는 정당이 집권하면 부동산 가격이 더
많이 오르기 때문이다.

왜 그럴까? 왜 진보정권이 집권하면 부동산 가격이 더 오를까? 밀
턴 프리드먼이 여기에 대해 명쾌한 답을 보여준다.

밀턴 프리드먼은 1980년대 세계를 휩쓴 스타 경제학자였다. 내가 대학교 1학년 경제학 수업을 들을 때 과제물 중 하나가 밀턴 프리드먼의 책을 읽고 독후감을 쓰는 것이었다. 손에 펜을 쥔 채 웃고 있는 대머리 경제학자의 모습이 담긴 책 표지가 아직도 기억난다. 그 책은 당시 세계적인 베스트셀러였다.

그때 나는 이 대머리 경제학자가 왜 그렇게 인기가 있는지 충분히 이해하진 못했다. 갓 고등학교를 졸업한 나로서는 그의 사상이 어느 정도로 중요하고 대단한지 전혀 감이 오질 않았기 때문이다. 그런데 시간이 흐르면서 밀턴 프리드먼이 당시 얼마나 걸출한 경제학자였는지 인정하지 않을 수 없게 되었다.

재정지출 확대 정책은 물가 상승을 초래한다

밀턴 프리드먼은 유대인이다. 브루클린에서 태어났지만 우크라이나에서 미국으로 이민 온 가난한 집안 출신이다. 열다섯 살 때 아버지가 사업에 실패하고 병을 앓다가 숨지면서 곤궁한 처지에 놓이게 된다. 열악한 환경 속에서도 열심히 공부한 그는 뉴저지의 럿거스 대학교라는 작은 대학에 장학생으로 입학한다.

우수한 성적으로 학부를 졸업한 그는 시카고 대학교에서 석사 학위, 컬럼비아 대학교에서 박사 학위를 받았다. 학위를 받은 이후 10년간 미국 재무부, 국립자원위원회 등에서 근무했고, 시카고 대학에서 30년간 교수로 재직하며 연구에 몰두해 1976년 노벨 경제학상을 수상하게 된다.

밀턴 프리드먼은 케인스와 달리 경제 영역에 대한 정부의 역할을 축소해야 한다고 주장했다. 정부 개입의 부작용과 단점을 강조하고 시장경제를 옹호했다. "가장 나쁜 시장도 가장 좋은 정부보다 좋다"라는 말이 그의 주장을 대변한다.

밀턴 프리드먼은 작은 정부를 선호했다. 케인스는 실업률을 낮추고 경기를 부양하기 위해서 정부지출 같은 재정정책을 강화해야 한다고 주장했지만 밀턴 프리드먼은 케인스의 재정지출 정책은 장기적으로 물가상승을 초래하고 또 정부가 민간이 할 사업을 빼앗은 구축효과 때문에 장기적으로 경제를 살리는 효과도 없다고 지적했다.

70년대 이전까지는 밀턴의 주장이 크게 주목받지 못했다. 당시만 해도 케인스주의가 전 세계를 휩쓸고 있었기 때문이다. 각국 정부는 케인스의 처방대로 정부의 지출을 늘리고 복지 정책을 펴서 실업률을 낮추는 게 최고의 경제 정책이라고 믿었다.

그런데 1970년대 들어서 실업률이 떨어지지 않고 물가만 계속 오르는 스태그플레이션이 등장하자 케인스의 처방에 대한 회의론이 제기되기 시작했다. 이때부터 밀턴의 주장이 재조명되며 각국의 경제정책이 대대적인 전환 국면에 들어서게 된다.

화폐를 늘리면 다음 단계는 인플레이션이다

밀턴 프리드먼은 "모든 인플레이션은 화폐적 현상이다"라고 주장한다. 그는 화폐 수량의 증가는, 1742년에 데이비드 흄(David Hume)이 말했듯이, 노동 가격과 상품 가격을 상승시키는 것 말고는 아무런 효과도 없다고 주장한다.

화폐 수량의 증가가 물가 상승으로 나타나는 데는 시간이 걸린다. 평균 2년 정도 걸린다. 일단 인플레이션이 나타나기 시작하면 이를 당장 멈추게 할 방법이 없다.

인플레이션은 언제나 화폐를 늘림으로써 발생하는 현상이다. 역사적으로 볼 때 하이퍼인플레이션이 발생하지 않은 까닭은 화폐가 금속으로 만들어졌기 때문이다. 금, 은, 구리로 만들어진 화폐는 급속히 발행을 늘릴 수 없었기 때문에 하이퍼인플레이션이 발생할 수 없었다.

그러나 요즘은 화폐를 지폐로 찍어내기 때문에 인플레이션을 겪기 쉽다고 말한다. 정부가 국채를 발행하고 공공 지출을 늘리면 화폐 공급량이 늘어나서 인플레이션을 피할 수 없다고 밀턴 프리드먼은 주장한다.

정부가 재정지출을 늘려서 도로를 건설했다고 해보자. 손해 보는 사람이 없다. 근로자는 도로 공사에 참여해서 임금을 받을 수 있어 의식주를 향상시켰다. 아무도 도로 건설비를 내지 않았지만 새로운 도로는 생겨났다. 좋은 일만 생긴 것 같다.

도대체 누가 도로 건설비를 댄 것일까? 밀턴은 화폐 보유자 모두가 그 도로 건설비를 댄 것이라고 말한다. 호주머니나 은행 통장에 화폐를 가지고 있었던 사람들의 실질 구매력이 감소했기 때문이다.

정부 지출을 통해서 통화 공급을 늘리면 처음엔 좋지만 나중에는 반드시 인플레이션이라는 대가를 치러야 한다. 화폐를 찍어내는 것은 알코올 중독과 비슷하다. 처음에 술을 마실 때는 기분이 좋다. 그러나 시간이 지나면 숙취가 찾아온다. 하지만 숙취가 사라지기도 전에 이내 다시 술을 찾게 되는 악순환이 반복된다. 마찬가지로, 일단 화폐를 찍어내기 시작한 사회는 화폐를 찍어내고자 하는 유혹을 피하기 어렵다.

대공황 시절에는 너무 적은 돈이 문제였지만 지금은 너무 많은 돈이 문제다. 오늘날 우리를 괴롭히는 인플레이션 문제는 대공황기의 디플레이션 경험 때문에 발생한 것이라고 할 수 있다. 대공황 당시에 케인스는 불경기를 벗어나기 위해서 중요한 것은 지출이라고 말했다. 만약에 민간 부분의 투자나 소비가 완전고용을 이룰 수 있을 정도로 충분하지 않다면 정부가 나서서 지출을 해야 한다고 주장했다. 그래서 탄생한 것이 경기 부양 이론이다.

정부 지출은 어떤 부양책이든 잡으려 했던 정치인에게 신이 준 선물과 같았다. 밀턴 프리드먼이 TV에 출연해서 한 이야기는 이 지점을 정확하게 지적하고 있다.

"정치인들은 언제나 시민들에게 세금을 부과하지 않아도 되는 돈을 쓰고 생색내고자 했다. 그동안 정치인들이 서민 지원의 책임이라는 명목 아래 하고 싶어 했던 것을 정당화하는 과학적 이론을 케인스가 만들어준 것이다. 그 후로 정치인들은 정부 지출을 폭발적으로 늘렸다. 루스벨트 대통령은 재정지출을 대폭 늘리고 사회보장제도를 도입했다. 영국도 비슷한 길을 걸었다. 하지만 정부 지출 확대는 경제 침체기에 한해서만 유용하지 그렇지 않은 시기에까지 이루어진 정부 지출에 대해서는 분명히 케인스도 반대했을 것이다. 케인스는 1946년에 사망했는데 만약에 케인스가 10년을 더 살았다면 1930년대는 정부 지출 확대가 맞지만 전후에는 그렇게 하는 게 옳지 않다고 주장하고 설득했을 것이다. 그가 10년을 더 살았다면 전후 극심한 인플레이션을 피할 수 있었을 것이다."

왜 진보정권 때 부동산 가격이 더 많이 오르는가?

노동자와 서민의 권익을 강조하는 진보정권이 집권했을 때 오히려 부동산과 주가가 많이 오른다. 실제로 우리나라에서는 김대중 대통령, 노무현 대통령 시절에 부동산과 주식이 더 많이 올랐다. 왜 그럴까? 가장 큰 이유는 당시의 글로벌 경제 환경이었다고 보지만 진보정권의 경제정책이 직접적인 영향을 준 것이다.

진보정권은 언제나 큰 정부를 지향한다. 진보정권은 서민과 약자를 돕기 위해서 재정지출을 늘리고 복지 정책을 확대하는 걸 좋아한다. 예를 들면 노무현 정권 때 낙후된 지방 균형 발전을 위해서 지방에 혁신 도시와 기업 도시를 만든다고 토지 보상을 통해서 정부 지출을 늘렸는데, 이것이 수도권 부동산 가격 상승에 큰 영향을 주었다.

밀턴 프리드먼의 주장에 따르면, 재정지출과 복지 확대 정책은 처음엔 경기 부양이 되지만 이후엔 인플레이션으로 찾아온다고 했다. 인플레이션이 오면 자산가격이 상승하게 된다. 한국뿐만 아니라 세계적으로도 그렇다. 중남미에 포퓰리즘 좌파 정권이 들어서면 예외 없이 물가가 폭등했다.

무상 복지 그리고 최저임금 인상을 약속한 좌파 정권이 들어선 베네수엘라의 경우 2018년 한 해 동안에만 물가상승률이 15만 퍼센트에 달했다. 1,000원짜리 커피가 1년 뒤에 1,500배 뛰어 150만 원이 된다는 것이다.

상황이 이러다 보니 2015년 이래 해외로 탈출한 국민이 300만 명에 이른다고 한다. 자국에 남아 있는 국민 대다수도 먹을 게 없어 쓰레기통을 뒤지는 실정이다.

정부 지출로 무상 복지를 약속한 좌파 정권이 원유 매장량 세계 1위인 베네수엘라를 낙원이 아닌 지옥으로 만든 것이다. 전 세계 부동산 가격을 소득 대비해서 비교한 지표에서 베네수엘라 수도인 카라카스가 세계 1위를 기록하고 있다는 게 우연이 아니다. 인플레이션에 대비한 가장 좋은 피난처가 부동산이라는 것을 반증하는 것이다.

서민을 돕겠다는 진보정권의 따뜻한(?) 복지 정책과 선심 정책이 부동산을 보유하지 못한 서민과 노동자를 궁지로 몰아넣는다. "공짜 점심은 없다"는 밀턴 프리드먼의 충고가 가리키는 복지 정책의 방향을 다시금 확인해야 할 때인 것이다.

전략적 사고 없이
무턱대고 열심히 하면
빨리 망한다

마이클 포터 Michael Eugene Porter (1947~)
하버드 대학교를 대표하는 석좌교수로 피터 드러커, 톰 피터스와 함께
세계 3대 경영 석학으로 평가받는 경영전략의 세계 최고 권위자다.
'현대 전략 분야의 아버지'라 불린다.

"그저 주야장천 열심히 일만 하면 어떻게 되겠니? 남보다 빨리 망하지. 그럼 어떻게 해야 해? 생각을 해야지. 생각을 할 줄 알아야 성공하지."

대학 시절 내가 좋아하던 경영학과 교수님은 항상 웃으면서 이렇게 말씀하시곤 했다. 그땐 그러려니 했는데, 나이가 들고 경험이 쌓일수록 정말 맞는 말씀이란 생각이 든다. 부자가 되는 것은 무조건 열심히 한다고 될 일이 아니다. 무턱대고 투자하거나 그냥 열심히 사업을 한다고 부자가 되기는 어렵다. 관건은 승리할 수 있는 투자

나 사업을 선택하는 데 있다.

투자나 사업은 시작하기도 전에 이미 승패가 정해져 있다고 『손자병법』은 말하고 있다. 손무는 "먼저 승리한 다음 싸워라(勝戰後求戰)"라고 했다. 전쟁을 시작하기 전에 먼저 이길 수 있는 가능성을 따져보란 것이다.

"승리하는 군사는 먼저 이겨 놓고 싸움을 하고, 패배하는 군사는 먼저 싸움을 걸어놓고 뒤에 이기려 든다. 싸움을 잘해 이기는 사람이란 이기기 쉬운 것을 이기는 사람을 말하는 것이다."

승산이 많으면 승리하고, 승산이 적으면 승리하지 못한다는 단순하고도 탁월한 일갈이다.

승산이 없는 전쟁을 시작하는 것은 얼마나 어리석은 일인가. 이 이치를 깨닫는 데서 전략적 사고가 시작된다. 그러니 전략적 사고 없이, 이길 가능성도 없는 싸움을 선택하여 무조건 열심히 하면 망하는 지름길이라는 것이다. 주식 투자도 그렇고, 사업도 그렇고, 직업 선택도 그렇다.

재능과 노력보다 줄서기가 더 중요하다

그럼 이길 수 있는 전쟁인지 아닌지는 어떻게 판단하는가? 전략적 사고는 어떻게 할 수 있는 것인가? 이 질문에 대한 답을 내놓은 이가 바로 마이클 포터다.

마이클 포터 교수는 '현대 전략 분야의 아버지'라 불린다. 경영전략의 세계 최고 권위자다. 그는 불과 26살에 하버드 경영대학원 교수로 임용되었다. 35살 때 하버드 최연소 정년 보장 교수가 되었다. 맥킨지상, 애덤 스미스상, 조지 테리 도서상, 웰즈 경제학상 등을 받았으며, 2008년에는 미국 상무부에서 수여하는 '경제발전 평생공로상'의 초대 수상자로 선정되었다. 현재 하버드를 대표하는 '석좌교수'로 재직하고 있다.

마이클 포터가 말하는 전략적 사고란 어떤 것인지, 아주 쉬운 예를 들어보자. 거북이 토끼랑 경주에서 이기려면 어떻게 해야 하나? 체력을 기르고 노력하고 쉬지 않고 열심히 달리면 이길 수 있을까? 절대 아니다. 요즘 토끼는 낮잠을 자지 않는다. 거북은 육상 달리기 시합을 하면 언제나 질 수밖에 없다. 거북은 육상 시합 대신에 수영 시합을 하자고 해야 한다. 이런 게 전략적 사고다.

난 딸아이의 전략적 사고를 이끌어내기 위해 이렇게 말한다.

"네가 남보다 잘하는 게 무엇인지 생각해봐라. 네가 남보다 잘 못하는 약점은 무엇인지 고려해라. 그리고 세상이 어떻게 변하는지 생각해 봐라. 향후 세상의 변화 속에서 네가 어떤 기회를 가질 수 있을지 생각해 봐라. 또 반대로 어떤 위협이 있을지도 고려해라. 이런 상황에서 너의 장점을 살리고 약점을 보완하여 기회를 잡고 성공할 수 있는 가장 유리한 곳에 네 자신을 전략적으로 포지셔닝해라."

이런 게 전략적 사고방식이다. 이걸 아주 단순하게 말한다면 '줄을 잘 서는 것'이라고 말할 수 있다. 그렇다. 인생은 줄서기다! 노력과 재능보다 줄을 잘 서는 게 더 중요하다. 이런 전략적 사고를 가장 잘하는 대가가 바로 마이클 포터다. 나는 대학에서 경영학을 전공한 덕분에 그의 전략적 사고를 배웠다. 마이클 포터의 전략적 사고는 주식 투자를 할 때 그리고 직업을 선택할 때 등 인생을 살아가면서 중요한 판단을 할 때 사용하는 유용한 도구가 되었다. 나중에 워런 버핏(Warren Buffett)이 투자할 기업을 고르는 기준과 똑같다는 것을 깨달았다.

전략을 형성하는 5가지 경쟁요소

마이클 포터는 1979년에 "어떻게 경쟁 요소들이 전략을 형성하는가(How Competitive Forces Shape Strategy)"라는 논문에 '5가지 경쟁 요소'를 처음 소개했는데, 이 이론은 경영학계에 새로운 돌풍을 일으켰다.

마이클 포터에 의하면, 어떤 기업의 수익성은 이미 정해져 있다. 어떤 기업이 얼마나 벌 수 있는지는 그 기업이 속한 산업의 경쟁 강도에 따라 달라진다. 경쟁이 없을수록 경쟁이 덜 치열할수록 돈을 더 많이 벌 수 있다.

경쟁이 얼마나 치열할지는 5가지 측면에서 살펴볼 수 있다. 즉 산업의 경쟁 강도를 결정짓는 5가지 요소로, 신규 진입 위협, 라이벌 기업 간의 경쟁, 공급자의 교섭력, 구매자의 교섭력, 상품이나 서비스의 대체 위협 등이다.

첫째, 신규 진입 위협을 보자. 진입 장벽이 없다면, 즉 누구나 사업을 시작할 수 있다면 큰돈을 벌 수 있는 사업이 아니다. 노래방, 커피숍, 치킨집, 모바일 대리점 등이 대표적이다. 이런 사업을 하는 데는 별다른 기술이나 자금이 필요하지 않다. 그래서 언제나 경쟁에 시달리고 돈을 좀 벌 만하면 새로운 진입자가 생겨서 수익을 깎는다. 기존 기업은 신규 진입자가 생기면 가격, 비용, 투자 측면에서 압박을 받게 된다.

미국 최대의 커피 프랜차이즈 브랜드 스타벅스가 매장과 메뉴에 지속적으로 투자를 하는 것도 커피 소매업의 진입 장벽이 매우 낮기 때문이다. 지속적인 투자로 새로운 경쟁자가 들어오지 못하게 방어막을 치려고 하는 것이다.

둘째, 라이벌 기업 간의 경쟁을 보자. 경쟁 기업 수가 적을수록 돈을 많이 벌 수 있다. 록펠러가 오하이오 스탠더드 석유 회사를 설립하여 미국 내 정유소의 95퍼센트를 지배한 것은 엄청난 일이었다. 독점기업이야말로 큰돈을 벌 수 있는 '끝판왕'이니 말이다.

독점 다음으로는 소수의 과점 체제가 돈을 많이 벌 수 있다. 국내에서는 삼성전자가 반도체 사업에서 치킨 게임을 펼쳐서 경쟁 기업을 많이 죽였다. 지금은 매출 이익률이 50퍼센트가 넘는다. 100원짜리 하나 팔면 50원이 이익이다. 엄청나게 수지맞는 장사인 것이다. 그러니 돈을 벌려면 독점기업에 투자하라! 독점사업에 투자하라! 가장 가까이에 있는 독점사업은 무엇인가? 바로 부동산이다. 그 위치에 그 땅은 하나뿐이기 때문이다.

셋째, 구매자의 교섭력을 봐야 한다. 기업이 만들어내는 상품을 누가 사나? 개인이 산다면 괜찮은 돈을 벌 수 있다. 그러나 기업이 만든 상품을 대기업에 납품한다면, 즉 하청업체라면 큰돈을 벌기 어렵다. 예를 들어, 현대자동차는 하청 업체를 하나만 두는 게 아니고 2개 이상의 하청 업체를 두어서 납품 경쟁을 시키기 때문이다. 하청 업체는 겨우 밥 먹고 살 정도로만 벌 수 있다. 경쟁 때문이다. 그래서 하청 업체들은 언제나 매출 이익률이 5퍼센트 수준에 그치는 경우가 대부분이다. 그러나 특별한 기술을 가지고 자기만 만들 수 있는 부품을 만들어서 납품한다면 그때는 부르는 게 값이다.

이처럼 기업이 만든 상품을 누가 사는지를 고려해야 한다. 구매자의 교섭력이 큰 경우 수익을 남기기 어렵다. 구매자가 갑인 경우다. 이렇게 보면 구매자가 대기업보다 일반 개인 소비자인 경우가 기업 입장에서는 돈 벌기가 더 쉽다는 것을 알 수 있다.

넷째, 공급자의 교섭력을 살펴봐야 한다. 기업이 원재료를 사올 수 있는 곳이 한 곳뿐이라면 당연히 높은 값을 지불할 수밖에 없다. 농민들이 농사를 짓기 위해서 씨앗을 사는 경우, 몬산토라는 다국적 기업에서만 살 수 있다면 아무리 비싸도 살 수밖에 없을 것이다. 이처럼 공급자의 교섭이 절대적으로 큰 경우, 상당히 높은 수익을 얻을 수 있다.

다섯째, 상품의 대체 위협이다. 만약에 기업이 만드는 상품이 하나뿐이라면 이 상품의 대체 상품이 나오는 것만으로도 이 회사는 망하게 된다. 그래서 한 가지 상품만 만드는 회사는 위험하다. 서비스도 마찬가지다. 단일 서비스를 제공하다 경쟁사에서 대체 가능한 서비스를 출시하는 경우, 또는 더 혁신적이고 효율적인 서비스를 제공할 경우 회사의 명운을 장담할 수 없게 된다. 일례로, 비디오 대여점의 경우 넷플릭스 같은 온라인 동영상 서비스 업체의 등장으로 순식간에 자취를 감추었다. 신기술과 혁신으로 상품이 사라질 위협에 처해 있지 않은지 파악해야 한다. 플로피디스크가 CD로 대체된 지 오래고, 지금은 CD도 USB로 대체되고 있다.

워런 버핏은 유명 껌 회사를 좋아했는데, 이유는 세월이 흘러도 별다른 새로운 껌이 나올 것 같지 않아서였다고 한다. 즉 새로운 껌을 만들어내기 위해서 쓸데없이 돈을 낭비하지 않아도 되기 때문에 수지맞는 장사를 계속 할 수 있다고 본 것이다.

기술 변화가 심한 상품을 만드는 회사는 경쟁에서 살아남기 위해서 계속 연구 개발비를 지불해야 하며 언제 도태될지 모른다. 워런 버핏이 코카콜라 같은 음료 회사에 투자한 것도 바로 이런 이유에서다.

돈이 되는 산업은 이미 정해져 있다

마이클 포터의 5가지 경쟁 요소를 분석해보면 어떤 기업이 돈을 어느 정도 벌 수 있을지가 이미 정해져 있다. 이런 시각으로 분석하면 장기적으로 어떤 기업에 투자해야 할지, 어떤 사업을 해야 할지, 어떤 기업에 취업을 해야 할지도 알 수 있다.

구체적으로 미국의 산업별 수익률을 살펴보자. 1992년부터 2006년까지 미국의 산업별 평균 투자수익률(ROI)을 조사한 바에 의하면 증권업이 40.9퍼센트, 식음료 37.6퍼센트, 반도체 21.3퍼센트, 의료기기 21퍼센트, 철강 15.6퍼센트, 출판 13.4퍼센트, 호텔 10.4퍼센트, 항공 5.9퍼센트로 나타났다. 증권업이 항공 산업의 7배로 높은 수익을 거두고 있다. 투자수익률로 보면 증권업만한 게 없다. 돈을 벌려면 월스트리트로 가야 한다는 이야기다.

한국에서도 금융업 종사자가 가장 많은 월급을 받는 것으로 알려져 있다. 금융업에 종사하는 금융인의 재능이나 노력이 다른 산업 종사자에 비해서 뛰어나서 그런 게 아니다. 앞서 살펴본 5가지 요소에 따라 산업의 경쟁 강도가 낮아서 그런 것이다.

수익성이 가장 낮은 곳은 항공 산업이다. 투자의 귀재 워런 버핏도 항공 산업에 투자해서 여러 번 돈을 날렸다. 그는 이런 말을 한 적이 있다. "내가 또 전화기를 잡고 항공주를 사달라고 하면 말려 달라. 만약에 자본가가 라이트 형제가 처음으로 비행기를 만드는 걸 봤다면 총으로 쏴서 죽였을 것이다." 라이트 형제의 비행기 발명은 인류에게 큰 도움을 주었지만 항공 사업은 큰돈을 벌기 힘든 사업이라는 것이다. 버핏의 설명에 따르면 항공 사업은 버스 회사와 비슷해서 별다른 진입 장벽이 없고 돈을 좀 벌 만하면 새로운 비행기를 사야 하고 경쟁이 치열해서 결코 큰돈을 벌 수 없는 사업이라고 말했다.

아무리 뛰어난 재능을 가졌다고 해도 별 볼일 없는 산업에 투자해서는 이익을 내기가 어렵다.

큰돈을 벌 수 있느냐는 재능과 노력보다는 어떤 사업을 할 것인지 정하는 전략적인 선택이 더 큰 영향을 미친다. 당신이 어떤 사업을 할지 또는 어느 산업에 취직할지를 고민하고 있다면 앞서 짚어본 5가지 경쟁 요소를 진지하게 고려해야 한다. 그중 가장 중요한 신규 진입 위협에 대해 한 번 더 짚어보는 것으로 이 장을 마무리하자.

신규 진입 위협을 결정짓는 것은 진입 장벽이다. 진입 장벽으로는 규모의 경제, 특허나 정부 규제, 자본금 규모, 선점 등이 있다. 규모의 경제는 대규모로 생산해서 생산 단가를 낮출 수 있는 경쟁력을 말한다. 이런 진입 장벽이 있는 사업은 경쟁자가 진입하기 힘들다. 또 특허 같은 독점권으로 무장된 사업도 경쟁자가 뛰어들기 어렵다. 제약사의 의약품이 대표적인 경우고, 통신사업처럼 정부 규제가 엄격해 허가를 받아야 하는 사업도 그렇다.

사업 자금이 크게 필요한 경우도 경쟁자가 진입하기 어렵다. 선점의 경우는 시장을 통째로 차지할 정도로 이미 어떤 기업이 선점해버리면 나중에 뛰어든 기업 입장에서는 엄두를 내기 어렵다.

지금의 ㈜효성은 1966년 화학섬유 제조업체인 동양나이론으로 출발한 기업이다. 대학 때 교수님께 들은 얘기로는, 당시 동양나이론은 국내 소비 예측량보다 더 큰 규모의 공장을 지었는데, 시장 선점을 위한 전략적 판단이었다고 했다. 다른 기업이 그 사업에 뛰어드는 것을 원천적으로 봉쇄한 것이다.

이야기의 핵심을 파악했는가? 무턱대고 열심히, 열심히 하면 어떻게 되나? 빨리 망한다. 성공하기 위해서는 노력과 재능보다 전략적인 선택이 더 중요하다. 바로 여기에 마이클 포터의 분석 도구를 활용하면 분명 그냥 열심히 하는 것보단 백배 나은 결과에 도달하게 될 것이다.

지옥으로 가는 길은
선의로 포장되어 있다

프리드리히 하이에크 Friedrich August von Hayek (1899~1992)
오스트리아 태생의 영국 경제학자로 화폐적 경기론과
중립적 화폐론을 전개. 신자유주의의 입장에서 모든 계획경제에 반대했다.
화폐와 경제변동 연구로 노벨 경제학상을 수상했다.

1980년대와 90년대는 하이에크의 사상이 전 세계를 휩쓸었다. 놀랍게도, 공산국가의 지식인들조차 몰래 하이에크를 읽었을 정도라고 한다. 당시 우리나라에서는 운동권이건 아니건 거의 모든 학생들이 마르크스를 읽었으니 참 아이러니한 일이다.

하이에크의 책 중 큰 인기를 끈 것은 『노예의 길*The Road to Serfdom*』인데, 정치인과 경제학자들은 이 책이 나오고 몇 십 년이 흐른 뒤에서야 그의 주장을 받아들였다. 가장 적극적으로 받아들인 정치인은 영국의 대처 수상과 미국의 레이건 대통령이었다.

지금 우리 안에서 벌어지는 지옥 같은 일들

하이에크가 남긴 일갈 중 이런 유명한 말이 있다. "지옥으로 가는 길은 선의로 포장되어 있다." 무슨 뜻일까? 왜 지옥으로 가는 길은 선의로 포장되어 있을까?

예를 들어보자. 최근 몇 년 간 우리나라를 떠들썩하게 한 것 중 하나가 최저임금제다. 노동자의 임금을 현실화하는 것은 매우 중요한 일이다. 따뜻하고 인정 넘치는 인도적인 정책이다. 그런데 그 결과는 아직 썩 만족스럽지 못한 것 같다. 자영업자의 경영 환경이 악화되었을 뿐만 아니라 실업률 또한 17년 만에 최고치를 경신하고 있으니 말이다. 선의가 지옥이란 바로 이런 경우를 두고 하는 말이다.

임대료 규제 정책도 비슷한 결과를 만들어내지 않을까 싶다. 쉽게 말하자면 집 없는 가난한 사람을 위해서 집주인이 임대료를 마음대로 못 올리게 규제해야 한다는 정책으로, 이 역시 따뜻하고 인간적인 정책이라 할 수 있다. 그런데 하이에크는 임대료 규제 정책 때문에 오스트리아가 얼마나 국가적으로 손해를 보고 경제가 침체되고 망가졌는지를 계산해서 낱낱이 폭로하고 경고한다.

지옥으로 가는 길이 선의로 포장되어 있다는 강력한 증거 중 하나는 북한이다. 같은 민족이고 똑같은 조건에서 출발했는데 남한과 북한은 왜 이렇게 차이가 날까? 북한의 정책은 전부 선의 아닌가? 식량도 배급, 집도 배급, 병원도 공짜다. 선의가 넘쳐나는 곳이 북한 아닌가? 그런데 왜 북한은 남한보다 못 살까?

누군가는 먼저 부자가 되어야 한다

미국의 추수감사절은 선의로 포장된 지옥으로 가는 길에서 탈출했기에 생겨난 기념일이다. 청교도들은 미국에 처음 도착했을 때 깊은 신앙심으로 공동 생산 공동 분배 방식으로 농사를 지었다. 신앙심이 깊었던 그들은 노약자, 병자, 어린이들은 농사의 노동에서 제외시켜 주는 선의를 베풀었다. 몇 년째 계속 흉년이 들어서 굶어 죽는 사람이 생기니까 마침내 지도자가 '올해부턴 각자도생'이라고 선언했다. 개인에게 땅을 나눠주고 각자 책임하에 농사를 지으라고 한 것이다. 그랬더니 그해부터 풍년이 들기 시작했다. 그래서 하나님께 추수한 곡물을 올리고 감사의 제를 올리게 된 게 추수감사절의 유래다.

선의가 지옥문을 연 또 다른 예를 하나 들어보자. 마오쩌둥이 이렇게 지시했다. "참새는 인민의 양식인 곡물을 훔쳐 먹는 인민의 적이다, 적폐다. 참새를 잡아 죽여라." 그래서 중국 인민들이 참새의 씨를 말렸다. 그래서 어떻게 되었을까? 대흉년이 왔다. 참새가 없어지니 해충이 창궐한 것이다. 참새 잡기 운동은 결국 4천만 명이 굶어 죽는 결과로 이어졌다. 잘못된 선의의 정책이 지옥의 문을 연 것이다.

지옥으로 가는 길은 선의로 포장되었다고 설파한 하이에크가 덩샤오핑에게 해준 조언을 보자. 어느 날 덩샤오핑이 하이에크를 초대해서 "중국 인민이 배불리 먹고 살게 하려면 어떻게 하면 됩니까?"라고 물었다.

하이에크는 이렇게 대답했다. "중국 농민이 생산한 것을 자기 마음대로 처분할 수 있게 하세요." 덩샤오핑은 하이에크가 시키는 대로 했다. 그랬더니 농산물 수확이 늘고 풍년이 왔다. 그래서 덩샤오핑이 흑묘백묘론(黑猫白猫論)을 들고 나와 선부자론(先富者論)을 펴면서 누군가는 먼저 부자가 되어야 모두 부자가 될 수 있다고 했다. 이것이 바로 중국을 오늘날처럼 발전시킨 개혁 개방정책의 배경이다.

시장은 도덕적 기준으로
보상하지 않는다

많은 사람들이 시장이 도덕적 기준으로 보상해야 마땅하다고 착각한다. 그러나 시장은 도덕적 기준으로 보상하지 않는다. 이는 하이에크의 이론 중 매우 중요한 부분이다.

이해가 쉽도록 예를 들어보자. 매춘부가 종일 힘들게 청소하는 청소부보다 수입이 훨씬 더 좋다. 술만 따르는 술집 접대부가 일 년에 며칠 쉬지도 못하고 열심히 일하는 자동차 공장 노동자보다 수입이 더 많다. 도덕적 감성을 가진 사람들은 이런 시장의 결과에 동의하기 어렵다.

시장경제에 도덕적 잣대를 들이대지 마라

그런데 만약에 시장이 도덕적 기준으로 보상을 해야 한다면 도대체 어떤 도덕적 기준으로 보상해야 할까? 내 친구 중 하나는 '무식한 강남 복부인이 자기보다 더 많이 버는 게 옳지 않고 부당하다'고 말했다. 그 친구는 머리가 좋고 공부를 잘했고 나름 직장 생활을 열심히 했다고 생각했기에 자신의 똑똑함 그리고 근면성을 기준으로 시장이 보상해야 한다고 믿는 듯했다. 가끔 신문을 읽다 보면 기자 중에도 이 친구처럼 생각하는 사람이 있는 듯하다.

그러나 하이에크는 몇 번이나 강조했다. 시장은 그런 식으로 작동하지 않는다고 말이다. 시장은 어떻게 보상하는가? 보상은 노력과 재능에 항상 비례하지 않는다. 운이 작용하기도 한다. 시장은 기본적으로 수요 공급으로 작동한다. 도덕적 기준은 어디에도 끼어들 틈이 없다. 거래 상대방이 누구인지 상관없이 오로지 가격만 맞으면 거래가 되는 것이다.

시장이 비정한가? 아니다. 하이에크는 전혀 그렇지 않다고 주장했다. 오히려 시장이 그렇게 작동하기에 우리 세상은 조화롭고 평화로울 수 있다고 주장했다. 이해를 돕기 위해서 예를 들어보자. 기독교인은 이교도에 비해서 기독교인이 집을 우선 장만할 수 있어야 한다고 믿을 수 있다. 불교도와 이슬람교도도 각자 그러한 종교적 기준을 가지고 있을 수 있다. 그런데 만약에 종교적 기준으로 시장이 주택을 배급한다면 우리가 사는 세상은 폭력으로 하루도 평화로운 날이 없을 것이다.

다행히도 시장은 돈이란 수단을 통해서 각자의 종교나 도덕적 기준과 상관없이 평화롭게 물자를 교환하고 거래하는 곳이다. 중세 시대 기독교인은 아랍어로 '신은 하나다'라는 글귀가 새겨진 금화를 이슬람교도로부터 받았고 이슬람교도는 예수와 성모마리아가 그려진 금화를 받았고 통용했다.

그런데도 대중은 각자 자기가 믿는 도덕적 잣대를 기준으로 시장의 결과에 승복하지 않으려는 태도를 보인다. 이런 태도는 매우 위험하다. 도대체 누가 도덕적 기준을 평가할 수 있단 말인가? 시장은 도덕적 기준으로 보상하지 않는다. 그러니 시장경제에서 도덕적 잣대를 들이대는 어리석음은 부디 벗어나길 바란다.

왜 사람들은 노예의 길을 선택하는가

하이에크는 자신의 저서 『노예의 길』에서 대중은 노예로 가는 길을 좋아한다고 말했다. 정말 그럴까? 아주 쉽게 설명해 보자.

에리히 프롬(Erich Fromm)의 『자유로부터의 도피 *Escape from Freedom*』를 모르는 사람은 별로 없을 것이다. 읽지는 않았어도 들어보기는 했을 것이다. 이 책의 핵심은 이렇다. 인간은 자유를 얻었지만 고독과 불안을 느낀다. 그래서 고독과 불안을 피하기 위해서 인간은 권위에 복종하게 된다.

이해하기 쉽도록 부동산을 예로 들어보자. 향후 집값이 오를지 내릴지, 지금 집을 사야 하는 건지 아닌지……. 지금 사면 상투를 잡고 손해를 보는 게 아닌지 너무 불안하다. 부동산을 공부할 틈도 없고 공부는 재미가 없고 힘들다. 누군가가 대신 정답을 가르쳐 주면 좋겠다. 그래서 스스로 판단할 능력이 없는 대중은 구루를 선택하고 따른다. 그런데 아뿔싸! 대중이 이런 식으로 선택한 구루가 폭락론자 선 모 씨였다. 그래서 많이 망했다.

또 어떤 대중은 집값이 급변동되니 정부가 집값을 안정시켜 주기를 바란다. 그래서 정부가 반시장적 규제를 하라고 요구한다. 더 나가서 정부가 집을 배급해 주면 좋겠다고 생각하는 사람도 있다. 그런 나라가 바로 공산국가다. 이런 정책으로 성공한 공산국가가 지구상 어디에 있던가?

불안으로부터 도피하는 또 다른 선택은 종교다. 종교의 세계에는 불확실한 것이 없고 모든 것이 분명하고 확실하다. 종교는 덤으로 현재의 괴로움도 내세에 보상받을 것이란 위로도 준다. 사람들은 자유를 원한다고 하지만 실상은 자유로부터 도피한다. 국가나 구루나 종교로 도피한다. 그래서 노예의 길을 선택하는 것이다.

왜 그럴까? 왜 자유를 버리고 노예의 길을 선택할까? 자유는 경쟁이 기본이고, 노력이 기본이고, 책임이 기본이기 때문이다. 경쟁하기 싫고 노력하기도 싫고 책임지기도 싫은 미성숙한 대중이 쉽게 원하는 게 무엇일까? 이럴 때 달콤하게 등장하는 정치 세력은 파시스트나 공산주의 같은 전체주의자다. 이들은 대중에게 고민할 필요가 없다고 속삭인다. 그냥 모든 건 정부가 다 해준다고 약속한다. 그것도 공짜로 말이다. 그렇게 해서 불안한 대중은 자유로부터 도피해서 노예의 길을 선택하는 것이다.

노예의 길을 걷지 않으려면 대중이 자유를 받아들일 수 있을 만큼 성숙해야 한다. 어린애처럼 요구만 할 게 아니라 스스로 노력하고 경쟁을 받아들이고 책임을 질 줄 아는 성숙함을 가져야 한다.

도시를 파괴하는 것은
폭격이 아니라
임대료 통제 정책이다

———

　오스트리아의 사회민주당은 세입자의 표를 얻기 위해서 오스트리아 수도 빈에서 임대료 통제 정책을 폈다. 사회민주당은 약자의 주거 복지를 향상시켰다고 자평했다. 그러나 하이에크는 임대료 통제 정책이 오스트리아 경제에 지옥의 문을 열게 했다고 고발하는 논문을 발표했다.

임대료 통제 정책의 부작용에 대한 경고

임대료 통제 정책이 어떻게 오스트리아 경제를 망치게 되었는지 하이에크의 설명을 들어보자. 임대료를 통제하니까 어떤 일이 발생했을까? 집주인은 유지 보수비와 재산세를 내고 나니까 오히려 손해를 보게 되었다. 그 결과 집주인은 더 이상 집을 고치지 않게 되었다. 당연한 결과였다. 돈이 안 되는 곳에 왜 돈을 투자하겠는가? 집주인은 임대 수입이 사라지니까 새로운 집을 지을 자금 축적이 안 되고, 새 집을 지을 수 없으니까 집은 더 부족하게 되었고, 주거 문제는 더 심각해졌다. 임대료 통제 정책의 또 다른 부작용은 일단 세입자가 들어오면 도통 나갈 생각을 안 한다는 것이다. 세입자는 자녀가 장성해서 출가해도 집을 줄여서 작은 집으로 옮길 생각을 안 하게 된다. 임대료가 워낙 싸니까, 그리고 한번 집을 비워주면 다시 들어가기 어려우니 말이다. 상황이 이러다 보니 사회적으로 굉장한 비효율이 발생하게 된다.

그뿐만 아니라 세입자는 일자리가 생겨도 직장이 집에서 멀면 일자리를 거절했다. 싼 월세 집을 포기하기 싫으니 말이다. 그래서 사회 전체적으로 실업률이 올라갔다. 또 집에서 먼 곳에 직장을 둔 세입자는 직장 근처로 집을 구할 수 없고 먼 거리에서 출퇴근을 할 수밖에 없었다. 결국 사회 전체적으로 교통비를 엄청 낭비하는 결과를 초래했다.

반면 집주인은 돈을 모을 방법이 없으니 주식을 살 돈도 없어서 경제성장에 필요한 자금줄이 막히게 되었다. 결국 임대료 통제 정책은 여러 측면으로 오스트리아 경제에 상당한 타격을 입혔다는 것이 하이에크의 분석이다.

하이에크가 임대료 통제 정책의 부작용을 경고한 것이 1931년의 일이다. 80년도 더 된 일이다. 그런데도 많은 나라가 임대료 통제 정책을 포기하지 않았다. 미국 뉴욕에서도 그랬다. 당시에 뉴욕에서 임대할 집을 구하려면 신문의 부고란을 봐야 한다는 말이 있을 정도였다. 세입자가 죽어야 빈집이 생긴다는 뜻이다. 임대료가 형편없이 낮으니 집주인은 집을 방치하게 되었고, 그 결과 뉴욕은 점점 슬럼화되어 갔다. 그래서 이런 말이 탄생했다. "한 도시를 완벽하게 파괴하는 방법은 폭격이 아니라 임대료 통제 정책이다." 이런 부작용을 충분히 확인한 요즘에야 임대료 통제 정책이 사라지는 추세다.

시장경제와 사유재산이 필요한 이유

하이에크는 스승 미제스(Ludwig Edler von Mises)의 영향을 받았다. 미제스는 사회주의 계획경제가 망할 수밖에 없다고 봤다. 인센티브가 없으니까 경제주체가 일을 안 하고, 시장이 없기에 가격 메커니즘이 작동하지 않아서 정보를 얻을 수 없으니 경제가 돌아가지 않는다는 이야기다.

이해하기 쉽게 부동산을 예로 들어보자. 가격이 올라가는 특정 부동산은 많은 사람들이 좋아한다는 정보를 전달한다. 가격이 올라가는 특정 부동산을 더 많이 공급하라는 신호를 보내는 것이다. 빌라보다 아파트 가격이 더 많이 오르면 아파트를 더 많이 공급하라는 신호(정보)로 해석하면 된다. 우리는 가격의 움직임을 보고서 무엇을 더 생산해야 하는지 알 수 있다.

시장이 없는 사회주의 계획경제 체제 아래선 수많은 상품에 대한 정보를 제공할 수 없다. 국가 통계에서도 나타나지 않는다. 결국 사회주의 계획경제는 작동 불능으로 망하게 될 운명에 처할 수밖에 없다. 공산국가가 차례로 망한 이유는 길게 설명할 필요도 없다.

하이에크는 사유재산제도의 필요성에 대해 매우 강력하게 말했다. "사유재산제도만이 혁신할 수 있는 경제적 동기를 불어넣는다."

부동산의 경우, 내 땅이어야 여기다 뭘 지을지, 어떻게 지을지 진지하게 고민하게 된다. 내 땅이어야 여기다 무슨 장사를 할지 고민하고 창의적인 아이디어를 내서 활용하게 된다. 내 땅이 아니면 그런 노력을 누가 하겠는가? 고민하는 것 자체가 투자인데 말이다.

땅을 국가가 소유하고 공산당 간부가 관리한다면 공산당 간부는 땅을 개발해야 할 동기를 갖기 어렵고, 잘못되어도 자기 땅이 아니니 책임감도 느끼지 못한다. 땅을 잘 이용하는 것은 그 땅을 언제 어떻게 활용하느냐 하는 특정한 지식에 달려 있지 공산당 간부가 가지고 있는 방대한 통계자료에 있는 게 절대로 아니다. 결국 땅은 주인이 있을 때 가장 잘 활용될 수 있다는 것이다.

우리나라는 어떤가? 우리나라에서도 한 유명 정치인이 헨리 조지를 언급하면서 땅을 중국처럼 국유화하자고 주장했다. 하이에크나 미제스가 이런 소리를 들었으면 뭐라고 했을까? 아마도 그 정치인은 헨리 조지만 알고 하이에크와 미제스는 모른 듯하다.

지금까지 내용을 요약하면, 하이에크는 주택 임대료 통제 정책은 도시를 파괴하는 부작용을 가져온다고 비판했고, 시장경제와 사유 재산제가 확립되지 않는 사회주의 경제는 개별 상품에 대한 가격 정보를 얻을 수 없고 또 인센티브가 없기에 경제가 망할 것으로 예언 했는데 소비에트연방의 몰락으로 현실화되었다.

경제민주화는
경제 침체를 가져오는
첩경이다

하이에크가 그의 명저 『노예의 길』을 선보인 것이 1944년이었다. 그런데 세상 사람들이 하이에크를 이해하기까지는 엄청 많은 시간이 걸렸다. 『노예의 길』 발간 후로 무려 30년이나 지난 1974년에서야 하이에크는 노벨 경제학상을 받았다. 그리고 하이에크의 사상이 영국의 대처 수상과 미국 레이건 대통령에 의해서 구현된 것은 1980년대 이후의 일이다. 그러니까 하이에크의 사상을 세상 사람들이 주목하고 온전히 받아들인 시점은 그의 주장이 세상에 나온 뒤로 무려 40년이나 지난 뒤였다.

정치인이 인플레이션을 선택하는 이유

하이에크는 정치인이 인플레이션을 일으키기 쉽다고 경고했다. 정치인은 실업률을 떨어뜨리기 위해서 정부 지출을 늘리는 방법을 주로 사용한다(케인스의 처방). 이런 처방은 반드시 인플레이션을 유발한다는 것이 하이에크의 주장이다.

인플레이션 때문에 노동자의 실질임금은 하락하고, 다시 노동자는 하락한 실질임금을 보전받기 위해서 더 많은 임금을 요구하게 되고, 이는 다시 인플레이션을 심화시킨다. 하이에크는 케인스식 처방이 인플레이션의 악순환으로 빠져들게 만들 것이라고 분석했다.

실제로 1970년대 세계경제에선 케인스식의 정부 지출 확대 정책이 더 이상 효과가 없었다. 케인스의 처방대로 정부 지출을 확대해도 실업률은 떨어지지 않고 불경기는 계속되면서 인플레이션만 찾아왔던 것이다. 불경기에 물가만 오르는 스태그플레이션 현상이 나타났다. 그제야 사람들은 케인스를 버리고 하이에크의 사상에 주목하게 되었다.

하이에크의 주장에 매료된 영국의 대처 수상은 하이에크 처방대로 경제정책을 실시했다. 1979년 정권을 잡은 대처 수상은 실업률을 낮추기 위해서 통화를 풀고 정부 지출을 늘리라는 케인스식 처방을 거부했다. 대신에 높은 실업률은 단기간에 해결할 수 없는 악으로 받아들이고 감내했다. 한편으론 정부 소유 사업을 매각하고, 경제에 대한 정부의 직접적인 개입을 줄이고, 창업을 권장하고 개인의 소득세율을 낮추었다. 대처 수상은 하이에크의 주장대로 작은 정부를 지향하고 경제 자유도를 높이는 방식으로 경제정책을 펼쳐서 마침내 고질적인 '영국병'을 치유하고 영국을 구조 조정 하는 데 성공했다.

미국의 레이건 대통령은 경제 참모로 하이에크파를 대거 기용했다. 레이건 대통령은 연설에서 경제학자로는 하이에크를 가장 많이 언급했다. 하이에크의 사상은 마침내 미국에서 레이건에 의해서 꽃을 피웠고, 레이건은 미국 경제 재건에 성공했다.

지금 우리 정부는 정부 지출을 확대하고 복지 지출을 늘리고 예산을 팽창시키고 노동자의 최저임금을 올리는 정책을 펴고 있다. 이렇게 하면 인플레이션이 찾아오기 쉽다. 정치인이 인플레이션을 초래하는 경제 정책을 선택하는 이유는 당장의 인기를 먹고 살아야 하기 때문이다. 몇 년 뒤에 망한다고 해도 당장 인기를 끌고 당선되어야 하니까 인플레이션을 초래하는 정책을 선택한다.

투자의 귀재 워런 버핏이 포퓰리즘 정치인의 모럴리스크 때문에 인플레이션을 피하기 어려울 것이라고 경고한 것도 이 때문이다. 워런 버핏은 투자할 때 반드시 인플레이션을 고려해야 한다고 강조했다. 그래서 그는 물가 상승을 제품 가격에 반영하여 올릴 수 있는 가격 결정권을 가진 회사의 주식에만 투자하라고 했다.

노동조합이 특권을 추구하고 사회를 위협한다

하이에크는 노조의 위험성을 경고했다. 좌파는 노조를 이기적인 독점 집단으로 보지 않고 공동체의 이익을 위해서 행동할 것이라고 잘못 단정하는 경향이 있다고 지적했다. 하이에크는 노동조합이 선거에서 큰 영향을 미칠 만큼 인원이 많기에, 여러 가지 특권을 누리고 있다고 보았다. 하이에크에 따르면 노동조합은 자신들의 집단 이기주의를 추구할 때 주로 '사회정의'라는 캐치프레이즈를 내세우는데 이 사회정의라는 개념이 매우 모호해서 노조의 집단 이기주의를 추구하는 데 매우 효과적이기 때문이라는 것이다.

하이에크는 노조의 조합원이 받는 높은 임금은 비노조원의 임금을 일정 부분 떼어내서 가져온 것이라고 보았다. 즉 노조의 조합원이 높은 임금을 받는 것은 비조합원의 희생 덕분이라는 이야기다. 전체 노동자에게 줄 수 있는 임금의 총량이 일정하다고 보았을 때는 하이에크의 말이 맞다.

물론 모든 노조가 그런 건 아니고, 일부 귀족 노조가 문제다. 모 자동차 회사의 노조는 과거 한때 조합원 자녀를 우선적으로 해당 기업에 취업시킬 수 있도록 하는 특권 조항을 둔 적도 있었다. 처음 듣는 사람은 "설마" 하며 놀라겠지만 불과 몇 년 전까지도 이 조항을 유지하고 있어 세습 귀족 노조라는 비판을 받기도 했다.

경제민주화가 경제 침체를 가져온다

하이에크는 경제민주화를 우려했다. 망하는 지름길이라고 경고했다. 경제민주화란 대체 무엇인가? 말 그대로, 경제를 민주주의 방식으로 운영한다는 것이다. 구체적으로 어떻게 한다는 걸까? 다수결로 정한다는 것이다. 그러니까, 경제민주화라는 말은 경제활동, 경제정책을 다수결로 정해서 하겠다는 건데, 그렇게 하면 어떻게 될까?

경제민주화에 대한 하이에크의 경고를 그대로 옮겨보자.

"대부분의 사회 구성원들은 새로운 물질적 풍요를 가져올 수 있는 창조적 파괴와 같은 혁신으로 인해서 자신의 소득이나 삶의 방식이 손해 보거나 파괴되지 않도록 정부에게 끈질기게 요구할 것이다. 따라서 경제문제 해결을 다수결에 의존하는 것이야말로 경제 침체를 만들어내는 비법이다. 장기적으로 볼 때 자유 시장경제가 계속 존재하기 위해서는 정치적으로 결정하는 경제문제의 범위를 제한해야 한다." - 하이에크 『자유헌정론 The Constitution of Liberty』

한국으로 눈을 돌려보자. 얼마 전 어떤 정치인 왈, 삼성이 번 돈 20조 원을 풀면 몇 명이 얼마씩 나누어 가질 수 있다고 했다. 그런 분배 경제정책도 투표에 붙이면 찬성표를 적잖이 얻을 것이다. 부자와 대기업에게 세금 폭탄을 때리자는 안건도 투표하면 당연히 다수결로 통과될 것이다. 그러면 어떻게 될까? 대답은 프랑스에 있다.

2012년에 프랑스는 연소득 100만 유로(약 12억 원) 이상 버는 부자에게 100만 유로를 초과하는 소득에 대해서 75퍼센트의 세금을 부과하기로 결정했다. 그전에는 최고 소득세율이 41퍼센트였다. 고소득자에게 세금 폭탄이 떨어졌다. 그러자 프랑스 부자들은 프랑스를 떠났다. 유럽 최고 부자인 루이비통모에헤네시 그룹(LVMH) 회장인 베르나르가 이웃 나라 벨기에로 귀화해 버린 게 대표적인 사례다. 그날 이후 프랑스 경제는 악화되기 시작했다. 세수는 줄었고, 실업률은 사상 최고치를 찍었고, 경제성장률은 제자리걸음을 걸었다. 결국 프랑스는 손을 들고 2015년에 부자 증세를 폐지했다.

자, 요약해 보자. 하이에크는 정치인이 인기에 영합하기 때문에 인플레이션을 유발하는 선심성 재정지출 정책을 선호할 것이고, 노조는 사회정의란 명목으로 자신들의 이익을 챙기는 귀족 노조가 될 것이라고 예견했다. 경제민주화가 경제 침체를 가져오리란 하이에크의 이론은 현실 속에서 하나씩 이루어지고 있는 셈이다.

제

3

장

부동산 가격이
움직이는 메커니즘

서울과 지방 부동산은
양극화될 것이다

한국의 도시는 서로 다른 운명을 걷게 될 가능성이 높다. 서울과 판교 같은 도시는 향후 성장할 게 분명하지만 제조업 중심 지방 도시는 침체기를 걷게 될 것이라는 얘기다. 엔리코 모레티의 『직업의 지리학*The New Geography of Jobs*』을 읽어보면 이런 생각이 전혀 엉뚱한 것만은 아니라는 데 공감하게 될 것이다.

왜 세상은 평평해지지 않는 걸까?

세상은 점점 더 평평해진다고 한다! 왜 그럴까? 『세계는 평평하다
The World is Flat』의 저자 토머스 프리드먼(Thomas L. Friedman)은 세계화
때문이라고 말한다. 세계화에 힘입어 기업은 제품을 싸게 만들 수
있는 나라로 공장을 옮겨간다. 인터넷 혁명과 전자 상거래 기술의
발달은 세계화를 더욱더 가속화시킨다.

이제 장소는 과거만큼 중요하지 않다. 지구상 어디든지 싸게 만
들 수 있는 곳으로 공장을 옮겨간다. 그래서 인건비가 싼 중국이 전
세계의 공장 역할을 하고 있다. 중국의 도시 선전은 세계화 덕분에
엄청난 속도로 성장, 발전하고 있다. 인도도 마찬가지다. 인도의 도
시 벵갈루루는 상대적으로 저렴한 IT 인력 덕분에 소프트웨어를 싸
게 만들고 공급할 수 있어 급속도로 번성하고 있다. 미국의 콜센터
가 이제는 미국이 아닌 인도에 세워지고 있다.

이처럼 세계화 때문에 인건비가 비싸고 집값이 비싼 선진국의 도
시는 외면을 받고, 비용이 싼 후진국의 도시가 각광 받아서 세상은 시
간이 갈수록 점점 더 평평해질 것이라는 게 우리의 상식이 되었다.

그런데 과연 그럴까? 세상이 점점 더 평평해진다는 말은 맞는 말
일까? 『직업의 지리학』 저자 엔리코 모레티는 아니라고 한다! 일례
로, 미국 실리콘밸리 IT 기업의 경우 기술자의 연봉이나 집값이 인도
IT 기술자에 비해서 엄청 비싼데도 불구하고 미국 IT 기업은 인도로
옮겨가지 않는다. 집값도 비싸고 IT 기술자 연봉도 비싼 시애틀이나

실리콘밸리는 점점 더 번성하고 있다.

왜 미국 IT 기업이나 바이오 기업은 비용이 싼 인도나 중국으로 옮겨가지 않는 것일까? 도대체 그 이유가 뭘까? 왜 세상이 평평해지지 않는 걸까? 엔리코 모레티에 의하면, 세계화가 적용되는 분야가 있고 적용 안 되는 분야가 있다고 한다. 전통 제조업은 세계화로 국제 분업이 일어나고 세상이 평평해지는 방식으로 진행된다. 예를 들면, 제조업 공장은 미국에서 한국으로, 한국에서 다시 중국으로 옮겨간다. 스웨터 만드는 공장은 인건비가 싸고, 전기가 들어오고, 땅값이 싼 곳이면 어디든 옮겨갈 수 있다.

혁신 기업을 백업하는 3가지 뭉침의 힘

세계화에도 불구하고 비용의 논리를 따라 옮겨가지 못하는 산업이 있다. 그게 뭔가? 바로 혁신 산업이다. 혁신 산업은 어떤 산업을 말하는가? 자원보다 아이디어, 특허, 기술 같은 것이 더 중요한 산업을 말한다. 예를 들면, 인터넷, 바이오산업, 4차 산업, 첨단 기술 같은 산업 말이다.

왜 혁신 산업은 땅값 싸고 인건비 싼 지역으로 옮겨가지 못하는 걸까? 그 이유는 혁신 산업은 '뭉침의 힘'이 작용하는 장소에서만 가능하기 때문이다.

뭉침의 힘이란 구체적으로 뭔가? 나는 뭉침의 힘을 풍부한 인재,

지식 전파, 인프라 제공으로 나누어서 설명한다.

첫째, 풍부한 인재가 있는 곳에서만 혁신 산업은 가능하다. 혁신 산업에서 제일 중요한 건 바로 사람이다. 혁신을 만들어낼 창조적이고 전문적인 지식을 가진 인재를 쉽게 구할 수 있어야 한다. 그러니 후진국으로 옮겨갈 수가 없는 것이다.

둘째, 혁신 산업은 인재들 간의 지식 전파가 중요하기에 후진국으로 옮겨갈 수 없다. 혁신적인 아이디어와 창조적인 아이디어는 역량 있는 인재들이 한데 모여 서로 자극을 주고 영향을 주고받을 때 더 잘 생겨난다. 회의실뿐만 아니라 같이 차 마시고 밥 먹을 때 무심코 나누는 대화 속에서도 혁신적인 아이디어가 튀어나온다. 그러니 혁신 기업은 단순히 비용이 싸다고 인도나 중국으로 옮겨갈 수 없는 것이다.

셋째, 혁신 기업을 지원하는 인프라가 중요하다. 혁신 기업이 성공하려면 이를 지원하는 인프라가 잘 갖추어져 있어야 한다. 혁신 기업을 지원하는 벤처 캐피탈이 있어 돈도 대주고 경영 지도도 해주고 회계도 도와주어야 한다. 또 인터넷 및 통신 인프라가 구축되어 있어 글로벌 정보와 세계적 연구 흐름에 빠르게 접근할 수 있어야 한다. 그러니 최고 수준의 인프라가 구축되어 있는 곳이 아니면 어렵다.

이 3가지 '뭉침의 힘' 때문에 혁신 기업이 단지 비용이 싸다고 중국이나 인도로 옮기기는 어렵다는 것이다. 그래서 이런 뭉침의 힘은 혁신 기업이 한곳에 모이게 만들고, 그런 혁신 기업이 모여 있는 도시는 점점 더 발전한다. 반면에 일반 제조업 중심의 도시는 세계화 때문에 비용이 싼 곳으로 공장을 뺏기게 돼 쇠퇴한다.

결과적으로 혁신 산업 기반 도시와 전통 제조업 기반 도시는 시간이 갈수록 점점 격차가 커질 것이다. 미국이 지역적으로 평평해지기보다는 갈수록 울퉁불퉁해지고 지역 간 불평등이 더 커질 수밖에 없을 것이라는 얘기다. 미국의 양쪽 해안가 도시는 성장하고 번영하는 데 반해서 중부 내륙의 도시는 몰락하는 추세를 보이는 것은 이 같은 이론으로 충분히 설명 가능하다. 각 지역의 주요 산업이 무엇이냐에 따라서 도시의 흥망성쇠를 전망할 수 있는 것이다. 이런 변화는 너무나 거대한 힘이어서 잠시 늦추거나 멈출 수는 있지만 그 흐름을 되돌릴 수는 없다.

미국의 제조업 중심 도시가 몰락한 이유

세계화 외에 지역 간 격차를 벌리는 또 다른 요인은 '기술혁신'에 있다. 혁신은 공장을 자동화한다. 로봇이 노동자를 대체한다. 해가 갈수록 제조업에 종사하는 노동자의 비율이 줄어든다. 현재 미국에선 제조업에 종사하는 노동자의 비율이 6퍼센트에 불과하다. 기술혁신은 제조업의 경제 비중까지 줄어들게 만든다.

이런 현상은 우리나라도 마찬가지다. 한국도 제조업의 비중이 해마다 줄어들고 있다. 첨단 제품인 반도체조차도 해마다 경제 비중이 줄어들고 있는 실정이다. 즉, 제조업은 경제가 발전하면 할수록 혁신 때문에 경제 비중이 줄어들 수밖에 없는 운명이다. 따라서 제조업 도시는 스스로 혁신에 의해서 쇠퇴할 운명인 것이다.

반면에 미국의 서부 해안과 동부 해안은 성장, 발전을 거듭하고 있다. 서부 해안에는 IT 기업이 모여 있고 바이오 기업 같은 혁신 기업이 몰려 있다. 동부 해안에는 금융회사와 패션 업체 같은 선진 기업이 몰려 있다. 기술혁신과 세계화는 선진국의 제조업 몰락을 가져왔지만 IT 기업과 바이오 그리고 금융, 패션 같은 혁신 업종엔 비약적인 성장 발판을 만들어 주었다.

그렇다면 기술혁신과 세계화가 IT, 바이오, 금융 같은 혁신 기업에 성장 요인으로 작용하는 메커니즘은 무엇일까? 이런 혁신 기업은 자신의 신제품, 신기술, 신약 등을 전 세계를 대상으로 팔 수 있기에 오히려 세계화의 이익을 볼 수 있다. 동부 해안에 자리한 금융회사도 마찬가지다. 새로운 금융 상품을 만들어서 전 세계에 내다 팔 수 있어 세계화의 이득을 보는 것이다.

인적자원은 왜 특정 지역과 도시로 몰려드는가

금융, IT, 바이오, 소프트웨어, 엔터테인먼트 같은 혁신 기업의 성공 요인은 무엇인가? 혁신 기업의 성공 요인은 혁신과 아이디어를 만들어 낼 수 있는 인적자원에 있다. 인적자원이 몰려 있는 곳에 혁신 기업이 몰리고 그런 혁신 기업이 생기는 도시는 번성하고 발전한다.

그런데 뛰어난 인재들이 특정 지역과 도시로 몰려드는 이유가 있는 것일까? 『직업의 지리학』을 통해 배운 바를 내 방식대로 설명하자면, 3가지 정도 이유를 들 수 있다.

첫째, 우연이다. 어떤 천재급 인재가 우연히 시애틀이나 샌디에이고에서 IT와 바이오 벤처 사업을 시작했는데, 그를 보고 다른 인재들이 몰려와서 합세하다 보니 그 도시가 인재가 많은 도시가 된다. 첫발을 디딘 인재는 자리를 잡는 게 힘들긴 하지만 일단 그가 자리를 잡으면 그 도시가 계속 번성하게 될 가능성이 높아진다.

둘째, 인재는 뭉치면 뭉칠수록 새로운 아이디어나 혁신이 생겨나기 쉽다. 인재들은 다른 인재에게서 배우고 아이디어를 얻는 데 주저함이 없다. 혁신과 아이디어가 진공 상태에서 나오지 않는다는 것을 누구보다 잘 알고 있기 때문이다. 미국 혁신 기업이 주도하는 도시는 좋은 대학교와 연구 기관이 자리하고 있다는 점도 특징이다.

셋째, 해당 지역은 인재들이 살고 싶은 도시인 경우가 많다. 일자리를 쉽게 구할 수 있고 기후가 좋고 맛있는 레스토랑이 있고 아이 키우기 좋고 짝을 만나기 쉬운 지역에서 인재들이 살고 싶어 한다는 것이다. 이런 곳에 기업이 몰리고 또 인재도 몰리고 긍정적 자기 강화가 이루어져서 특정 도시는 더욱더 발전한다.

한국의 부동산 투자와 관련한 통찰은 무엇인가

이와 같은 지리적 특성을 부동산 투자에 활용한다면 다음 몇 가지 시사점을 얻을 수 있다.

첫째, 제조업 중심의 지방 도시는 쇠퇴할 가능성이 높아 부동산 투자에 주의가 필요하다. 울산, 창원, 구미, 거제도, 군산 같은 제조업 중심 도시는 혁신과 세계화의 거대한 물결에 의해서 점차 침체될 수밖에 없는 운명이다. 이미 상당수의 제조업체가 값싼 노동비와 원재료를 찾아서 해외로 떠났으며, 이는 거스를 수 없는 하나의 흐름이 되었다.

둘째, 서울, 판교는 IT, 금융, 바이오, 엔터테인먼트 같은 혁신 기업이 자리 잡아 향후 부동산 전망이 좋다. 지식 기반 산업사회에서 대학과 연구소는 중요하다. 서울에는 좋은 대학이 모두 몰려 있고, 혁신 산업인 방송국, 금융기관, 벤처 캐피탈 회사, 엔터테인먼트 회사, 회계, 경영 컨설턴트 역시 서울에 집중되어 있다. 혁신 기업이 필요로 하는 인적자원이 풍부하게 있는 곳이 바로 서울이다. 지식 자본주의 사회에서 가장 강력한 경쟁력을 갖추고 있다는 얘기다.

셋째, 정부가 국토 균형 발전을 위해서 지방 도시를 활성화하려는 노력은 성공하지 못할 것이다. 과거 국토 균형 발전이란 명목 아래 지방을 살리기 위해서 추진한 기업 도시와 혁신 도시의 모습은 어떤가? 아직도 기업의 입주율은 낮고 상가는 텅텅 비고 당초 기대한 성과를 거둔 곳이 많지 않다. 왜 그럴까? 『도시의 승리*Triumph of the* *city*』의 저자인 하버드 경제학과 교수 에드워드 글레이저는 낙후되고 경쟁력 없는 도시에 대규모 빌딩을 세우고 건설 붐을 일으켜서 살리려 하는 대신에 낙후된 도시의 주민들을 직접 도와주는 편이 효과적이라고 조언한다.

낙후된 도시 주거자들에게 더 좋은 교육을 받게 하거나 더 좋은 일자리를 찾아 줘 주민들이 다른 곳에 정착해서 더 잘살게 된다면 낙후된 도시는 설령 발전하지 못한다고 해도 상관없다. 그는 사람을 지원하는 방식으로 정책을 세워야지 지역을 지원하는 방식으로 지원 정책을 세워봐야 도시는 살아나지 못한다고 주장한다.

뉴올리언스의 경우, 낙후된 도시를 재건하기 위해서 빌딩과 건물에 엄청난 돈을 투자했지만 건설업자들만 배 불리게 했고 사람 없는 텅 빈 콘크리트 덩어리만 남겨진 채 재건에는 실패했다는 것이다. 차라리 그 돈을 뉴올리언스 주민에게 직접 지원했다면 더 좋은 결과를 낳았을 것이라고 주장한다.

『도시는 왜 불평등한가 *The New Urban Crisis*』의 저자 리처드 플로리다(Richard Florida)는 정부의 정책이 실패하는 이유를 이렇게 설명한다. "사람들이 기업과 일자리를 찾아서 이동한다는 전통적인 생각이 더 이상 맞지 않는 것 같다. 도시의 성공을 위해선 기업을 유치하는 것이 아니라 인재를 끌어오는 것이 맞다."

그는 혁신 기업은 아무런 인센티브가 없어도 기업이 필요로 하는 인재가 많은 도시로 옮겨간다고 주장하며, 라이코스가 인센티브는 없지만 인재가 많은 보스턴으로 옮겨간 것이 대표적인 사례라고 말한다. 도시가 번성하려면 혁신 기업에 필요한 인재인 과학자, 기술자, 전문 지식인, 예술가 등이 살기 좋게 만들어야 한다고 말한다. 또 도시에 일자리가 많고 데이트할 사람이 많고 레스토랑, 카페, 음악 공간 등이 많다면 인재는 자연스럽게 몰려들고 기업은 이러한 인재를 구하려고 그 도시로 올 것이라고 주장한다.

해외 도시 전문가들의 관점에서 볼 때, 단순히 낙후된 지방 도시를 재건하기 위해서 공공 기관을 지방으로 내려보내는 방식으로는 쇠퇴하는 지방 도시를 부활시키기 어렵다. 국토 균형발전을 위한 기업 도시, 혁신 도시로 성공하기 어렵다.

우리나라의 도시 간 불평등은 시간이 갈수록 심화될 것이다. 우리가 도시 간 불평등을 원하지도 않고 바람직하다고 생각하지도 않지만 세상은 그렇게 불평등이 확대될 것이다. 어떤 도시가 성장하고 어떤 도시가 쇠퇴할지 미리 알 수 있다면 재정적 불행을 피할 수 있을 것이다. 분명한 사실 하나는 바로 이것이다. 돈을 벌고 싶다면 혁신 기업이 주도하는 도시에 투자하라!

슈퍼스타 도시,
서울에 투자하라

2018년 여름, 박원순 서울 시장이 옥탑방 생활 체험을 할 때 몇 권의 책을 가지고 갔는데. 그중의 한 권이 『도시는 왜 불평등한가』였다. 원래 이 책은 부동산 투자자를 위한 책은 아니다. 오히려 도시 계획과 관리를 책임진 박원순 시장 같은 사람을 위한 책이다. 그렇지만 부동산 투자 관점에서도 얻을 수 있는 것이 많다.

슈퍼스타 도시 전성시대, 수혜자는 누구인가

이 책의 저자 리처드 플로리다는 다음과 같이 주장한다. 이제 슈퍼스타 도시 전성시대가 도래했다. 슈퍼스타 도시는 시간이 갈수록 인재를 끌어들여서 번성하게 되고 나머지 자잘한 도시는 몰락하게 된다. 슈퍼스타 도시와 다른 도시 간의 격차가 더욱더 벌어지고 불평등이 확대되는 현상은 피할 수 없다. 슈퍼스타 도시의 부동산 가격은 시간이 갈수록 다른 도시보다 훨씬 더 급등하게 된다.

이런 거대한 흐름에서 가장 큰 이득을 보는 사람은 누구인가? 바로 해당 지역의 주택과 땅 소유자들이다.

그런데 왜 슈퍼스타 도시로 인재와 기업이 집중되는 것일까? 저자는 2가지 이유로 설명하고 있다.

첫째, 기업이 자기의 이익을 찾아서 슈퍼스타 도시로 몰린다. 노벨 경제학상을 수상한 경제학자 폴 크루그먼(Paul Krugman)은 기업이 왜 특정 지역에 몰려 있는지 잘 설명한다. 폴 크루그먼의 설명에 따르면, 기업의 운송비가 낮은 경우에는 여러 곳에서 분산 생산하는 것보다 한곳에 집중해서 대량생산을 하면 생산 단가가 떨어져서 유리하고(전문용어로 '규모의 경제'라고 한다) 또 여러 기업이 모여서 산업 단지를 만들면 중간재와 노동력을 구하기 쉬워서 더 유리해진다. 기업이 한곳에 뭉치면 이익이 생기기에 자연스럽게 산업 클러스터가 생긴다는 것이다. 예를 들면, 뉴욕 런던에 금융회사, 로스앤젤레스에 영화사, 밀라노와 파리에 패션 업체, 산호세에 IT 기업이 집중적으로 모인 이유가 그렇다는 것이다. 폴 크루그먼은 이 이론으로 노벨 경제학상을 탔는데, 따지고 보면 애덤 스미스의 분업 효과와 리카도의 비교 우위론을 믹스해서 발전시킨 것이라고 할 수 있다.

둘째, 인재가 슈퍼스타 도시로 모인다는 것이다. 인재가 모이면 서로 자극을 주고받아서 더 좋은 아이디어와 기술이 생겨나고 혁신이 일어난다. 그리고 인재가 모이면 인적자본 외부 효과라는 게 발생한다. 외부 효과(external effect)란 무엇인가? 외부 효과는 시장에서 돈을 매개로 사고팔고 하는 거래를 통해서 생기는 게 아니라 시장을 통하지 않고 그냥 공짜로 생기는 이득이나 손해를 말한다. 예를 들면, 자동차 매연으로 혼잡 도로 주변의 집주인이 손해를 본다. 시장에서 아무 거래도 한 게 없는데 손해를 보는 것이다.

그럼 인적자본 외부 효과는 무엇일까? 말 그대로 인재 덕분에 인재 아닌 다른 평범한 사람도 덕을 본다는 말이다. 경제학자들은 인재랑 같이 일하면 다른 사람도 생산성이 높아진다는 사실을 발견했다. 또 인재가 잘해서 좋은 아이디어를 내면 인재 자신도 큰 이득을 챙기지만 주변 사람의 소득도 늘어나는 걸 확인했다. 흔히 한 명의 천재가 10만 명을 먹여 살린다고 한다. 인재가 슈퍼스타 도시로 몰리고, 이것이 슈퍼스타 도시에 인적자본 외부 효과를 낳고, 덕분에 슈퍼스타 도시의 주민은 다른 도시 주민보다 소득이 높아진다. 그러면 인재가 슈퍼스타 도시로 더욱더 몰리게 되는 연쇄반응이 나타난다.

그렇다면 슈퍼스타 도시의 집값은 얼마나 올랐을까? 2015년 기준 뉴욕 대도시의 부동산 가치는 영국의 GDP와 같아질 만큼 올랐다.

LA의 부동산 가치는 프랑스의 GDP와 같아질 정도로 올랐다. 샌프란시스코의 부동산 가치는 한국 GDP랑 비슷할 정도로 올랐다.

뉴욕 소호 지역의 아파트 한 채 가격으로 라스베이거스에선 18채, 애틀랜타에선 23채, 디트로이트에선 29채, 클리블랜드에선 30채, 세인트루이스에선 34채, 멤피스에선 38채를 살 수 있다고 한다. 이건 평균적으로 그렇다는 말이고 소호 지역의 아파트 한 채를 팔면 톨레도의 50채, 디트로이트의 70채, 오하이오주 영스타운에서는 100채를 살 수 있다고 한다.

2000년 이후 슈퍼스타 도시의 집값이 급등했다

슈퍼스타 도시의 집값 급등이 슈퍼스타 도시 전체에서 골고루 나타나는 것은 아니다. 슈퍼스타 도시 중에서도 특정한 '슈퍼 지역'의 집값이 급등한다. 슈퍼스타 도시 내에서도 격차가 벌어진다.

슈퍼스타 도시의 부동산 가치가 급격히 오르기 시작한 건 2000년 이후의 일이다. 슈퍼스타 도시의 집값은 1950년에는 평균의 2배였지만 2000년에는 4배로 격차가 벌어졌다.

2000년 이후 슈퍼스타 도시의 집값이 급등한 이유는 무엇일까? 이에 대한 대답은 다른 책 『도시의 승리』에서 힌트를 얻을 수 있다. 1990년대까지가 교외 도시 중심이었고 이후 2000년부터는 도시 중심으로 인구가 모이는 시기였다. 왜 교외로 나갔던 인구가 다시 도시로 집중하게 되었을까? 제조업의 몰락과 지식 기반 산업사회로의 이동 때문이다. 이 부분은 『도시의 승리』를 소개할 때 자세히 설명하도록 하겠다.

그렇다면 가장 중요한 것, 이 책에서 얻은 한국 부동산 투자에 적용할 수 있는 통찰은 무엇일까? 서울에 투자하라는 것이다. 한국의 슈퍼스타 도시는 서울뿐이기 때문이다. 세월이 가면 갈수록 서울과 여타 도시의 차이는 점점 더 벌어질 것이다.

사실 나는 서울이 진짜로 슈퍼스타 도시가 될 수 있을지 의심스러웠다. 그런데 저자가 각 나라의 도시를 평가해서 슈퍼스타 도시의 랭킹을 매겨 놓았다. 그 기준에 따르면 서울은 슈퍼스타 도시라고 한다.

이 책에 따르면, 1위 뉴욕, 2위 런던, 3위 도쿄, 4위 홍콩, 5위 파리, 6위 싱가포르, 7위 LA, 8위 서울, 9위 빈, 10위 스톡홀름, 11위 토론토, 12위 시카고, 13위 취리히, 14위 시드니, 15위 헬싱키, 16위 더블린, 17위 오사카-고베, 18위 보스턴, 오슬로, 베이징, 상하이, 22위 제네바, 23위 워싱턴, 샌프란시스코, 모스크바가 랭크에 올라 있다.

서울이 베이징, 상하이, 토론토, 시드니, 시카고, 샌프란시스코 등의 도시보다 앞선 순위에 있다는 점은 놀랍다. 이 순위의 평가 기준은 5가지로, 1인당 GDP, 금융 능력, 글로벌 경쟁력, 비즈니스 활성도, 삶의 질 기준이다. 관점에 따라 순위는 차이가 있을 수 있지만, 우리나라에서는 서울에 집중하는 것이 안전하다는 사실에는 변함이 없다.

어느 도시,
어느 동네 부동산이 뜰 것인가?

에드워드 글레이저 Edward Glaeser (1967~)

하버드 대학교 경제학과 교수로 미국 내에서 가장 논쟁적이고 뛰어난 젊은 학자로
주목받고 있다. 경제와 사회, 역사와 문화를 아우르는 방대한 연구를 바탕으로 학계는 물론
미국 내 도시 정책, 경제정책자들에게도 주요 오피니언 리더로 부상하고 있다.

———

어느 지역, 어느 도시, 어느 동네가 뜰 것인가? 이 질문의 올바른 답을 찾는다면 부동산 투자도 잘할 수 있다. 이 질문에 대한 답을 찾는 데는 하버드 대학교 경제학과 교수인 에드워드 글레이저의 『도시의 승리』가 도움이 된다. 이 책은 앞서 소개한 『도시는 왜 불평등한가』, 『직업의 지리학』 저자들도 언급할 정도로 탁월한 관점을 갖고 있다.

'도시의 승리'란 말속에 숨겨진 뜻

인류는 도시를 통해서 정보를 교환하고 새로운 기술을 만들어내고 문화도 창조했다. 아테네가 있었기에 플라톤과 소크라테스의 철학이 발전했고, 이탈리아의 피렌체가 있었기에 르네상스가 있었다. 영국의 버밍햄이 있었기에 산업혁명이 가능했다. 이처럼 도시는 인류 발전의 엔진 역할을 해왔다.

1970년대 도시는 중산층이 교외로 탈출하는 바람에 더럽고 가난하고 범죄가 많은 지역으로 기피 대상이 된 적이 있었다. 그러나 이후 다시 부자들이 도심으로 돌아와 도시의 승리는 지금까지 이어지고 있다. 이 책은 도시와 관련된 많은 아이디어와 주장을 담고 있다. 이 책을 관통하는 핵심 메시지는 도시의 진정한 힘은 사람으로부터 나온다는 것이다. 도시의 흥망성쇠 여부는 사람 특히 인재에 달려 있다는 것이 저자의 주장이다.

저자는 서문에서 서울에 대해서 이렇게 말했다.

"서울은 수십 년 동안에 전국 각지에서 많은 인재가 몰려와서 번영했다. 서울의 크기와 범위는 서울을 위대한 혁신의 집합소로 만들었다. 농촌 사람들도 서울로 상경함으로써 고립을 벗어나 세계경제의 일부가 되었다. 서울은 한국과 세계를 이어 주는 연결고리 역할을 한다. 서울은 아시아와 유럽, 미국을 연결하는 관문이다. 한국은 혁신으로 계속 성장할 것이고 서울은 한국 성장의 중심적 역할을 할 것이다. 서울은 한국의 혁신 집합소다."

에드워드 글레이저의 서울에 대한 언급을 보면 정약용의 말이 떠오른다. 『목민심서』로 유명한 실학자 정약용은 자식에게 서울을 떠나지 말라고 당부했다.

"중국과 달리 우리나라는 서울에서 수십 리만 떨어져도 야만적인 지역인데 먼 지방은 더하다." "서울에 살 곳을 정해 세련된 문화적 안목을 떨어뜨리지 마라." "내가 유배를 당한 처지여서 너희들을 농촌에 물러나 살게 하지만 훗날 계획은 꼭 서울 십 리 안에 살도록 하는 것이다."

정약용은 실학자였다. 탁상공론이 아닌 실질적인 도움이 되는 학문을 추구하는 정약용이 보기에도 대도시인 서울에 살아야 유리하다고 판단한 것이다. 서울은 지금뿐만 아니라 옛날에도 정보와 물류 그리고 인재가 모이는 중심지였다.

도시의 성공 요인은 무엇인가

『도시의 승리』에서 말하는 도시의 성공 요인은 무엇일까? 일자리 이외에 어떤 요소가 사람을 끌어들이는 것일까? 어떤 요소가 도시를 흥하게 하는 줄 알아야 도시의 미래를 전망할 수 있고 또 어느 도시의 집값 전망이 좋은지도 알 수 있다.

저자는 즐거운 도시가 번성한다고 말하고 있다. 사람을 즐겁게 만드는 도시가 번성한다는 것이다. 구체적으로 도시의 무엇이 사람을 즐겁게 하나? 저자는 음식 문화, 패션 문화, 엔터테인먼트 그리고 짝을 만날 수 있는 기회가 사람을 즐겁게 만든다고 주장한다. 이런 것이 잘 갖추어진 도시가 흥하고 번성한다는 것이다.

먼저 음식 문화부터 살펴보자. 대도시일수록 레스토랑이 많다. 식료품 가게 종업원 수와 레스토랑에 일하는 종업원 수를 비교하면, 미국 전체적으로 식료품 가게 종업원 수가 레스토랑 종업원 수보다 1.8배로 많지만, 대도시 맨해튼에선 거꾸로 레스토랑 종업원 수가 식료품 가게 종업원 수보다 4.7배나 많다. 맨해튼에선 어디서건 도보 거리에 맛집이 있다. 흥미로운 카페와 술집도 많다. 도시의 접근성이 좋고 다양한 음식 문화가 사람을 끌어들인다.

패션 문화의 발달도 도시를 흥하게 하는 중요한 포인트다. 1998년에서 2007년 사이에 맨해튼의 의류와 액세서리 매장에서 일하는 사람은 50퍼센트가 늘었다. 불경기에도 불구하고 장기 추세는 상승세다. 더 부유해진 뉴욕 시민들은 옷에 더 많은 돈을 지출한다. 통계를 보면 100만 이상의 인구를 가진 도시는 그렇지 않은 도시보다 의류 구매에 42퍼센트 이상을 더 지출한다고 한다.

옷은 그 사람의 기호와 소득을 나타낸다. 더 많은 사회적 교류와 다양성이 존재하는 도시에서 옷이 더 필요한 것이다. 신발도 그렇다. 대도시 사람들은 전체 지출 기준에서 신발 사는 데 25퍼센트 이상 돈을 더 지불한다고 한다. 패션과 액세서리, 보석 등 다양한 입는 문화가 발전된 도시가 사람을 끌어들이고 흥하게 한다.

또 다른 요소로는 엔터테인먼트와 예술이 도시를 흥하게 한다.

도시에는 역사적인 고궁, 박물관, 미술관, 극장이 많아서 문화를 즐기기 쉽다. 도시인은 시골에 사는 사람보다 음악 콘서트에 갈 가능성이 19퍼센트 더 높고, 영화관에 갈 가능성은 98퍼센트 더 높고, 술집에서 술을 마실 가능성은 26퍼센트나 더 높다고 한다. 더 잘살수록, 교육을 더 많이 받을수록 사람들은 수동적인 TV 시청보다 생생한 상호작용이 가능한 문화 오락거리를 더 좋아한다. 그러니 부유하고 교육을 많이 받은 사람일수록 엔터테인먼트와 예술이 발달한 도시를 찾게 되고 도시를 흥하게 하는 것이다.

짝을 만날 기회가 많은 것도 도시를 흥하게 하는 요인이 된다. 많은 젊은 사람들이 도시로 모이는 이유는 짝을 찾기 위해서다. 맨해튼은 다른 도시보다 미혼자가 더 많다. 미혼자가 짝을 찾기 좋은 도시이기 때문이다. 집만 나서면 술집, 식당, 카페 등이 줄지어 있고 이들 사이를 걸어 다닐 수 있다. 이런 곳에서는 짝을 만나기가 쉽다. 인구가 많기에 자기랑 비슷한 취향을 가진 사람을 만날 가능성이 높은 것이다.

짝을 만나기 위해서 임금이 낮아도 대도시에 근무하기를 희망하는 사람이 많다. 홍대 앞이 흥하는 이유도 록 공연을 비롯한 온갖 엔터테인먼트 외에 짝을 만날 가능성이 높기 때문이다.

집값이 비싼 지역일수록 사람들에게 즐거움을 주는 요소가 많다. 앞서 언급한 요소가 잘 갖추어진 도시일수록 사람들에게 즐거움을 준다. 그래서 사람들은 실질임금이 낮아도 즐거운 도시에 살기를 원한다고 한다. 통계가 이를 대변하고 있다. 소득 대비 집값이 높은 도시일수록 인구가 늘어나고 실질소득 증가율이 높게 나타났다. 반면에 소득 대비 집값이 싼 도시일수록 향후 인구가 줄어들고 실질소득 증가율이 낮았다.

결국 사람들은 즐거운 곳에 살기 위해서 더 비싼 집값이란 비용을 기꺼이 치르며, 집값이 비싼 도시일수록 향후 인구가 더 늘어나고 실질소득 증가율도 높다는 것을 통계가 보여준다. 이러한 사실은 만약에 소득 대비 집값이 싸다면 그 도시는 향후 번성할 매력적인 요소가 없다는 것을 의미하기에 소득 대비 집값이 싸다고 무조건 매수하면 안 된다는 말이기도 하다.

도시의 성공 요인 중 가장 중요한 2가지

앞서 말한 4가지 요소는 모두 도시의 성공 요소로 작용하지만 진짜 가장 중요한 요소는 따로 있다고 저자는 말한다. 그것이 무엇인가? 저자는 도시의 진정한 힘은 사람, 특히 인재로부터 나온다고 주장한다. 인재를 끌어들이는 요소가 많은 도시일수록 도시는 성공하고 번영한다는 것이다.

인재가 도시 경쟁력의 핵심이라면 인재가 가장 중요시하는 도시의 요소는 무엇인가? 그것은 바로 자녀 교육과 안전이다.

에드워드 글레이저는 이렇게 말한다.

"인재를 끌어들이기 위해서 가장 중요한 요소는 무엇일까? 사람들은 특히 교육을 많이 받은 인재는 자녀의 교육과 안전에 많은 돈을 지불할 것이다. 그래서 도시 지도자들은 학교 수준을 높이고 치안을 유지하는 데 더욱더 많은 신경을 쓸 것이다. 식당과 극장도 인재를 끌어들이는 요소이지만 학교와 안전만큼 중요하지 않다."

이제 『도시의 승리』에서 내가 얻은 교훈, 지식, 배움을 정리해 보자. 도시의 가장 중요한 성공 요소는 일자리 이외에 음식 문화, 패션 문화, 엔터테인먼트와 예술을 즐기기 쉽고 짝을 만나기 용이하냐에 있다. 그리고 치안이 좋고 자녀를 교육시키기 좋은 곳이어야 한다.

한국의 도시로 눈을 돌려서 생각해보자. 일자리가 풍부하고 음식, 패션, 엔터테인먼트와 예술을 즐기기 쉽고 짝을 만날 기회가 많은 도시는 어디인가? 거기다 자녀 교육을 시키기 좋고 안전한 동네는 어느 동네인가?

한국은 어느 지역이나 대체로 안전한 편이니 자녀 교육이 더욱 중요하다. 좋은 학교가 있고 좋은 학원이 있고 좋은 선생님이 있고 면학 분위기가 좋은 동네는 어딘가? 각자 어떤 지역이 떠오를 것이다. 바로 거기에 집중하면 된다.

서울에 집을 사야 하는
분명한 이유

애덤 스미스 Adam Smith (1723~1790)

최초의 근대적인 경제학 저술이라 할 수 있는 『국가 부(富)의 본질과 원천에 대한 탐구』
일명 『국부론』의 저자다. 경제학의 방법과 용어를 만들었으며 경제활동의 자유를
허용하는 것 자체가 도덕의 한 형태라고 확신했다.

나는 그동안 줄곧 서울에 집을 사라고 말해왔다. 성남 재개발 투자에 대해서 몇 번 이야기한 적은 있지만 예외적인 경우였다. 그럼 내가 왜 서울, 서울 하는 걸까? 그건 가장 좋은 것만 말하고 싶기 때문이다.

나의 투자자로서의 판단 뒤에는 항상 애덤 스미스가 있다. 지금 우리가 알고 있는 대부분의 경제학은 '경제학의 아버지'라 불리는 애덤 스미스에게서 비롯된 것이다. 그가 평생 독신으로 살면서 10년에 걸쳐서 쓴 대작이 바로 『국부론』이다. 이 책은 경제학에서 성경 같은

책으로, 후대의 많은 경제학자들에게 영감과 아이디어를 주었다.

답은 분업의 힘에 있다

애덤 스미스의 화두는 딱 하나, 어떻게 해야 나라가 잘살 수 있는가 하는 것이었는데, 그가 찾은 답은 바로 '분업'이다. 그는 핀 만드는 걸 예로 들면서 분업의 효율성을 설명했다. 『국부론』에서 그는 "첫 번째 사람은 철사를 늘리고, 두 번째 사람은 철사를 곧게 펴고, 세 번째 사람은 철사를 끊는 등 핀 만드는 작업을 18개로 나누어서 하니, 혼자서 만들었다면 하루에 20개도 못 만들 핀을 하루에 4,800개를 만들 수 있게 되었다"고 적고 있다. 이것이 분업의 힘이다.

그렇다면 분업하고 서울에 집 사는 것하고는 무슨 상관이 있을까? 자, 생각을 해보자. 분업을 하려면 어떻게 해야 할까? 사람이 한 곳에 모여야 한다. 그래야 분업이 가능해지기 때문이다. 그래서 도시에 인구가 집중되는 것이다. 도시가 커질수록 분업의 이익은 커진다. 그래서 사람들은 각자 자신의 이익을 찾아서 서울로, 서울로 몰려오게 되는 것이다.

만약 당신이 작은 시골 마을의 대장장이라면 철을 사용하는 모든 종류의 일을 해야 한다. 인구가 적은 시골 마을에서는 못 제조공 같은 직업이 있을 수 없다. 못 제조공은 하루에 1,000개, 일 년이면 30만 개의 못을 만들 것이다. 그러나 인구가 적은 시골 마을에서는 일

년에 1,000개도 팔 수 없다. 즉 하루치 작업량도 팔 수 없기 때문에 분업이 발생하기 어렵다.

이처럼 분업의 정도는 도시의 크기에 의해 제한을 받는다. 도시가 작을 때는 어느 누구도 한 가지 일에만 몰두할 수 없다. 어떤 종류의 직업은 대도시에서만 가능하다. 인구가 적은 시골 마을에서는 농부가 푸줏간 주인, 빵집 주인, 양조장 주인을 겸하지 않으면 안 된다.

수도권 억제 정책의 한계

분업의 힘에 의해 서울로 인구가 집중되고 서울만 더 발전하게 되다 보니 지방 사람들은 상대적 박탈감 느끼게 된다. 그런데 정치인들이 이걸 모른 척 내버려둘 수 없는 이유가 서울 사람이나 지방 사람이나 선거 때는 1인 1표라는 것 때문이다. 그래서 정치인들은 수도권 억제법을 만들어 지방 활성화를 들고 나온다. 한 표라도 더 얻자면 무슨 짓이라도 해야 하니 말이다.

그런데 이런 정책은 나라를 평등하게 만들지는 모르지만 우리나라가 부자 되는 속도는 떨어뜨린다. 이 문제를 인식한 선진국은 이미 70년대, 80년대에 수도권 억제 정책을 다 폐기했다. 이유가 뭘까? 지구촌이 글로벌 경제가 되면서 각 나라 도시끼리 경쟁하게 되었기 때문이다. 이제는 도시 경쟁력이 국가 경쟁력이다. 프랑크푸르트, 홍콩, 뉴욕, 런던이 서로 최고의 국제금융 도시가 되려고 경쟁하고 있다.

영국의 예를 보자. 영국도 수도인 런던만 인구가 늘고 엄청 커지고 있다. 첫째는 분업의 이익이 가장 크기 때문이고 그다음으로는 교육 문제가 가장 많은 영향을 미쳤다고 한다. 런던에 좋은 사립학교가 많아서 공교육에 회의적인 학부모들이 런던으로 몰린 것이다. 그 결과 런던은 더욱더 커지고 발전하게 되었다. 독일도 비슷한 이유로 지방 도시가 소멸되고 있고, 일본 역시 도쿄 일극화가 되고 있다. 지금은 슈퍼스타 도시 전성시대다. 슈퍼스타 도시만 점점 더 커지고 집값 상승 속도도 더 빨라지고 있다.

우리나라도 한때 지방에 혁신 도시, 기업 도시를 만들어서 지방 경제를 활성화한다는 명목 아래 수도권 억제 정책을 펴고 서울에 있는 공기업을 지방으로 이전했다. 평등한 세상을 꿈꾸는 노무현 대통령의 정책이었다. 그런데 이런 정책은 세상을 좀 더 평등하게 만들지는 모르지만 세상을 비효율적이고 비경제적으로 만들게 된다. 나는 이런 수도권 억제 정책이 일시적으로 서울 집중 속도를 늦출 수는 있지만 결국엔 다시 서울로 집중될 수밖에 없다고 본다. 마치 중력의 법칙처럼 말이다.

KTX가 생긴 뒤 대전 사람들은 임플란트를 하러 강남의 치과에 간다고 한다. 병원만 가나? 백화점 쇼핑도 서울로 가게 된다. KTX뿐만이 아니다. 분당에 신분당선이 생겼을 때도 비슷한 일이 생겼다. 분당 정자역 주변 상가는 잠시 꿈에 부풀었다. 신분당선이 생기면 장사가 잘될 거라고 생각했다. 그런데 막상 신분당선이 개통하자마자 정자역 상권은 오히려 망했다. 왜 그랬을까? 학생들이 학원에 다니러 신분당선을 타고 강남으로 가버렸기 때문이다.

서울 집중화와 발전은 피할 수 없는 시대적 흐름이다. 그러니 서울에 집을 사야 한다는 것이다. '물려도' 서울에서 '물려야' 시간이 지나면 회복되고 수익을 낼 수 있다. 승부처가 항상 서울이라는 점은 어떤 경우에도 달라지지 않는다.

비교우위론은
지방이 아닌
서울에 집을 사라고 말한다

데이비드 리카도 David Ricardo (1772~1823)

애덤 스미스와 함께 영국 고전파의 이론 체계를 완성한 대표 경제학자다.
유대인으로 『국부론』을 읽고 경제학 연구에 뜻을 두어
경제학과 자연과학 연구에 전념했다고 한다.

데이비드 리카도는 비교우위론을 내세워 국제 교역이 유리하다
는 걸 주장한 경제학자다. 각 나라가 각자 잘 만드는 걸 만들어서 서
로 무역을 하면 더 풍요로운 세상이 된다고 주장했다. 오늘날 세상은
리카도의 주장대로 자유무역이 늘고 세계화가 되었다.

리카도는 주식 중개인의 아들로 태어나서 14살 때부터 증권시장
에 뛰어들어서 큰돈을 벌었다. 14살이면 중학생 나인데, 그때부터 주
식으로 돈을 벌었다고 하니 어릴 때부터 경제관념이 남달랐던 모양
이다. 그는 10대 때 이미 증권투자로 수백만 파운드를 벌었고 20대

중반에 이미 대기업체를 경영했다고 한다. 리카도는 대학은 가지 않았다. 말 그대로 실전 고수였던 셈이다.

27살의 어느 날, 휴가를 간 리카도는 우연히 애덤 스미스의『국부론』을 읽게 되었다. 고전 경제학의 걸작인 이 책을 접하고 나서 크게 감동받았는지 경제 평론가로 데뷔하고 경제학자가 되었다. 리카도가 후대에 남긴 유명한 주장으로는 비교우위론, 노동가치설, 차액지대론이 있다.

리카도의 유산 1. 비교우위론

오늘날 세상은 자유무역과 세계화를 추구하여 점점 더 풍요로운 세상이 되어가고 있다. 비교우위론은 지금은 너무나 당연하게 받아들여지고 있지만 리카도가 처음 주장할 때만 하더라도 낯설고 반직관적이어서 전혀 받아들여지지 않았다. 리카도가 죽고 난 뒤 20년이나 더 지나서야 리카도의 주장처럼 식량 수입을 제한하는 곡물법이 폐지되었다.

리카도의 비교우위론을 부동산 투자에 접목하면 어떤 통찰을 얻을 수 있을까? 제조업 공장은 비교우위론에 따라서 전부 후진국으로 옮겨가고 있다. 우리나라의 제조업 공장도 싼 임금과 싼 땅값, 싼 재료를 찾아서 점점 해외로 나가고 있다. 새로운 공장은 멕시코, 베트남, 인도 등에 들어서고 있다. 과거 제조업의 메카이던 거제, 창원 등

지의 경기가 예전 같지 않다. 이는 일시적인 현상이 아니라 거대한 흐름이다.

결국 한국에는 본사와 연구소만 남게 될 것이다. 그럼 본사와 연구소는 어디에 있게 될까? 서울이다. 왜 서울일까? 본사와 연구소에 근무할 수 있는 고급 두뇌, 인재가 다 서울에 있기 때문이다.

리카도의 유산 2. 노동가치설

노동가치설은 간단히 말해, 모든 물건을 가치 있게 만든 것은 노동이란 주장이다. 가격의 대부분이 노동에서 나온다는 것이다. 이 노동가치설은 마르크스에게 영향을 주었다. 노동자가 못사는 이유는 자본가가 노동자의 몫을 중간에 가로채서 떼먹는다는 것이다. 그래서 노동자가 들고 일어나서 혁명을 일으켜 자본가를 없애야 한다는 게 프롤레타리아혁명이다.

그런데 노동가치설은 잘못되어도 한참 잘못된 것이다. 노동가치설을 학문적으로 붕괴시킨 학파가 있었다. 오스트리아 한계효용학파(限界效用學派)가 등장하면서 노동가치설은 빛을 잃었다. 이해하기 쉽게 비유를 들어보자.

A는 자장면을 만들어서 판다. 그런데 A가 만든 자장면은 맛이 형편없다. 그런데 A는 자기가 자장면 기술을 익히기 위해 많은 시간을 들였고, 또 자기는 대학까지 졸업한 사람이기 때문에 자장면 한 그

132

룻당 3만 원은 받아야겠다고 주장한다. 노동가치설에 기반을 둔 주장이다. A는 자기 입장에서 대학을 마치고 기술을 익히는 데 얼마나 많은 시간과 비용이 들었는지 강조하며, 자기도 먹고살려면 주거비, 생활비 등이 필요한데 이를 감안하면 적어도 시간당 얼마를 받아야 하니까 얼마를 내놓으라고 요구하는 것이다. 그런데 맛없는 자장면을 먹은 당신 입장에선 전혀 동의할 수 없다. 당신은 그 돈을 주려니 너무 억울하고, 뭔가 잘못된 것 같은데, 정확하게 뭐가 잘못된 건지는 잘 모르겠다고 여길 것이다.

그때 "짜잔~" 하고 당신을 구해주기 위해서 나타난 경제학자가 오스트리아의 한계효용학파다. 한계효용학파의 주장은, 사람은 한정된 돈을 가지고 자신이 제일 만족하는 방식으로 돈을 쓴다는 것이다. 모든 사람이 자기 만족도에 따라서 돈을 지불하고, 가격은 시장에서 수요공급의 법칙에 따라서 결정된다고 주장한다. 한계효용학파는 가격이 공급자(노동자)가 아닌 수요자(소비자) 입장에서 결정된다고 본다.

이게 현대 경제학이 설명하는 가격 결정 방식이다. 노동가치설은 쓰레기통으로 들어가게 된 것이다. 한계효용학파에 따르면 노동자가 얼마나 힘들었냐는 중요하지 않다. 고객이 얼마나 만족했느냐에 따라서 가격이 결정된다는 것이다.

고객은 자장면을 대졸자가 만들었든지 중졸자가 만들었든지 상관하지 않고 맛있는 자장면을 먹으려 할 것이고 자신의 만족도에 따라서 가격을 지불하게 된다는 것이다. 시장경제에서 성공하려면 자신의 기준을 남에게 강요하지 말고 타인의 요구를 만족시켜 주기 위해서 노력해야 한다.

그럼에도 불구하고 오늘날 노동가치설에 입각해서 떼를 쓰는 노조가 많다. 팔리지도 않는 자동차를 만들어 회사가 적자인데도 임금은 무조건 올려야 한다고 떼를 쓰는 노조가 있다. 왜 그럴까? 결국 요약하면 자기 입장에서만 주장하는 게 노동가치설이고 상대방 즉 고객 입장에서 생각하는 게 한계효용이론이다.

결국 당신이 얼마나 노력했느냐, 당신이 얼마나 고생했느냐, 그건 중요하지 않다. 상대방이 얼마나 만족했는지, 상대방이 얼마나 행복했는지, 이게 중요하다.

지금까지 내용을 정리해보자. 리카도의 비교우위론에 따르면 제조업 공장은 외국으로 이전될 것이고 서울에는 본사와 연구소만 남을 것이다. 그래서 서울에 투자하는 게 유리하다. 노조에서 주장하는 리카도의 노동가치설은 한계효용학파에 의해서 대체되었고 시대에 맞지 않는 낡은 이론이다.

사업가와 월급쟁이보다
땅 주인이
더 부자가 된다

리카도는 인구가 늘어나면 자본가, 노동자, 지주 중에서 지주가 제일 돈을 많이 벌 거라고 주장했다. 미래를 내다보는 놀라운 통찰력이다. 리카도는 무슨 근거로 이런 주장을 했을까?

그의 차액지대론을 알면 이해가 될 것이다.

리카도의 유산 3. 차액지대론

차액지대론(差額地代)을 이해하기 위해서는 먼저 리카도가 살았던 시대 상황을 살펴볼 필요가 있다. 리카도가 살았던 영국은 프랑스의 나폴레옹과 전쟁을 치렀다. 전쟁 통에 밀을 프랑스로부터 수입을 할 수 없어 영국의 밀 가격이 치솟았다. 자연스레 밀 경작지 수요가 급격히 늘어났고, 예전에는 사용하지 않던 땅까지 경작해서 밀 농사를 짓게 되었다.

이런 상황에서 마침내 전쟁이 끝났다. 전쟁이 끝나니 리카도가 영국 의회에서 이렇게 주장했다. "전쟁이 끝났으니 값싼 밀을 외국에서 수입합시다." 이 주장은 지주들의 반대에 부딪혔다. 왜 지주들이 반대했을까? 값싼 밀이 수입되면 영국 내 밀 가격이 급락할 것이고, 그러면 밀 경작지인 토지 가격도 급락할 수밖에 없다. 지주들이 밀 수입을 반대하는 것은 당연한 일이었다.

이때 리카도는 두 가지 이론으로 영국 국회의원을 설득했다. 하나는 앞에서 설명한 비교우위론이다. 값싼 밀을 수입하는 게 영국의 국익을 위해서 유리하다는 주장이다. 또 다른 이론은 차액지대론이다. 밀을 수입하지 않아 밀값이 올라가는 상황에서는 자본가도 아니고 노동자도 아니고 땅 주인만 부자가 된다고 주장한 것이다.

밀값이 올라가면 왜 땅 주인만 부자가 된다는 것일까? 드디어 차액지대론이 등장할 차례. 인구가 늘어나면 밀 수요량이 늘어나서 과거에 경작하지 않던 척박한 땅까지 경작하게 된다. 처음에는 비옥한 땅 A만 경작하다가 밀 수요가 늘어나면 척박한 땅 B도 경작하게 된다. 인구가 더 늘어서 먹을 밀이 부족해지면 더 척박한 C도 경작하게 된다. 이렇게 더 척박한 땅을 경작하게 될수록 비옥한 땅을 가진 지주는 더 많은 돈을 벌 수 있다는 게 차액지대론의 핵심이다.

좀 더 자세히 설명해보자. 비옥도가 각기 다른 3종류의 땅이 있다고 생각해보자.

A땅 : 밀 수확량 10만 원어치

B땅 : 밀 수확량 8만 원어치

C땅 : 밀 수확량 6만 원어치

농업 자본가가 지주로부터 땅을 빌리고 농부를 고용해서 농사를 짓는다고 가정하자. 자본가가 지주로부터 땅을 빌리는 데 1만 원을 주었다. 그리고 농부(노동자)를 고용하는 데 5만 원을 주었다. 그러면 농업 자본가가 농사짓는 데 6만 원의 비용이 든다. 이렇게 해서 농업 자본가가 농사를 지으면, 어떤 땅을 빌려서 농사를 짓느냐에 따라서 수익이 달라진다.

A땅을 빌려서 농사를 지은 자본가 : 4만 원의 이익(10만 원-1만 원-5만 원)

B땅을 빌려서 농사를 지은 자본가 : 2만 원의 이익(8만 원-1만 원-5만 원)

C땅을 빌려서 농사를 지은 자본가 : 0원의 이익(6만 원-1만 원-5만 원)

상황이 이러니까 농업 자본가는 서로 A땅을 빌려서 농사를 지으려고 할 것이다. 그들은 결국 웃돈을 주더라도 A땅을 서로 차지하려고 경쟁하게 된다. 웃돈을 얼마나 더 지불할 수 있을까? 당초에 주었던 임대료 1만 원에다 웃돈을 최대 4만 원까지 주고서라도 A땅을 빌리려고 할 것이다. 농업 자본가들이 A땅을 서로 차지하려고 웃돈 경쟁을 하게 되면서 A땅 주인은 수입이 더 생기게 된다. A땅만 밀 농사 경작지로 사용되던 과거보다 4만 원의 수입이 더 생기게 되는 것이다. 이 4만 원을 차액지대라고 한다. B땅 주인의 차액지대는 2만 원이다. C땅은 가장 열등한 땅인데 한계지라서 이 땅은 차액지대가 없다.

그런데 만약에 인구가 더 늘어나거나 밀값이 더 올라서 더 열악한 D땅도 추가로 경작하게 되는 상황이 오면 C땅도 차액지대가 생기게 된다. 이런 식으로 경작할 땅이 점차 늘어나면 차액지대가 점점 많아진다. 그래서 그냥 지대라고 부르지 않고 차액지대라고 이름을 붙이게 된 것이다.

지루한 내용이니, 간단하게 결론만 말해보자. 리카도는 인구가 늘고 경작지가 늘어날수록 농업 자본가의 수입이 늘어나는 것보다 지주의 수입이 더 많이 늘어나며 농부(노동자)는 수입이 그냥 먹고사는 데 그친다고 말했다. 최종 승리자는 땅 주인이라는 것이다.

리카도의 차액지대론이 우리에게 시사하는 점은 무엇일까? 인구가 늘어날수록 차액지대는 늘어나고 비옥한 땅 주인은 더 부자가 된다. 결국 인구가 늘어나는 곳에 비옥한 부동산을 사야 한다. 비옥한 땅은 어디일까? 중심지 땅이다. 우리나라에 인구가 늘어날 수 있고 중심지인 곳은 어디일까? 바로 서울이다. 또다시 기승전서울이다. (단순히 인구수 변화만으로 보면 서울 인구는 줄어드는 게 맞다. 그러나 이는 서울의 매력도가 낮아져서 줄어드는 게 아니고 재개발로 서울의 주택 수가 감소해서 줄어든 것이다.) 리카도의 차액지대론에 따르면 서울에 똑똑한 집 한 채 가진 사람이 평범한 월급쟁이가 평생 월급 모아서 번 것보다 더 많이 벌 수도 있다는 얘기다.

한몫 잡으려면
땅 한 조각이라도 사 둬라

헨리 조지 Henry George (1839~1897)

미국의 경제학자로 단일 토지세를 주장한 『진보와 빈곤』이 각국어로 번역되어
수백만 부가 팔리면서 유명해졌다. 19세기 말 영국 사회주의 운동에 큰 영향을 끼쳐
'조지주의 운동'으로 확산되었다.

———

서울 집값이 오르면 어김없이 등장하는 헨리 조지의 이야기에 귀
를 기울여보자. 헨리 조지는 가난한 목사의 아들로 태어났다. 그래
서 잘 배우질 못하고 중학교 중퇴가 학력의 전부였다. 그는 밑바닥
인생을 전전하다가 우연히 어느 신문사의 식자공으로 일하게 된다.
이때 그 신문사 주필이 그가 쓴 글을 보고 감탄해서 기사를 쓸 기회
를 주었다.

졸지에 기자가 된 헨리 조지는 애덤 스미스와 리카도를 읽으며
경제학 지식을 넓혀간다. 그는 결국 『진보와 빈곤*Progress and Poverty*』이

란 책을 내놓게 되는데, 그것이 1879년의 일로, 지금으로부터 무려 140년 전의 일이다.

세상의 모든 땅값이 상승하는 메커니즘

헨리 조지는 경제가 성장하고 세상이 진보하는데도 왜 빈곤이 사라지지 않는지에 대해서 의문을 품었다. 끝없이 질문을 던지던 그는 자기 나름의 답을 찾았다. 경제가 성장하고 발전해도 빈곤이 사라지지 않는 이유는 바로 땅값 때문이라며 다음과 같은 글을 남겼다.

"모든 지대는 도둑질이다. 지대는 노동에 대한 지속적인 부담이다. 인간이 노동을 하는 모든 순간마다 지대가 빠져나간다. 지대는 깊은 지하에서 생명을 걸고 일하는 사람에게도, 배를 타고 세찬 파도와 싸우며 일하는 사람에게도 부과된다. 지대는 추위에 떠는 사람에게서 온기를, 배고픈 사람에게서 음식을, 병자에게서 약품을, 불안한 사람에게서 평온을 빼앗는다. 지대는 열 식구가 지저분한 단칸방에서 살도록 만든다. 지대의 사유화는 과거의 절도일 뿐만 아니라 현재의 절도이며, 이 세상에 태어나는 어린이들에게서 타고난 권리를 빼앗는 행위다."

그리고 헨리 조지는 땅값이 오르는 메커니즘을 밝혀냈다고 주장했다. 그의 설명을 들어보자. 아무도 살지 않는 광활한 평원이 있다고 했을 때 모든 땅은 같은 조건을 갖고 있다. 비옥도도 똑같다. 어느 날 한 사람이 나타나 우연히 한곳에 정착한다. 혼자서 살다 보니 분업이나 협동이 불가능해 그는 가난하게 살 수밖에 없다. 모든 일을 혼자서 다 해결해야 하기 때문이다. 소고기를 먹고 싶을 때 소 한 마리를 잡아야 한다면 이 얼마나 비효율적인가?

그러던 어느 날 두 번째 사람이 나타난다. 그는 평원 어디에나 정착할 수 있지만 첫 번째 주민이 정착한 곳 바로 옆에 자리를 잡는다. 서로가 분업과 협동을 하려면 서로 가까이 사는 것이 좋다는 것을 알기 때문이다.

이후 계속 새로운 사람이 찾아오게 되고 이들은 모두 최초의 정착자 중심으로 자리를 잡게 된다. 함께 모여 살아야 분업과 협업의 이익을 얻을 수 있기 때문이다. 그래서 마을엔 상점, 교회, 정육점, 빵집, 학교, 구둣방 등이 생겨난다. 마을이 점차 커지면서 분업의 이익은 커지고 더 많은 직업과 사업체가 생겨난다. 이제 마을은 도시가 된다. 도시는 산업과 생활의 중심이 된다.

최초 정착자의 땅은 최고의 상업 중심지가 되고 산업 밀집 지역이 된다. 그리고 최초 정착자는 땅값이 치솟아 부자가 된다. 그로부터 땅을 물려받은 자손 역시 부자가 되어 더 이상 일할 필요도 없다. 그 땅 한 조각은 금으로 포장해도 좋을 만큼 비싼 가격에 거래되고 어떤 기술자의 임금보다 큰돈을 벌어들인다. 모든 땅값은 이런 식으로 상승한다.

헨리 조지는 이렇게 간단하면서도 명확하게 말했다. 그런데 알고 보면 이 모든 이야기는 애덤 스미스가 『국부론』에서 이미 한 말이다. 애덤 스미스는 지루하고 재미없는 경제학자답게 아주 간결하게 분업의 이익을 기술한 데 반해 문장력이 좋은 헨리 조지는 아주 설득력 있게 감동적으로 풀어서 쓴 것이다. 똑같은 내용이지만 포장이 달라지니 대중의 반응이 더 뜨거웠을 뿐이다.

유일하게 오르는 것은 땅값이다

헨리 조지는 리카도의 차액지대론도 아주 멋지게 설명했다. 대중의 마음을 움직이는 데 탁월한 재능이 있었던 그는 『국부론』을 애덤 스미스보다 멋지게 설명한 것처럼 차액지대론도 리카도보다 설득력 있게 전달했다.

무식하지만 돈벌이에 밝은 사업가에게 이런 질문을 던진다. "한 작은 마을이 10년 후에는 큰 도시로 성장할 것이다. 마차 대신에 기차가 다니고, 촛불 대신에 전깃불을 켜고, 여러 가지 기계의 도입으로 생산성이 높아질 것이다. 그러면 10년 후에 이자율이 올라갈까?" 그는 단호하게 아니라고 대답할 것이다. 그러면 질문을 바꿔본다. "노동자의 임금이 올라가겠는가? 노동자의 삶은 더 나아지겠는가?" 이때도 그의 대답은 명료하다. "임금은 오르지 않는다. 오히려 내릴 가능성이 높아질 것이다." 그러면 오르는 것은 무엇인가? "땅값이다. 당신도 한몫을 잡으려면 땅 한 조각이라도 사 둬라." 맞다. 이 사업가의 조언대로 땅만 사 두면 더 이상 일할 필요도 없다. 아무 일 안

해도, 사회에 아무 기여 안 해도 땅을 쥐고 있다면 10년 뒤, 그는 분명 대저택에서 살게 될 것이다.

헨리 조지는 이처럼 인구가 늘어나면 자본가도 노동자도 아닌 지주가 제일 부자가 된다는 리카도의 차액지대론을 호소력 있게 설명한다. 그렇다면 그는 경제학 분야에 어떤 성과를 남겼을까? 결론부터 말하면, 헨리 조지가 만든 새로운 경제학 이론은 없다. 그는 학문적으로 뛰어난 경제학자는 아니었던 것이다.

헨리 조지는 애덤 스미스의 분업의 중요성과 리카도의 차액지대론을 이해하기 쉽고 감동적이고 설득력 있게 표현을 잘한 쪽이라고 할 수 있다. 만약에 헨리 조지의 독창성을 찾아야 한다면 단일 토지세를 들 수 있다. 단일 토지세는 리카도가 말한 차액지대를 전부 세금으로 걷자는 주장이다. 그는 이 세금만 거두면 나머지 세금은 다 폐지해도 된다고 주장했다.

그런데 이 주장은 그리 설득력 있어 보이질 않는다. 미국의 경우, 모든 임대료를 다 세금으로 걷어도 정부 지출을 충당하기에는 턱없이 모자란다. 1929년 미국 전 재산에서 임대 소득은 국민소득의 6퍼센트에 불과했고 1996년도에는 1퍼센트 미만을 차지한다고 한다. 지금은 아마 더 줄어들었을 것이다.

세상이 점점 지식정보산업 사회가 됨에 따라서 경제에서 땅이 차지하는 중요성이 점차 떨어지고 있다. 요즘 페이스북, 아마존, 애플, 넷플릭스, 구글 같은 기업이 돈을 버는데, 이들 기업에게 땅은 별로 중요하지 않다. 이들 기업의 대부분의 부는 새로운 기술과 아이디어에서 나온다. 앞으로도 점점 더 경제에서 지대가 차지하는 비중은 낮아질 것이다. 헨리 조지는 지대의 규모를 너무 과대평가한 오류를 범했다.

그런데도 헨리 조지가 오늘날 한국에서만 인기 있는 이유는 뭘까? 2017년에 한 진보 정치인이 작심하고 지대개혁론을 논하고 헨리 조지와 토지를 이야기하면서 헨리 조지가 살아 있다면 오늘날 중국식 토지제도를 찬성했을 거라고 언급한 바 있다. 그런데 중국처럼 땅의 소유권은 국가가 가지고 이용권만 인민이 가지는 방식이 결코 좋은 방식은 아니다. 이유는 크게 3가지로 나눠 얘기할 수 있다.

첫째, 하이에크 편에서 말했듯이 땅은 주인이 있을 때라야 더 잘 활용된다. 토지국유화를 주장한 정치인은 헨리 조지만 읽지 말고 미제스나 하이에크도 읽었으면 좋겠다. 원래 하나만 아는 사람이 신념을 가지면 제일 무섭다.

둘째, 부동산 거품이 가장 심한 나라가 중국이다. 소유권은 없고 이용권만 있는데도 그렇다. 중국식으로 국유화한다 해도 부동산 투기는 사라지지 않을 것이다.

셋째, 마오쩌둥이 중국을 공산화한 뒤에 농민들에게 땅을 나누어 주었다. 그런 다음에 다시 농민의 땅을 몰수해서 인민공사로 통합하여 집단농장 체제로 운영하며 땅을 국유화했다. 그리고 대약진운동을 펼쳤는데, 당시 4,500만 명이 굶어 죽었다. 자기 것이 아니면 열심히 일해도 아무런 인센티브가 없으니 아무도 열심히 일하지 않은 결과다.

자본주의와 시장경제도 완벽하지 않고 부작용이 있는 건 사실이다. 하지만 자본주의 시장경제를 대체할 만한 더 좋은 체제가 있는 것도 아니다. 역사를 살펴보면 자본주의 시장경제에 가까운 나라일수록 국민은 빈곤에서 벗어나 잘살고, 자본주의 시장경제에서 멀어진 나라일수록 빈곤에 허덕이고 비참하게 산다.

부동산 가격은
수익성에 따라 달라진다

애덤 스미스는 그리 미남은 아니었나 보다. 생김새를 살펴보면, 코는 거대하고 눈은 개구리눈을 닮았고, 아랫입술은 툭 튀어나왔다. 요즘 우리가 보는 애덤 스미스의 초상화는 화가가 보기 좋게 보정을 해준 게 아닐까 싶은데도 워낙 개성이 강해 금방 눈에 들어온다.

애덤 스미스는 자신의 외모에 대해서 어떻게 평가했을까? "나는 내 책을 통해서만 아름다워질 수 있다." 긴 설명이 필요 없을 성싶다. 그가 『국부론』에 모든 것을 쏟아부으며 자신의 완성을 도모한 것도 일견 이해가 가는 일이다. 애덤 스미스는 말더듬이였고 신경쇠약을 앓고 있었으며 몽유병도 앓았다. 어느 날 자다가 침대를 나와 걷기 시작했는데 무려 30킬로미터를 걸었다고 한다. 그러다가 새벽에 교회 종소리를 듣고 잠에서 깨어났다고 한다. 그날 새벽에 동네 주민들은 애덤 스미스가 잠옷 바람으로 집에 허겁지겁 달려가는 모습을 목격했다고 전한다.

인간의 이기심이 세상을 풍요롭게 만든다

애덤 스미스가 『국부론』에서 언급한 이기심에 대한 주장은 정말 유명하다. 그는 세상이 풍요로워지는 이유는 이타심 때문이 아니고 이기심 때문이라고 가르쳤다. "우리가 저녁 식사를 할 수 있는 것은 푸줏간 주인, 양조장 주인 그리고 제빵 업자의 박애 정신 때문이 아니라 그들의 돈벌이에 대한 관심 때문"이라고 설파했다. 맞는 말이다. 인간의 이기심이 세상을 풍요롭게 만드는 엔진이다. 정부는 이기적인 인간을 억압해서는 안 된다. 개인의 이기심이 국가를 풍요롭게 만들기 때문이다.

인간은 누구나 타인의 도움을 필요로 하지만 무작정 타인의 자비심만 기대하는 것은 허황된 일이다. 정부가 고상한 이타심이나 인정, 동포애 따위에만 의존한다면 필히 그 나라는 빈곤해질 것이다.

물론 애덤 스미스가 인간이 오직 이기심만으로 움직인다고는 말하지 않았다. 인간은 친절, 박애 정신, 동포애 같은 고귀한 심성도 가지고 있지만 이기적인 본능이 더 강력하고 지속적으로 인간에게 동기를 부여할 수 있다고 본 것이다. 그래서 애덤 스미스는 인간의 본능 중에 가장 강한 본능인 이기심이 사회 전체의 이익을 위해 잘 활용될 수 있도록 하는 것이 나라가 잘사는 첩경이라고 본 것이다.

리카도, 마르크스 등등 후대의 수많은 경제학자들이 『국부론』에서 아이디어를 얻고 자신의 이론을 발전시켰다. 애덤 스미스는 후대 경제학사에 나타난 많은 천재 경제학자를 가르친 천재였다.

국부론에서 얻는 부동산 투자 힌트 3가지

지대에 대한 애덤 스미스의 생각을 정리해 보면 부동산 투자에 대한 힌트를 얻을 수 있다. 편하고 쉽게, 내 방식대로 소개해 보겠다.

첫째, 지대는 그 땅에서 생산되는 상품의 수요와 가격에 따라 결정된다. 예를 들어서 쌀을 생산하는 논의 가격은 쌀의 수요와 가격에 따라 결정된다. 논 주인이 자기 마음대로 논값을 정할 수 있는 게 아니란 얘기다. 땅값은 원인이 아니라 결과다.

상가 월세 역시 상가 주인이 마음대로 정하고 올리는 게 아니라 상가의 수익력에 따라 달라진다. 즉 그 상가에서 얼마나 수입을 벌어들일 수 있느냐에 따라서 정해진다는 것이다. 그러니까 애덤 스미스를 배웠다면 앞으로 "상가 월세 올라서 장사 못 해먹겠다. 상가 주인이 나쁜 놈이다" 같은 엉터리 주장을 하면 안 된다.

아파트 전월세 가격도 마찬가지다. 집주인이 마음대로 전월세 가격을 올리는 게 아니고 전월세 수요에 따라서 결정된다. 그런데 아직도 전월세 가격이 폭등하면 마치 집주인이 사악하고 탐욕에 가득 찬 것처럼 비난하는데, 이 역시 무지와 오해에서 비롯된 일이다.

스타벅스의 임대료 계약은 애덤 스미스의 가르침을 반영한 좋은 사례다. 스타벅스는 임대계약을 할 때 임대료 계약도 하지만 대부분은 임대료를 수입의 몇 퍼센트를 준다고 계약한다고 한다. 수익이 높으면 임대료도 올라가고 수익이 낮으면 임대료도 낮아진다. 상가 임대료가 상가 수입에 비례해서 결정된다는 걸 스타벅스가 정확하게 파악하고 있으니 이런 계약을 하는 것이다.

둘째, 지대는 언제 올라가나? 소득이 늘어날 때, 경제가 성장할 때, 노동생산성이 올라갈 때 올라간다. 그런 때가 언제일까? 한마디로 경제 성장이 잘될 때다. 한때 3저 호황으로 3년 만에 1인당 GDP가 2배로 늘어난 적이 있다. 1985년부터 1988년까지의 일이다. 그때가 단군 이래 최대 호황이었고 집값은 폭등했다. 그때랑 비교하면 요즘 집값 오른 건 오른 것도 아니다. 나는 그때 무주택자였다. 집값은 자고 나면 몇 천씩 올랐고 신문에 자살 소식이 오르내리기도 했다. 나는 매일매일 좌절하는 게 일이었다.

흔히 집값이 오르면 투기꾼을 비난하는 목소리가 거세지는데, 이게 과연 맞는 말일까? 집값은 투기꾼이 올리는 게 아니다. 경제 상황이 집값이 오를 만하게 되었기에 집값이 오르는 것이다. 경제가 호황이고 소득이 늘어나면 집값이 오른다고 애덤 스미스가 이미 말해

주었다.

투기꾼 때문에 집값이 오른다면 왜 투기꾼이 해마다 집값을 올리지 않고 수출이 잘되거나 경제가 좋아질 때만 집값을 올리겠는가? 게다가 집값이 투기꾼 손에 달려 있다면 하락은 대체 왜 일어난단 말인가? 투기꾼이 서울 아파트값 올렸다고 주장하는 사람들, 다 무지해서 그런 것이다.

셋째, 호황일 때 토지 소유자가 노동자보다 돈을 더 많이 번다. 반대로 불황일 때는 노동자의 고통은 이루 말할 수 없다. 이게 무슨 말일까? 호황일 때는 월급 오르는 것보다 부동산 가격이 더 많이 오른다는 것이다. 노동자의 수입이 늘어나는 것보다 지대가 더 많이 늘어난다는 것이다. 그러니까 월급쟁이 무주택자들은 빨리 내 집 마련을 서두르는 게 좋다. 반대로 불경기가 오면 부동산 부자도 타격을 받지만 노동자의 타격은 극심하다고 했다.

요약하면, 애덤 스미스는 국부론을 통해서 부동산 가격이 언제 오르고 언제 내리는지 알려 주었고 지대가 어떤 원리로 결정되는지도 알려 주었다. 애덤 스미스가 가르쳐 준 것만 기억해도 부동산 투자의 중요한 원칙을 깨닫는 데 큰 도움이 된다.

GTX가 생기면
주변 집값과 상가값은
어떻게 변할까?

애덤 스미스는 지대에 가장 큰 영향을 미치는 요인은 교통이라고 했다. 도로가 개통되면 양 지역의 지대 차이가 줄어들고, 도로, 운하, 운항 가능한 하천이 생기면 운송비가 줄어들어서 시골 마을을 도시 인근과 거의 같은 수준으로 만들기 때문에 땅값을 좌우하는 가장 큰 요인은 도로 개통이라는 것이다.

"도로가 개통되면 변두리 지역은 중심 도시에 대해서 가지고 있는 독점력이 파괴되므로 경쟁 상품이 도입되어서 불리하다. 하지만 변두리 지역의 생산물에 대해서 다수의 새로운 시장이 생기기에 유리한 면도 있다"고 말하면서 50년 전 런던 부근 지역에서 더 멀리 떨어진 시골까지 도로를 연장하는 것을 반대하는 청원이 있었던 것을 예로 들었다.

그들은 도로가 연장되면 시골의 싼 곡물이 런던 시장에서 팔리게 되어 런던 부근의 지대는 하락하고 경작은 파멸할 것이라고 주장했지만 막상 도로가 연장되고 나니 런던 부근 지역의 지대는 상승했고 경작도 개량되었다며 자신의 주장을 뒤바꾸었다.

도로 개통 효과의 가능성과 한계

수도권에 GTX가 개통되면 부동산은 어떤 영향을 받게 될까? 애덤 스미스의 이론을 토대로 다음과 같은 결과를 예상할 수 있다.

첫째, 도로 개통은 두 지역의 차이를 줄인다고 말했다. 서울 집값과 동탄 또는 파주 운정 지역의 집값 차이가 줄어들게 될 것이다. 즉 동탄과 파주 운정 지역 아파트 가격이 오른다는 말이다.

둘째, 동탄과 파주 운정 지역에서 그동안 독점적 지위를 가졌던 상가는 서울과 경쟁하게 되므로 독점적 지위가 약화된다. 예를 들면, 동탄과 파주 운정 지역의 병원, 치과, 백화점 등이 그동안은 비교적 지역 내 독점권을 영위했지만 GTX 개통으로 약간의 타격을 받을 수 있다. 반대로 서울은 빨대 효과로 병원, 치과, 백화점이 더욱더 잘될 가능성이 높다. 여기서 한발 더 나아가 보자. 왜 그럴까?

애덤 스미스는 도로 개통 효과가 나타나는 이유는 운송비 절감 때문이라고 했다. 결국 중요한 것은 운송 비용이다. GTX 요금이 얼마냐에 따라서 앞서 말한 효과가 극대화될 수도 있고 또 반대로 미미해질 수도 있다. 요금이 얼마가 될지는 아직 정확히 알 수 없지만 당초 신문에 보도된 3,000원(동탄-삼성역)보다는 더 비싸지 않을까 싶다.

최악의 경우를 상정해서 계산해 보자. 이게 현실이라는 것은 절대 아니다. 동탄에서 삼성역까지 KTX나 SRT와 비슷하게 요금이 8,000원이라고 가정해 보자. GTX는 지하철이나 버스처럼 50퍼센트 할인되는 정기권도 없다고 최악의 가정을 한 경우다. 편도 8,000원이면 왕복 16,000원이고 20일 출근하면 한 달 32만 원의 교통비를 내게 된다. 맞벌이 부부라면 한 달에 64만 원을 교통비로 사용하게 된다. 한 달에 64만 원이 교통비로 든다면 현재 가진 보증금에 월세 64만 원짜리 추가하여 서울 아파트에 세 들어 살 수도 있다. 운임이 8,000원 넘어가면 GTX 효과가 약화된다는 말이다. GTX의 효과는 요금 수준에 달려 있다는 것이 핵심이다.

결론을 다시 정리해 보자. GTX 개통은 애덤 스미스가 말한 도로 개통의 효과가 나타나는 것은 분명하다. GTX 역사 인근의 수도권 집값은 오를 것이고 서울 GTX 역 근처 상가는 더욱더 잘될 것이다. 그러나 GTX 요금이 지금 신문 보도에서 나오는 기사만큼 저렴하지 않다면 GTX 효과는 당초 기대했던 것보다 약화될 수 있다.

정부의 부동산 대책,
어디까지 믿어야 하나

제임스 뷰캐넌 James M. Buchanan (1919~2013)
공공선택학파의 창시자로서 정치인이나 관료들을 '정치적 기업가(political entrepreneur)'
라고 부르며 '정치인이 왜 믿을 수 없는 존재인가'를 밝히는 데 평생을 바쳤다.

———

정치인을 믿는가? 부동산 대책을 믿는가? 다 믿지 마라! 내 얘기가 아니고, 노벨 경제학상을 받은 제임스 뷰캐넌의 말이다. 그는 1986년 노벨 경제학상을 받았다. 공공선택이론(public choice theory, 公共選擇理論)을 처음으로 펼친 공로를 인정받은 것이다.

공공선택이론이란 무엇인가

정치인이나 고위 공무원이 입으로는 거창하게 나라를 위한 정책을 편다고 말하는데 실제 속셈은 다 자기 잇속 챙기기에 바쁘다는 것이 공공선택이론이다. 허무할 정도로 간단하지만 톡톡 털어 핵심만 말하면 그렇다. 정치인이나 고위 공무원도 인간이고 그래서 이기적으로 행동한다는 매우 단순한 원리다.

공무원은 말로는 사회적 후생, 정의, 복지를 내세우지만 예산을 늘리고 조직을 비대화해서 자신의 연봉, 승진 기회, 명예, 지위, 권력을 늘리려고 하기 쉽다는 게 공공선택이론의 지적이다. 입으로는 만날 국가를 위해서, 약자를 위해서 산다고 외치지만 알고 보면 자신의 재선이나 소속 당을 위해서 행동한다는 것이다. 결국 정부 조직은 점점 커지고 재정 적자는 눈덩이처럼 불어난다. 물론 모든 관료가 그렇다는 것은 아니다. 드물긴 하지만 공익을 위한 사명감과 소신을 갖춘 공무원도 있다.

그동안 경제학자들이 주로 개인과 기업만 분석 대상으로 해서 연구한 것과 달리 뷰캐넌은 정부(정치인, 고위 관료)에 대해 관심을 가진 최초의 경제학자였다. 실제로 정부가 시장경제에 미치는 막대한 영향에 집중한 것이다.

우리나라 국회의원만 봐도 끝없이 세비를 올리고 있다. 우리나라 국회의원 연봉이 1억5천만 원 정도로 OECD국가 중에 세 번째로 많고, 보좌관 월급까지 합하면 의원 한 명에게 연간 7억 원의 혈세가

들어간다고 한다. 그러면서도 참 기부에는 인색하다. 선거 때 보면 수십 억 자산을 가진 정치인이 자기 돈은 한 푼도 기부 안 하면서 남의 호주머니 털어서 나눠 주겠다고 공약하는 경우를 왕왕 본다. 그저 표 얻자는 술책으로밖에 안 보인다. 그런데 이런 정치인에게 손가락질할 것도 없는 것이, 뷰캐넌 시각으로 보면 오히려 당연하다. 그 정치인만 특별히 나쁜 것이 아니고 원래 정치인이 다 그렇다는 것이 뷰캐넌의 이론이다.

서울 재개발·재건축 규제가 경기도민을 죽인다

서울 부동산 가격을 안정시키는 방법은 양도소득세 중과 철회, 서울 재개발·재건축 규제 폐지, 임대주택 건설 확대다. 하지만 정부는 다른 정책을 내놓았다. 3기 신도시를 수도권에 4, 5개 만들어 20만 채를 신규 공급하는 것을 포함하여 기타 택지지구를 더 지정하고 총 30만 채를 공급한다고 한다. 이런 부동산 대책은 문제가 있다. 서울에 집이 모자라는데 엉뚱한 경기도에 집을 짓는다고 하니 하는 말이다. 경기도는 집값이 10년 전보다 못한 곳이 많다. 그런데 이곳에 또 물량 폭탄을 쏟아붓겠다니, 도대체 무슨 생각인 걸까?

서울의 재개발·재건축을 허용해 주면 간단한데 왜 안 해주고 엉뚱한 경기도에 물량 폭탄을 퍼부을까? 뷰캐넌에 따르면 정치인은 다음 선거에서 이기려는 마음이 앞서기 때문이라고 한다.

재개발·재건축을 허용해 주면 단기적으로 재개발·재건축 가격이 급등한다. 그러면 질투심에 사로잡힌 대중이 집권당을 비난하고 등을 돌리게 된다. 그러면 집권당의 지지율은 폭락하고 다음 선거에서 질 가능성이 높아진다. 그러니 엉뚱한 경기도에 물량 폭탄을 투하하는 것이다.

서울 재개발·재건축 대신에 경기도에 신도시를 건설하는 정책은 국가적으로 비효율과 낭비를 발생시킨다. 경기도에서 서울로 출퇴근하려면 교통비와 시간 낭비가 좀 많겠는가? 게다가 도로를 확충해야 하니 또 돈 들고……. 이게 다 낭비고 국가 경쟁력을 떨어뜨리는 일 아닐까?

또 종국에는 서울의 재개발·재건축을 더 이상 미룰 수 없어서 허가해 줄 수밖에 없다. 단독주택의 경우 내용연수가 최대 50년이니 결국 재개발을 허가해 주게 될 테고, 아파트도 배관 파이프 때문에 40년이 되면 재건축을 허가해 줘야 한다. 결국 정권이 바뀌든 안 바뀌든 시간이 지나면 재개발·재건축을 할 수밖에 없는 것이다.

그렇게 되면 수도권 집값은 또 타격을 받게 된다. 수도권 거주자들이 서울의 새집으로 옮겨갈 테니 말이다. 그때 경기도 집값은 또 타격을 받게 된다. 결국 이런 부동산 대책은 경기도 집주인을 두 번 죽이는 정책이다. 경기도 집주인만 죽이는 게 아니고 엄청난 국가적 손실과 낭비를 불러온다. 그런데도 이런 식의 부동산 정책은 끝나지 않는다. 뷰캐넌은 "정부가 정치적인 압력을 받아 가면서까지 현명한 경제정책을 시행하리라곤 기대하지 말라"고 했다.

분양가상한제는
정말 집값을 잡는 효과가 있을까?

정부에서 집값을 잡기 위해서 분양가상한제를 하려 한다는 말이 많다. 나는 무주택자 시절부터 분양가상한제에 반대했다. 그리고 다른 무주택자에게도 분양가상한제를 하면 안 된다고 알리고 싶어 했다. 내가 "대중은 왜 이해를 못할까? 진짜 답답하네!"라고 말하면 아내는 "다행인 줄 알아, 그러니까 당신이 이만큼이라도 사는 거야" 하고 대답하곤 했다. 나는 13년 전, 즉 2006년에도 분양가상한제에 대해서 계몽 차원에서 글을 기고한 적이 있다. 13년 전보다는 지금 내 생각에 동조하는 사람들이 더 늘어났을 것 같다.

우유 최고가가 우유값 폭등을 불렀다

대중의 시장경제에 대한 무지와 이해 부족으로 많은 대가를 치르게 된 사례는 역사를 통해서 수없이 많지만 그중에서도 로베스피에르(Robespierre)의 일화가 가장 좋은 예다. 프랑스대혁명 때 시민들은 생필품 가격이 오른 것에 대해서 불평을 많이 했다. 로베스피에르는 대중의 인기를 얻을 속셈으로 우유 가격을 강제로 반으로 내려 최고가를 정해 주었다. 최고가를 어기는 업자는 단두대로 끌고 가서 목을 잘랐다.

로베스피에르가 정해준 우유 최고가로는 젖소 사료값도 안 나왔다. 목축업자는 우유를 팔아서 손해를 보게 되자 젖소를 도살해서 고기로 팔았다. 젖소가 도살되자 우유 생산량은 더 줄고 우유값은 더욱더 폭등했다. 이에 로베스피에르는 젖소의 사료값을 반으로 내리면 되지 않느냐고 생각해서 사료 가격을 반으로 내려 최고가로 정했다. 사료 최고가를 어기면 역시 단두대로 끌고 가 처형했다. 그러자 사료업자는 단두대에 끌려가서 목이 잘리느니 차라리 사료 생산을 중단해 버렸다. 그 바람에 사료값은 다시 3~4배 폭등했다.

그 결과 우유값은 10배가 뛰었다. 그리하여 종전에는 10살까지 먹을 수 있었던 우유가 갓난아이도 먹일 수 없게 되어버렸다. 이는 시민 폭동으로 이어져 로베스피에르는 단두대로 끌려갔다. 이때 파리의 길거리에서 주부들은 로베스피에르에게 이렇게 외쳤다. "저기 더러운 최고가가 끌려가고 있다!"

160

로베스피에르는 도덕적이고 청렴결백했다. 그러나 그는 경제 원리를 잘 이해하지 못했기에 불행을 자초했다. 아무리 의도가 선하다고 해도 경제 원리를 따르지 않는 정책은 효과적이지 않다. 우리가 직관과 다른 경제 원리를 좀 더 이해한다면 우리 사회는 갈등이 줄고 좀 더 풍요로운 세상이 될 수 있을 것이다.

정말 1가구 다주택자 때문에 집값이 오르는 걸까?

요즘 1가구 다주택자가 파렴치범으로 몰리고 비난받는 분위기다. 다주택자가 세금을 내야 하는 건 당연하고 사회적 책임을 가져야 하는 건 마땅하다. 그러나 다주택 보유자가 범죄자로 매도되는 것은 대중의 경제 원리에 대한 이해 부족에서 비롯된 것이다.

1가구 다주택자가 비난받는 이유는 뭘까? '1가구 다주택자 때문에 집값이 오른다'는 생각 때문이다. 과연 1가구 다주택자들이 집값 상승의 주범인가?

경제학의 아버지로 불리는 애덤 스미스는 대중의 시장경제에 대한 오해와 무지를 우려했다. 애덤 스미스는 150년 전에 요즘 다주택 보유자에 대한 비난과 비슷한 그 당시 곡물 중간상인에 대한 비난이 근거 없음을 경제 원리로 설명했다. '먹는 생필품인 밀을 가지고 중간에 장난치는 놈을 죽여야 한다'는 논리는 '사는 집 가지고 장난치는 놈들 때려잡아야 한다'는 논리와 매우 비슷하다. 재화를 싹쓸

이하여 가격을 올린다는 오해를 받는다는 점에서 1가구 다주택자나 곡물 중간상인이나 같은 비난을 받는다. 1가구 다주택자가 집값을 끌어올리는 주범이 아니라는 것을 이해하기 위해서는 곡물 중간상인이 곡물가를 끌어올리는 주범이 아니라는 것을 친절히 설명한 애덤 스미스의 설명을 먼저 들어보자.

일부 곡물 상인이 자신이 먹고 쓸 수 있는 양보다 더 많은 곡물을 매점매석하여 곡물 가격을 올림으로써 부당한 이익을 가로채 최종 소비자인 시민들에게 피해를 준다고 오해를 샀다. (1가구 다주택자가 자신이 살 집도 아닌 집을 왕창 사서 집값을 올린다는 비난과 똑같다.) 그래서 유럽 각국은 농부만이 곡물 상인을 할 수 있도록 규제했다. 이러한 중간상인에 대한 규제 정책이 의도한 목적은 중간상인을 없애서 최종 소비자가 곡물을 싸게 살 수 있도록 하자는 것이다.

그러나 중간상인 규제 정책은 오히려 곡물가를 더 올리게 만들었다. 왜 곡물 중간상인에 대한 규제가 오히려 대중의 직관과 상식에 반하여 오히려 곡물가를 더 올리게 만들었을까? 애덤 스미스는 2가지 이유를 들었다. 하나는 농부들이 자신의 재산 중 일부를 유통에 필요한 곡물을 사는 데 소비해야 했다. 즉 농부가 자신의 재산 전부를 농업 생산에만 투자하지 못하고 일부 자본을 유통을 위한 목적으로 떼어 두기 때문에 국가 전체적으로 농업 생산에 투자하는 자본 투입량이 줄어들어 국가 전체의 곡물 생산이 줄어들게 되었다는 것이다. (다가구 주택 보유자들은 주택 건설에 국가 전체적으로 더 많은 자본을 투하하여 더 많은 주택 공급을 가져온다.)

또 하나의 이유는 전에는 농부들이 농사만 잘 지으면 되었는데 이제는 곡물 유통도 해야 하므로 분업에 따른 농부의 전문성이 떨어져서 농업 생산성이 떨어졌다는 것이다. 이런 2가지 이유 때문에 곡물 중간상인에 대한 규제는 당초의 의도와는 달리 국가 전체의 곡물 생산량 감소와 곡물 가격 상승을 가져온 것이다. 애덤 스미스는 곡물 중간상인이 자신의 이익을 위해서 사업을 하지만 결과적으로는 국가 전체 곡물 생산량을 늘려서 곡물 가격 안정에 기여한다는 점을 밝혔다.

아울러 애덤 스미스는 곡물 유통 사업은 평소에는 돈을 벌기가 어렵고 흉년일 때나 가격이 올라서 돈을 벌 수 있지만 이때는 대중의 원성과 비난을 사게 되고 때로는 가격 규제를 당하므로 그렇게 수지맞는 사업이 아니라고 충고했다. (IMF 때 많은 주택 임대업자들이 망했고 살아남은 사업자들은 가격이 오르자 이제 투기꾼으로 손가락질 받았다는 점에서 비슷하다.) 애덤 스미스의 친절한 설명 덕분에 그 이후론 유럽 각국에서 곡물 중간상인에 대한 규제가 사라졌다.

곡물 중간상인에 대한 규제에서 보듯이 시장경제 논리는 대중의 직관이나 상식과 다른 경우가 종종 있다. 실제로 과거 전세가 규제 조치가 전세가 폭등을 가져왔고, 소액임대차보호법이 상가 임대료 폭등을 낳았다. 이처럼 경제 원리를 무시한 선의의 조치는 종종 비극적인 결과를 낳는다.

왜 다른 나라에서는 1가구 다주택자를 규제하지 않을까?

다시 처음 질문으로 돌아가서 보자. 1가구 다주택자가 집값을 상승시킨다는 대중의 생각은 옳은 것인가? 단기적으론 그렇다. 그러나 장기적으론 오히려 집값을 안정시킨다. 단기간을 놓고 보면 1가구 다주택자가 집을 매수하기에 집값을 상승시킨 것처럼 보인다. 그러나 장기간으로 보면 1가구 다주택자는 자신이 사용하는 집 한 채를 제외하고 나머지 집은 모두 임대를 주기에 전세가를 하락시키고 집값을 안정시키는 역할을 한다.

만약에 1주택만 소유할 수 있도록 법을 만든다면 어떤 일이 생길까? 일단은 집을 구매할 수 있는 여유 있는 계층이 집을 사지 못하기 때문에 우리나라의 총 주택 공급 수는 줄어들 것이다. 왜냐하면 집을 사는 사람이 없으면 집을 지어서 파는 건설 회사가 없기 때문이다. 총 주택 수가 줄어들면 자연히 주택 매물과 전세 물량이 급감하게 된다. 그러면 당연히 전세가와 집값은 폭등하게 될 것이다.

1가구 다주택자는 주택 건설에 자본을 대는 장기적인 주택 공급자 역할을 한다. 정말 중요한 포인트는 주택을 공급하는 사람은 건설 회사가 아니라 집을 사는 1가구 다주택자라는 점이다. 집을 사는 사람이 있어야 주택 공급이 늘어날 수 있다. 다주택 보유자가 서로 경쟁할수록 전세가와 집값이 내린다. 결국 1가구 다주택자 때문에 국가 전체적으로 주택의 공급이 늘어서 주택 가격이 안정되고 무주택자도 좀 더 유리한 조건에 전세로 살 수 있다.

장기적으로 볼 때 1가구 다주택자가 집의 수요와 공급 균형을 이루게 해주어서 집값을 안정시키는 역할을 한다. 이러한 1가구 다주택자의 집값 안정에 대한 기여 때문에 그동안 정부는 부자들에게 주택 임대 사업을 장려하고 세금 혜택을 주기도 했다. (실제로 터키는 정부가 주택 임대 사업자에게 혜택을 주어서 너도나도 집을 사서 임대 사업을 하는 바람에 집값이 매우 싸다.)

1가구 다주택자가 항상 돈을 버는 것도 아니다. IMF 때 많은 주택 임대 사업자들이 파산했다. IMF 때 파산한 1가구 다주택자의 불행은 고려되지 않고, 요즘 집값이 오르자 1가구 다주택자가 마치 범죄자인 양 매도하는 건 불공평하다. 1가구 다주택자에 대한 규제는 단기적으로 집값을 안정시킬 수 있을지 몰라도 장기적으로 집값을 더 올리는 비극적 결과를 가져올 수 있다.

그렇다고 해서 1가구 다주택자를 특별히 옹호하자는 것은 아니다. 그들이 세금을 성실히 내고 사회적 책임을 더 느껴야 한다. 그러나 부당한 오해는 해명되어야 한다. 아직도 이 설명에 동의하지 못한다면 한 번쯤 이런 의문을 가지게 되었으면 좋겠다.

"왜 다른 나라에서는 1가구 다주택자를 규제하지 않을까?"

"왜 선진국에선 1가구 다주택자를 집값 상승의 주범으로 비난하지 않을까?"

선진국은 자본주의 역사가 길어서 국민들의 시장경제에 대한 이해와 경험이 많은 반면, 자본주의 역사가 짧은 우리나라 국민들은 아직도 시장경제를 배우는 과정에 있다. 우리 모두가 감정적인 대응을 자제하고 냉정하게 경제 원리를 차근차근 살펴본다면 불필요한 갈등과 증오를 줄이고, 좀 더 풍요로운 세상을 만들 수 있지 않을까?

로베스피에르 이야기를 보면 분양가상한제도 어떤 결과를 가져올지 뻔하다. 그런데도 왜 대중은 분양가상한제를 찬성하고 지지할까? 정말 미스터리다. 이에 대한 대답을 천재 경제학자 슘페터는 이렇게 말했다.

"대중이 시장경제를 이해한다는 것은 정신적 묘기처럼 어려운 일이다."

교육을 받지 않으면 지구가 평평하다고 믿기 쉽고 태양이 지구를 돈다고 믿기 쉽다. 우리의 본능적 직관에 따르면 그래 보이기 때문이다. 그래서 우리는 배워야 한다.

정치인은 왜 분양가상한제를 하려고 할까? 경제 원리에 무지한 투표자의 표를 얻기 위해서, 그 이상도 그 이하도 아니다.

제

4

장

반드시 이기는
주식 투자법

자본주의를 구한
천재 경제학자의 필승 주식 투자법

존 메이너드 케인스 John Maynard Keynes (1883~1946)

완전고용을 실현, 유지하기 위해서는 자유방임주의가 아닌 정부의 보완책(공공 지출)이
필요하다고 주장했다. 이 이론에 입각한 사상의 개혁을 케인스혁명이라고 한다.

케인스가 주식 투자로 돈을 번 경제학자라는 건 잘 알려져 있다.
그러나 구체적으로 그가 어떤 투자법으로 돈을 벌었는지는 잘 알려
지지 않았다. 그 이유는 아마도 케인스가 주식 투자법에 관한 책을
따로 쓰지 않았기 때문일 것이다. 케인스의 주식 투자 아이디어는
편지나 연설에 간간히 흩어져 있었기에 제대로 대중에게 알려진 것
은 한참 뒤의 일이다. 나 역시도 2011년에 한국에 소개된『버핏도 따
라한 케인스의 주식투자 비법*Keynes and the Market*』을 읽고서야 케인스
의 주식 투자법을 제대로 파악하게 되었다.

그리고 케인스의 주식 투자법에 상당히 놀랐다. 왜냐하면 그의 투자법이 내가 가장 좋아했던 워런 버핏의 투자법과 정확히 일치했기 때문이다. 워런 버핏은 자신의 투자법에 영향을 준 사람은 스승 벤저민 그레이엄(Benjamin Graham)이고 또 일부는 필립 피셔(Philip A. Fisher)에게서 영향을 받았다고 고백했지만 한 번도 케인스에 대해서 언급한 적은 없었다. 그런데 놀랍게도 케인스의 투자방식과 똑같다.

불황이 오면 정부가 지출을 늘리기만 하면 된다

나는 워런 버핏을 좋아해서 그의 투자 어록을 읽고 또 읽었다. 거의 다 외우다 싶을 정도로 읽었기에 그의 생각을 잘 안다. 그런데 놀라운 것은 워런 버핏의 이야기 중에는 케인스가 한 말이 거의 다 있었고 또 어떤 경우는 토씨 하나 틀리지 않고 똑같은 것도 있었다. 나는 정말 깜짝 놀랐다. 이건 우연이라고 할 수 없다. 워런 버핏은 분명히 케인스를 공부했고 그에게서 영향을 받은 것이 분명하다. 언제나 천재는 천재를 알아보고 대가는 대가를 알아보는 법이다. 워런 버핏 덕분에 케인스 주식 투자법에 대한 믿음은 더욱 강화되었다.

당신이 그동안 주식 투자에서 판판이 깨졌다면 케인스의 주식 투자법을 곰곰이 생각해볼 필요가 있다. 경제학자 중에서는 케인스만큼 유명하고 영향력 있는 사람도 별로 없을 것이다. 경제학자로서는 아마도 애덤 스미스 다음으로 가장 유명할 것이다.

주식 투자법을 배우기 전에 그의 경제학적 주장과 기여를 잠시 살펴보자. 케인스는 대공황으로 망해 가는 자본주의 시스템을 구해 낸 경제학자다. 그는 어떻게 대공황의 수렁에 빠져 존폐의 위기에 처한 자본주의를 구해냈을까? 대공황으로 경기가 침체되고 실업이 증가하여 자본주의 체제가 붕괴 위험에 처했을 때 케인스는 아주 새롭고 놀라운 처방책을 내놓았다.

"재무부가 지폐가 가득 든 병을 폐기된 탄광에 적당한 깊이로 묻고 그 위를 도시 쓰레기로 메운다. 그런 다음에 숱한 시련을 겪은 사기업에게 지폐를 파내게 한다면 실업은 없어질 것이다. 이렇게 하는 것보다 주택 건설을 하는 것이 더 현명할 것이다. 어떤 정치적 난관이 있다고 해도 아무것도 하지 않는 것보다 이렇게라도 하는 편이 낫다."

그의 신박한 처방이 무릎을 치게 한다.

케인스는 불황이 오면 정부가 지출을 늘리기만 하면 경제가 살아난다고 주장했다. 오늘날 대부분의 정부는 케인스가 제안한 처방대로 불황이 오면 경제를 활성화시키고 실업자를 구제하기 위해서 정부 지출 확대 정책을 편다. 케인스의 처방 덕분에 자본주의 경제는 경기 침체가 와도 불경기에서 빨리 벗어날 수 있는 수단을 가지게 된 것이다.

다재다능한 수학 천재의 삶

천재 경제학자 케인스는 부유한 집안에서 태어나서 부르주아들 틈에서 자랐다. 그는 경제학자인 아버지와 케임브리지 시장을 역임한 어머니 사이에서 태어났다. 이른고등학교 시절에는 각종 수학 상을 휩쓸고 연극으로 이름을 날렸다고 한다. 고등학생 시절에 무려 60개의 상을 수상했다고 하니 그가 얼마나 뛰어난 인재였는지 짐작할 만하다.

그러나 외모는 재능을 받쳐 주지 못했다. 고등학교 시절 선생님은 케인스에 대해 "얼핏 보면 눈에 띄게 못생긴 얼굴이다, 툭 튀어나온 입술이 코를 받치고 있는 모습이다, 짙은 눈썹은 유인원을 연상시킨다"고 말했다고 한다. 그런 외모 덕분에 고등학생 시절 케인스의 별명은 '주둥이'였다고 한다.

케인스는 대학에서 수학을 전공했다. 케인스가 경제학에 관심을 갖게 된 것은 대학 졸업 후에 우연히 마셜 교수의 경제원론을 읽은 뒤였다. 경제원론을 읽고 나서 한 편의 논문을 마셜 교수에게 보냈는데 마셜 교수가 칭찬을 해주었다. 이 칭찬에 고무된 케인스는 "나는 어쩌면 경제학에 소질이 있는지도 몰라"라고 친구에게 편지 썼다고 한다.

대학 졸업 후 공무원에 응시한 케인스는 2등으로 합격했다. 그런데 놀라운 건 시험에서 가장 낮은 점수를 받은 과목이 수학과 경제학이었다고 한다. 이런 시험 점수를 알게 된 케인스는 화가 나서 이렇게 말했다고 한다. "참된 지식은 성공을 가로막는 장벽에 불과하구나. 내가 도리어 채점관들을 가르쳐야겠다."

공무원이 된 케인스는 인도성에서 근무했다. 그러다가 공무원 생활에 싫증이 나서 그만두고 마셜 교수의 추천으로 킹스칼리지 대학교에서 경제학 강사로 활동하게 되었다. 이 시절에 케인스는 본격적으로 경제학 책을 섭렵하면서 경제학자로서 자신만의 통찰력을 키웠다. 그리고 마침내 경제학회지 공동 편집장을 맡으면서 명성을 날리게 된다.

케인스는 너무나 다재다능했기에 경제학 한 분야에만 올인하지 않았다. 그가 만약 평생을 경제학에만 집중했다면 아마도 더 놀라운 경제학적 기여를 하지 않았을까? 그는 정부의 자문을 맡기도 하고 또 생명보험사의 최고 경영자를 맡기도 했다. 한편 예술에 관심이 많아서 당대 유명 예술가들과 편지를 주고받으며 교제했다. 그는 문화예술 활동에 경제학 연구보다 훨씬 더 많은 시간과 정열을 쏟았다.

케인스는 마르크스 사상을 왜 그렇게 폄하했을까

부유한 가정에서 성장한 탓인지 케인스는 부르주아의 삶을 좋아했다. 그는 스스로 엘리트라고 생각한 엘리트주의자였고 체질적으로 공산주의자를 싫어한 듯하다. 만약에 공산혁명이 일어나면 부르주아 깃발 아래서 자신을 찾아보라는 농담을 했을 정도다.

케인스는 마르크스의 『자본론』에 대해서는 전혀 쓸모없는 글이라고 폄하했다. 한 철학자가 케인스에게 『자본론』을 한번 읽어보라고 권유하자 그는 이렇게 대답했다.

"자본론에 대한 나의 느낌은 코란과 같습니다. 나는 자본론이 역사적으로 중요하다는 것을 알고 있습니다. 또 바보가 아닌 많은 사람들이 그 속에서 구세주의 말씀과 영감을 발견한다고 들었습니다. 그러나 내가 주의 깊게 살펴보니 그 책이 도대체 어떻게 그런 영향력을 발휘하는지 설명할 길이 없습니다. 당신은 『자본론』이나 코란이 모두 올바른 지식이라고 믿습니까? 『자본론』은 사회학적 가치를 가질 수는 있지만 경제학적 가치는 전혀 없습니다."

케인스는 마르크스의 사상을 왜 그렇게 폄하했을까?

나는 그럴 만한 충분한 이유가 있다고 본다. 경제학은 사회 현상을 그대로 관찰하고 어떻게 작동하는지 그 원리를 파악하는 과학자적 태도를 견지한다. 그러나 마르크스주의자는 현실이 아니라 세상은 이러이러해야 한다는 당위성에 맞추어서 그에 맞는 인간상을 생각해내는 점성술이나 연금술과 같은 접근 방식을 보인다.

마르크스의 경제학은 있는 '사실(fact)'을 다루는 게 아니고 '규범(moral)'을 다루기에 과학이 아니고 신념이나 종교에 가깝다. 마르크스의 『자본론』이 한때 지구의 절반을 붉게 물들일 정도로 사회학적으로 엄청난 영향을 준 것은 틀림없지만 실제 경제 현상을 설명하는 데 기여한 것은 전혀 없기에 경제학적 가치는 없다고 케인스는 지적했던 것이다.

오늘날 우리가 배우는 경제학 책에서 마르크스의 이론이나 주장이 언급되지 않는 이유는 정치적인 이유 때문이 아니라 이론으로써 실효성과 타당성이 거의 없기 때문이다. 요즘은 마르크스주의자조차도 마르크스가 주장한 이론보다는 노동자를 걱정하고 사랑한 마르크스의 인간적인 면에 더 공감하는 듯하다.

대중이 어떻게 생각하고 투자할지 예측할 수 있을까

케인스는 주식 투자를 어떻게 했을까? 그의 투자법을 알아보자.

케인스는 주식 투자로 오늘날 화폐가치로 따지면 약 3,000만 달러 정도 번 것으로 추정된다. 경제학자 중에서 돈 번 순위로 따지면 아마도 리카도와 1등을 놓고 다툴 것이다. 케인스가 평생 주식 투자에만 매달린 게 아니고 대부분의 시간을 문화와 예술에 투자하고 주식 투자는 취미처럼 해서 그 정도 번 것이라면 정말 대단한 성과다. 케인스가 천재였기에 가능한 일이 아니었을까?

케인스도 처음부터 제대로 된 주식투자법을 알아낸 것은 아니다. 케인스 역시 시행착오를 겪으면서 자신의 투자법을 진화 발전시켰다. 케인스가 초기에 관심을 가지고 사용한 주식 투자법은 산업별 경기 흐름을 예측하고 이 예측을 바탕으로 남보다 한발 앞서서 투자하고 남보다 한발 빨리 빠져나오면 큰돈을 벌 수 있을 것이라는 투자법이었다. 투자라기보다는 투기, 매매 관점으로 주식시장에 접근한 것이다.

케인스가 주식 투자 초기 시절에 매매 타이밍에 초점을 맞춘 투자를 하게 된 이유는 무엇일까? 그는 주식시장이 '미인선발대회'나 '의자뺏기 게임'과 비슷하다고 생각했기 때문이다. 미인선발대회에서 1등 미인을 맞히려면 자신의 기준이나 생각보다 대중의 평균적인 생각과 행동을 예측하는 것이 중요하다. '의자뺏기 게임'은 음악이 흐르고 게임이 진행되는 동안 의자 주위를 빙빙 돌다가 음악이 멈추기 전에 의자에 재빨리 앉는 게임이다. 의자가 언제나 모자라기에 탈락자가 생기게 되고, 이때도 역시 다른 게임 참가자들의 마음을 간파하는 것이 중요하다.

케인스는 주식시장에서 성공하려면 자기 생각보다 대중의 생각과 행동을 예측하는 것이 더 중요하고 대중보다 한 박자 빨리 움직이면 돈을 벌 수 있다고 본 것이다. 그래서 케인스는 대중의 투자 행동과 경기변동을 예측하고 이를 이용해서 돈을 벌려 했다.

그런데 케인스는 1929년 대공황을 겪으면서 자신의 투자자산이 4만4000파운드에서 8000파운드로 다섯 토막 나는 대실패를 경험하게 된다. 이러한 실패를 통해서 케인스는 마침내 깨닫게 된다. 대중의 행동을 예측해서 적절한 타이밍에 진입하고 빠져나온다는 타이밍 예측 투자법은 자신뿐만 아니라 다른 사람들도 모두 성공하지 못했다는 것을 자료 조사를 통해서 확인했다.

케인스는 경기예측에 따른 타이밍 투자 방식이 불가능하다는 것을 깨달았다. 인간의 능력으로는 경기를 예측하고 주식을 살 타이밍을 예측할 수 없다는 결론을 얻은 것이다. 그는 인간이 할 수 있는 것과 할 수 없는 것을 분명히 구분한 것이다. 나는 이 점이 다른 주식 투자자와 정말 다른 케인스의 탁월한 점이라고 본다.

케인스는 왜 주가 변동을 합리적으로 예측하기 어렵다고 결론을 내렸을까? 케인스에 따르면 인간은 이성적으로 행동하지 않고 본능적 충동으로 움직이는 존재이기에 행동을 전혀 예측할 수 없다고 보았다. 인간은 확률을 바탕으로 구한 평균 기댓값에 따라서 투자하는 대신에 본능적 충동으로 투자하기에 미래의 대중이 어떻게 투자할지 전혀 예측할 수 없다는 것이다.

케인스가 알려 주는 투자의 포인트

케인스도 처음에는 타인의 행동을 예측하고 타인보다 좀 더 빨리 진입하고 한발 앞서 빠져나오는 투자법에 관심을 가졌지만 그 방법이 불가능한 것임을 깨닫고 새로운 투자법을 정립했다. 그의 새로운 투자법은 워런 버핏의 투자법과 놀라울 정도로 일치한다. 케인스의 새로운 투자법을 알아보자.

소수의 투자자 편에 서라

케인스는 자신의 주식 투자법의 중심 원칙은 일반 대중의 의견과 거꾸로 가는 것이라고 말했다. 왜냐하면 모두가 투자 대상의 장점에

동의하면 불가피하게도 그 투자 대상은 너무 비싸져 매력이 없어지기 때문이다. 케인스는 '타인의 동의도 얻고' '싸게 사는' 2가지를 동시에 가질 수 없다고 말했다. 결국 케인스는 대다수 사람들이 투자에 동의하지 않는 주식에 투자해야 싸게 살 수 있다고 말한다.

케인스는 주식 투자에서 승리와 성공은 언제나 소수만이 누릴 수 있는 것이지 결코 다수가 함께 누릴 수 없다고 보았다. 부자와 승리자는 항상 소수라는 점에서 공감이 가는 말이다. 그래서 케인스는 어떤 종목이 좋게 보인다고 발표했을 때 다수가 동의하면 오히려 투자하지 말아야 한다고 조언했다. 케인스 자신의 경험에 따르면 자신이 특정 주식을 매수하라는 의견으로 보험사의 이사회를 설득할 수 있었을 때가 바로 그 주식을 매도할 적기였다고 말했다.

집중투자하라

잘 아는 한 주식을 많이 보유하는 대신에 안전성 때문에 서로 변동 방향이 다른 여러 종목으로 분산투자하는 것은 매우 우스꽝스러운 투자 전략이라고 케인스는 분산투자에 대해 경고했다. 바닥에 구멍이 몇 개나 뚫렸는지 알지도 못하는 상황에서 계란을 여러 바구니에 나누어 담는 것은 오히려 위험하고 손실을 높이는 확실한 방법이라는 설명이다.

케인스는 시간이 갈수록 올바른 투자법이란 자기가 잘 알거나 경영 방식을 믿을 수 있는 기업에 큰돈을 집어넣는 것이라고 확신하게 되었다고 한다. 잘 알지도 못하고 특별히 신뢰할 수도 없는 주식에 분산투자해서 위험을 줄일 수 있다고 생각하는 것은 정말 잘못된 투자법이라고 케인스는 말한다.

또 케인스는 소수의 종목에 집중투자해야 제대로 수익을 얻을 수 있다고 말한다. 평범한 종목으로 분산투자해서는 누구도 제대로 된 수익을 얻을 수 없다는 것이다. 맞는 말이다. 분산투자를 많이 할수록 수익률은 종합주가지수의 수익률과 비슷해지기 때문이다.

장기 투자하라

케인스는 인간의 본성은 근시안적이라고 보았다. 케인스는 인간은 멀리 있는 이득일수록 더 높은 비율로 할인한다는 사실을 알았다. 이러한 인간의 본성 때문에 단기 투자보다 장기 투자가 유리하다고 케인스는 판단했다. 그래서 그는 상당량의 주식을 비가 올 때나 안 올 때나 몇 년 동안 꾸준히 보유할 수 있어야 투자에서 성공할 수 있다고 믿었다.

케인스는 6개월 뒤에 일어날 일까지 내다보고 투자를 하는 사람들은 극히 드물다고 주장했다. 6개월 뒤에 그 일이 일어날 확률이 대단히 높다고 하더라도 사람들은 무시한다고 한다. 케인스는 이러한 인간의 심리학적 특성을 잘 이용하면 돈을 벌 수 있다고 했다. 눈앞의 주가 등락은 무시하고 장기적으로 보유하는 것이 성공적인 투자법이라는 이야기다. 워런 버핏의 주장과 동일한 주장이다.

신용 투자 하지 마라

케인스는 주식 투자 초기에 빚으로 투자해서 큰 어려움을 경험한 뒤부터 빌린 돈으로 투자하는 규모를 줄였다고 한다. 말년에는 투자 금액에서 빚의 비중은 10퍼센트에 불과했다고 한다.

케인스는 가까운 미래의 주가 등락을 무시하려는 투자자는 자원을 많이 가지고 있을수록 더 안전해지며, 어떤 경우에도 빌린 돈으로 대규모 투자는 안 된다고 충고했다. 주가 변동성이 너무 크기에 신용 주식 투자는 정말 조심해야 한다. 99번을 성공시켰다고 해도 단 1번의 실패로 모든 게 끝장날 수 있기 때문이다. 워런 버핏도 신용 투자를 '칼을 심장을 향해 핸들에 달고 운전하는 것과 같다'고 경고했다.

하루하루 시장의 변동을 무시하라

가장 중요한 것은 보유한 주식에 대해서 지나치게 걱정하지 않는 것이라고 케인스는 충고한다. 시장의 변동에 너무 예민하게 반응하면 안 된다는 이야기다. 시장의 변동을 완전히 무시하는 것도 어리석지만 사람들은 지나치게 영향을 받는 경향이 있다고 지적한다. 현명한 투자자라면 자신이 보유한 주식을 공포감에 사로잡혀서 매도하면 안 된다고 케인스는 충고했다.

주식 가치 측정은 계량적으로 하기 어렵다

케인스는 정밀하게 해서 틀리기보다는 대충 어림짐작으로 맞히는 게 낫다고 말했는데, 워런 버핏도 똑같은 표현 방식으로 말했다.

케인스는 주식시장은 정교한 계산을 하기도 하지만 실체 없는 데이터에 근거해서 계산하기도 하고, 또 적절하지 못한 방법으로 계산 하는 곳이라고 말했다. 그래서 70명의 애널리스트가 똑같은 통계학적 자료를 가지고 보고서를 만든다고 해도 각자 다른 견해의 보고서를 만들어낼 수밖에 없다고 보았다. 케인스는 주식의 적정 가치는 자로 재듯이 정확히 잴 수 없다고 본 것이다.

싸게 사라

케인스는 자산 가치와 수익력에 비해서 시장에서 싸게 거래되는 주식을 사라고 했다. 요즘 말로 하면 저PER 주식과 저PBR 주식을 선호한 것이다.

PER는 무엇인가? 주가수익률이라고 부르며, 주가(Price)를 주당순이익(EPS)으로 나눈 비율(Ratio)을 말한다. PER가 10이라는 것은 주가가 순이익의 10배로 거래되고 있다는 말이다. 이 비율이 낮을수록 주가가 싼 것이다.

PBR은 무엇인가? 주가순자산배율이라고 부르며, 주가를 주당장부가격(Book Value)으로 나눈 비율을 말한다. PBR가 2라면 이는 주가가 장부가격의 2배에서 거래되고 있다는 말이다. 이 비율이 낮을수록 주가는 싸다.

케인스는 싸게 산 주식은 언제가 적정가격을 찾게 된다고 확신했다. 왜냐하면 시장에는 올바른 일을 하는 투자자가 있다고 믿었기 때문이다. 그래서 케인스는 아무도 예측하지 못할 어떤 날에 시장 가격은 반드시 순리대로 제 가치에 수렴할 것이라고 말했다.

지금쯤 내가 케인스의 투자법이 워런 버핏과 똑같다고 말하는 이유를 알게 되었을 것이다. 케인스의 투자법은 전문 투자자인 워런 버핏에게 계승되어서 워런 버핏을 세계 1위 거부로 만들어 준 것이다. 주식 투자에서 성공하고 싶다면 천재 경제학자의 주식 투자법을 심사숙고해야 한다.

케인스와 버핏이 사용한
2가지 투자 공식

투자자는 투자를 할 때 2가지 문제에 부딪힌다. 예를 들어 친구로부터 X종목이 좋다는 이야기를 들었다고 하자. 이때 투자자는 투자를 위해서 2가지 질문에 답해야 한다.

첫째, 투자해야 하나 말아야 하나?

둘째, 투자를 한다면 얼마나 해야 하나?

2가지 질문에 대해서 차례차례 대가들은 어떻게 해답을 구하는지 알아보자.

투자할지 말지 결정하는 기준

X종목에 투자해야 할지 말아야 할지를 어떻게 결정하는가? 보통 사람들은 X종목이 오를 가능성이 높으면 투자한다고 한다. 가령 X종목이 오를 확률이 70퍼센트이고 내릴 확률이 30퍼센트라면 X종목에 투자해야 한다고 믿는다. 이것은 얼핏 보면 정답 같지만 정답이 아니다. 이것은 틀린 대답이다.

똑똑한 케인스와 버핏은 기댓값을 기준으로 해서 투자 여부를 결정해야 한다고 주장한다. 기댓값은 어떻게 계산하는가? 다음의 공식으로 구할 수 있다.

이익 확률 × 예상 이익 – 손실 확률 × 예상 손실 = 기댓값

X종목의 예상 이익은 10원이고 예상 손실은 40원이라고 가정했을 때 기댓값은 다음과 같이 계산된다.

70% × 10원 – 30% × 40원 = -5원

기댓값은 손실 5원이다. 즉 이런 경우엔 투자하면 안 된다.

X종목의 상승과 하락 확률과 예상 이익과 예상 손실에 따른 기댓값 계산

		예상이익	기댓값
주가 상승 확률	70%	10원	7원
주가 하락 확률	30%	-40원	-12원
		합계	-5원

이처럼 X종목의 오를 확률(70%)이 내릴 확률(30%)보다 더 높다고 해도 투자하면 안 되는 상황이 있다. 예상 이익과 예상 손실의 규모에 따라서 기댓값이 손실로 나올 수 있기 때문이다. 그래서 케인스와 버핏은 기댓값을 기준으로 투자 여부를 결정하라고 주장한다.

오를 가능성이 내릴 가능성보다도 더 높은데도 불구하고 투자하면 안 되는 이런 경우가 실제로는 어떤 상황에서 발생하는가? X종목이 그동안 주가가 많이 올라서 천장 근처에 도달했을 때 현재 시점에서 주가가 더 오를 확률은 높지만 예상 추가 상승 폭이 작고 한편으로는 주가가 내릴 가능성은 낮지만 만약에 주가가 내린다면 큰 폭으로 내릴 수 있는 그런 상황에서는 X종목에 투자하면 안 된다는 것이다. 그런 경우엔 X종목의 기댓값이 손실로 나타나게 된다.

이처럼 투자할 때는 언제나 기댓값을 계산하고 이를 근거로 합리적으로 주식 투자해야 한다고 케인스는 말한다. 그러나 대중은 전혀 그렇게 하지 않고 본능적 충동에 사로잡혀서 투자한다고 케인스는 지적했다.

얼마를 투자할지 결정하는 기준

얼마나 투자해야 하는지 두 번째 질문의 해답을 찾기 위해서 다른 상황을 가정해보자. 다음은 A종목의 상승 확률과 예상 이익/하락 확률과 예상 손실을 나타내는 표다.

A종목의 상승 확률과 예상 이익/하락 확률과 예상 손실

		예상 이익	기댓값
주가 상승 확률	70%	100원	70원
주가 하락 확률	30%	-100원	-30원
		합계	40원

이런 경우는 기댓값이 40원으로 A종목에 투자해야 한다.

자, 그럼 이제 본격적으로 두 번째 질문을 해보자. A종목에 얼마를 투자해야 하나? 투자 비중을 어떻게 해야 적당할까?

주가가 하락할 가능성이 30퍼센트로 낮지만 전 재산인 100원을 다 투자했는데 만약에 주가가 하락하여 100원의 손실을 입는다면 전 재산을 털리고 파산하게 된다. 주가 상승 확률이 높음에도 불구하고 운이 나쁘면 파산하는 것이다.

어느 정도로 투자해야 불행한 파산을 피하고 수익을 많이 거둘 수 있을까? 이 문제를 해결한 사람이 바로 미국 벨 연구소에 근무한 천재 물리학자 존 켈리(John Kelly)다. 존 켈리는 파산하지 않으면서 최적의 수익 곡선을 만들어 주는 투자 비중 공식을 만들었다.

그 공식은 다음과 같다.

켈리 공식

$$F = P - (1 - P) / R$$
(F=투자 비중, P=이길 확률, R=손익비=예상 이익/예상 손실)

P는 이길 확률인데 여기서는 주가가 상승할 확률인 70퍼센트다. R은 손익비인데 여기서는 예상 이익/예상 손실=100/100=1이다.

$$F(\text{투자 비중}) = P-(1-P)/R$$
$$= 70\%-(1-70\%)/(100/100)$$
$$= 40\%$$

적절한 투자 비중은 40퍼센트다. 투자 비중을 40퍼센트로 하면 파산을 피하면서 장기적으로 가장 많은 수익을 거둘 수 있다.

적절한 투자 비중을 알려주는 켈리 공식은 워런 버핏도 사용했고, 레그 메이슨에 재직하면서 15년 연속 시장보다 우수한 수익률을 올렸던 빌 밀러도 사용했다고 한다. 주식 투자할 때 켈리 공식을 활용하면 투자 비중을 정할 때 도움이 된다.

저PER주와
저PBR주에 투자하라

프랜시스 골턴 Francis Galton (1822~1911)

우생학의 창시자이며 인간의 차이에 대한 생각과 연구를 수학적으로 표현하기 시작했다.
학습 능력이 뛰어나 전공인 의학뿐 아니라 지리학, 인류학, 통계학 등
온갖 학문을 두루 섭렵했다.

―――――

프랜시스 골턴은 진화론으로 유명한 찰스 다윈의 사촌이다. 그는 좀 괴짜였고 다방면으로 호기심이 많았다. 그래서 그가 최초로 발견한 것이 여러 개 있다. 그중에서도 내가 주목하는 것은 '자연은 평균으로 회귀하는 속성이 있다'는 사실을 처음 밝혀낸 것이다.

예를 들면 완두콩의 사이즈나 사람의 키가 더 커지지도 않고 더 작아지지도 않고 원래 평균으로 돌아가려는 힘이 있다는 걸 처음으로 알아낸 것이다. 이런 발견은 주식 투자에도 적용할 수 있다.

측정에 대한 집착 덕분에 발견한 것들

골턴은 발명가이고 탐험가이고 통계학의 기초를 만들었고 또 우생학(優生學)이란 학문을 창시하기도 했다. 현대 경찰이 범죄자 확인을 할 때 사용하는 지문 인식을 처음으로 제안한 사람이다.

골턴의 취미는 측정이었는데, 그는 측정 가능한 것은 무엇이든 측정하고자 했다고 한다. 취미라기보단 집착에 가까울 정도로 측정에 집착했다고 한다. 사람들의 머리, 코, 팔, 다리 등의 치수와 몸무게, 키를 적고 다녔다고 한다. 눈동자 색깔, 강의 들을 때 안절부절못하는 횟수, 경마에서 배팅한 말이 달리는 장면을 볼 때 얼굴색이 변하는 정도까지도 측정했다고 한다. 길거리를 지나가는 여자들의 매력도도 측정하였으며 영국의 미인 지도를 만들기도 했다.

그는 또 가축 시장에서 800명의 참가자들에게 황소의 무게를 예측하게 한 적이 있는데 그 결과 대중이 예측한 수치가 실제 황소 무게랑 단지 1퍼센트의 오차만을 보인다는 것을 알아냈다. 집단 지성이란 개념을 골턴이 처음으로 발견한 것이다.

골턴은 인체의 각 부분을 측정하다가 지문에 관심을 가졌는데 그 이유는 지문이 나이가 들어도 절대 모양이 변하지 않는다는 사실을 발견했기 때문이다. 이런 연구 덕에 지문에 대한 책을 써내기도 했다.

골턴은 발명에도 관심이 많았다. 골턴 자신이 가장 좋아하는 밤 10시부터 새벽 2시까지 졸지 않게 만드는 기계를 발명했는데, 이 기계는 머리 위로 계속 차가운 물을 떨어뜨려 주었다고 한다. 노년에는 물속에서도 책을 읽을 수 있는 기계를 발명하기도 했다.

골턴은 유전에 특히 관심을 많이 가졌다. 특출한 가문의 재능이 후대에 어떻게 유전되는지 관심을 많이 가졌다. 이러한 연구 끝에 그는 탁월함이 대대로 지속되지 않는다는 것을 발견했다. 탁월함의 생명력은 짧았다. 탁월한 사람의 자식 중에 단지 36퍼센트만이 탁월함을 물려받았고, 손자 대에 가서는 단지 9퍼센트만 탁월함을 보였다고 한다.

골턴의 완두콩 연구는 유명하다. 평균보다 큰 완두콩과 평균보다 작은 완두콩을 재배하면 그 자손 대에서는 큰 완두콩의 자손은 작은 완두콩이 나오고 작은 완두콩의 자손은 큰 완두콩이 나온다는 것을 알아냈다. 즉 완두콩이 평균적인 크기로 돌아가려는 경향이 있다는 것을 발견한 것이다.

이런 수렴 과정이 작용하지 않는다면 이 세상에는 큰 완두콩은 더욱 큰 완두콩을 생산하고 작은 완두콩은 더욱 작은 완두콩을 생산해서 세상에는 극대형 완두콩과 극소형 완두콩만 남아 있게 될 것이다. 수박만 한 완두콩과 참깨만 한 완두콩이 없는 이유는 평균으로 회귀하는 힘이 작용하기 때문이다.

완두콩이 평균으로 회귀하는 힘에서 배우는 투자법

골턴의 평균으로의 회귀에서 배울 투자 아이디어는 무엇일까? 바로 주식시장에도 평균으로 회귀하는 힘이 작용한다는 것이다. 주가가 쌀 때 사들이고 비쌀 때 파는 즉 평균으로의 회귀에 배팅하여 큰 돈을 번 투자자들이 있다. 벤저민 그레이엄, 워런 버핏 같은 가치 투자자들이 그런 경우다.

가치 투자자들은 어떻게 돈을 버는가? 장밋빛 전망을 가진 주식은 비현실적으로 올라가고 비관적인 전망을 가진 주식은 비현실적으로 떨어진다. 가치 투자자들은 남들이 비관적이어서 팔 때 헐값에 사고 남들이 장밋빛이라고 살 때 비싸게 판다. 그런 다음에 평균으로 회귀가 작동한다. 그러면 결과적으로 가치 투자자들은 이익을 얻게 된다.

가치 투자자들은 평균으로의 회귀를 믿고 대중과 반대로 행동했기에 돈을 벌었다. 그러나 대중과 반대로 한다고 해서 항상 돈을 벌 수 있는 것은 아니다. 너무 빨리 행동하거나 행동하지 않았기에 돈을 벌지 못할 수도 있다. 또 기대했던 평균과 다르게 엉뚱한 평균이 나타나면 돈을 벌지 못할 수 있다.

예를 들어보자. 대공황 때 주가가 50퍼센트 떨어졌다고 싸다고 매수했는데 주가가 80퍼센트까지 더 떨어지면 손해를 보게 된다. 이 경우는 너무 빨리 산 것이다. 한편으로 너무 올랐다고 팔았는데 더 올라서 수익을 놓칠 수도 있다. 이런 경우는 평균이 새로운 평균으로 자리를 옮긴 것이다. 그렇기에 대중과 반대로 한다고 해서 항상 돈을 벌 수 있는 것은 아니다.

그렇다면 골턴의 평균으로의 회귀 개념을 활용한 구체적인 주식 투자법은 어떤 게 있을까? 저PER와 저PBR 주식에 투자하는 것이다.

저PER주 투자가 평균보다 높은 수익을 가져다 준다

저PER주는 순익에 비해서 주가가 싼 주식을 말한다. 1970년대 바수(Sanjoy Basu)의 연구 결과는 저PER주 주식 투자가 평균 이상의 수익을 올려 준다는 것을 확인했다. 이후에 많은 학자들의 연구 결과도 대체로 이런 결과를 지지했다.

저PER주의 경우는 순익이 늘어나면 순익과 PER 모두 상승하여 2배의 상승 혜택을 준다. 반면에 고PER주의 경우 순익이 성장하지 못하고 후퇴하면 2배의 타격을 받는다. 저PER주로 구성된 포트폴리오[1]가 평균 이상의 수익을 거둘 수 있다고 알려져 있다.

그런데 주의할 점은 이런 투자 전략은 특정 기간 동안에는 작동하지 않을 수 있다는 것이다. 대체로 저PER주가 높은 수익을 주는 경우가 많지만 때때로는 아주 긴 기간 동안에도 그렇지 않은 경우도 있다는 것이다.[2]

---

1) 포트폴리오(portfolio)는 원래 '서류 가방'이나 '자료 수집철'을 말하는데, 투자에서는 위험을 낮추기 위해서 여러 종목에 분산투자한 유가증권 목록이나 투자자산의 집합을 말한다.

2) 저PER주 투자 전략에 주의할 점이 있다. 저PER주 투자는 경기변동주에 적용할 때는 거꾸로 해야 한다. 예를 들면 SK하이닉스처럼 반도체 사이클에 따라 이익이 변동하는 경기변동주인 경우는 고PER에 사서 저PER일 때 팔아야 한다. 또 성장주인 경우도 성장 초기인 고PER주에 사서 성장이 끝나는 저PER일 때 팔아야 한다. 예를 들자면 SK텔레콤을 들 수 있다.

저PBR주 투자가 평균보다 더 높은 수익을 올린다

장부 가치에 비해서 낮은 비율에 팔리는 주식은 평균보다 더 높은 수익을 올리는 경향이 있다. 이런 패턴은 많은 시장에서 발견된다. 1934년 벤저민 그레이엄과 데이비드 도드가 처음으로 발견했다. 벤저민 그레이엄의 제자인 워런 버핏도 이를 지지했다.

저PBR주로 구성된 포트폴리오는 평균 이상의 투자수익률을 거둔 것으로 알려지고 있다. 그러나 저PBR주 투자 전략을 시행할 때 주의할 점은 저PER주 투자 전략과 마찬가지로 때때로 수익률이 형편없는 시기도 있다는 것이다.

저PER주와 저PBR주의 투자가 효과 있는 이유는 무엇일까? 일반적으로 주가는 기업의 이익에 따라 움직인다. 그런데 기업의 이익은 오랫동안 좋은 경우가 별로 없다는 것이다. 그런데도 투자자들은 너무 지나치게 단기 실적에 초점을 맞추어서 투자하는 경향이 있기 때문에 주가가 과대평가된다.

반면에 실적이 부진한 기업은 그 부진이 무한히 오래되도록 그냥 놔둘 리가 없다. 경영자가 회사를 정상 궤도로 올리기 위해서 구조조정 같은 어려운 결단을 할 것이고 마침내 기업 실적을 다시 회복하는 경우가 많다는 것이다. 결국 프랜시스 골턴이 발견한 평균으로 회귀하려는 힘은 기업의 이익에도 작용한다.

프랜시스 골턴의 평균으로의 회귀에서 배우는 투자 전략은 무엇인가? 기업의 실적은 평균으로 회귀하는 경향이 있고 주가도 평균으로 회귀하는 경향이 있다는 것이다. 기업의 이익이 일시적으로 악화되었을 때 근시안적 투자자들이 헐값에 던지는 주식을 매수해서 기업 이익이 정상화되었을 때 파는 것이 좋은 투자 전략이라는 것이다.

그러나 이런 투자 전략이 항상 어느 때나 효과가 있는 좋은 전략인 것은 아니다. 때때로 아주 오랫동안 주가가 회복하지 않는 경우도 있다. 또 때때로 평균은 새로운 평균으로 옮겨 갈 수 있다는 점을 주의해야 한다.

수익률 변동 폭을
최소화한 분산투자법

해리 마코위츠 Harry M. Markowitz (1927~)

캘리포니아 대학의 래디 매니지먼트 스쿨(Rady School of Management) 교수다.
현대 포트폴리오 이론 분야의 선구적인 업적으로 가장 잘 알려져 있으며,
이를 인정받아 1990년에 노벨 경제학상을 수상했다.

노벨 경제학상 수상자인 해리 마코위츠의 투자 아이디어를 소개
해보자. 마코위츠는 1990년에 노벨 경제학상을 수상했다. 그는 25살
대학원생 시절에 〈포트폴리오 선택이론〉이란 제목으로 14페이지짜
리 짧은 논문을 썼다. 그런데 이 논문으로 노벨 경제학상을 받았다.

불과 25살에 노벨 경제학상을 받을 만큼 놀라운 논문을 썼다는
게 정말 대단하다. 더 놀라운 건 그는 주식시장에 대해서 아는 게 하
나도 없었다는 것이다. 원래 그는 당시에 초기 개척 분야였던 선형
계획법에 관심이 많았고 연구 중이었다.

그러던 어느 날 박사 학위 논문을 어떤 주제로 써야 할지 교수랑 상담하기 위해서 대기실에서 기다리는 중에 우연히 증권사 직원을 만났고 대화를 나누었다. 증권사 직원은 주식 투자자들이 당면한 문제를 해결하기 위해서 선형계획법을 적용하는 게 어떻겠냐고 제안했다고 한다. 마코위츠는 증권사 직원의 제안을 받아들여서 선형계획법을 적용한 〈포트폴리오 선택이론〉이란 논문을 작성하게 되었고 이 논문 하나로 노벨 경제학상을 수상한 것이다.

포트폴리오 선택이론이란 무엇인가

노벨 경제학상을 수상한 〈포트폴리오 선택이론〉이란 무엇인가? 이해하기 쉽게 비유를 들어보자.

엔터테인먼트 사업을 하는 내 친구에 의하면, 영화는 흥행에 성공할지 못할지를 개봉하기 전까지는 정말 알 수가 없는 흥행 비즈니스라고 한다. 영화 한 편으로는 쪽박을 찰지 대박을 칠지 정말 알 수 없기에 수익률이 얼마나 될지 가늠할 수가 없다고 했다. 그래서 영화 사업에 투자하고 싶은 투자자들도 영화의 수익률 변동 폭이 너무 커서 투자하기를 꺼려 한다는 것이다.

그러나 1년에 영화를 약 20편 정도 만들어서 개봉할 수 있다면 평균적으로 연 15퍼센트 정도의 안정적인 수익률을 거둘 수 있다고 말했다. 그래서 연간 20편 정도 제작할 수 있는 영화 펀드를 만든다면 투자자들이 안심하고 투자할 수 있을 것이란 말을 들은 적이 있다.

마코위츠의 포트폴리오 선택이론은 바로 영화 사업자의 고민을 해결해 주는 것과 같다. 개별 주식 투자의 수익률은 들쑥날쑥하다. 쪽박일지 대박일지 알 수 없다. 그러나 여러 주식에 분산투자한다면 안정적인 수익을 얻을 수 있다는 것이다.

그런데 이 정도 상식으로 노벨상을 받은 것은 아닐 테고……. 마코위츠의 공헌은 분산투자해서 수익률을 안정시키라는 데서 그친 게 아니고 분산투자를 어떻게 하면 수익률의 변동 폭을 가장 줄일 수 있는지 알아낸 데 있다. 즉 20개 종목으로 분산 투자한다고 해도 어떤 종목으로 20개를 채우느냐에 따라서 수익률의 변동 폭은 달라진다는 것이다.

여기에 매우 중요한 포인트가 있다. 마코위츠는 위험(Risk)을 수익률의 변동 폭으로 측정했다는 점이다. 기대 수익률의 변동 폭이 크고 들쑥날쑥할수록 위험이 크다고 본 것이다. 같은 기대 수익률이라도 수익률의 변동 폭(위험)이 작다면 더 좋은 포트폴리오(분산투자)란 것이다.

예를 들어보자. 비가 올 확률이 50퍼센트, 안 올 확률이 50퍼센트라고 가정하자. 우산 만드는 회사는 비가 오면 연간 10퍼센트 상승하고 날이 맑으면 0퍼센트 상승한다고 하자. 양산 만드는 회사는 비가 오면 연간 0퍼센트 상승하고 날이 맑으면 10퍼센트 상승한다고 하자.

다음 2가지 펀드가 있을 때 어떤 펀드가 좋은 펀드인가?

펀드 1 우산 만드는 회사 주식+양산 만드는 회사 주식으로 구성한 펀드

수익률의 기댓값 연 5%

펀드 2 우산 만드는 회사 주식+우산 만드는 회사 주식으로 구성한 펀드

수익률 기댓값 연 5%

펀드 1과 펀드 2의 기대 수익률은 똑같이 연 5퍼센트다. 그러나 펀드 1은 언제나 5퍼센트의 수익률을 얻을 수 있지만 펀드 2는 수익률이 0퍼센트가 될지 10퍼센트가 될지 들쑥날쑥하다. 즉 같은 수익률을 얻는다면 펀드 1의 위험(수익률의 변동 폭)이 낮아서 더 좋은 펀드란 것이다.

마코위츠는 같은 수익률을 얻더라도 위험도를 최소화할 수 있는 펀드를 구성하는 법을 찾아냈다. 그 방법이란 것은 개별 주식 수익률 간의 상관관계를 낮출 수 있도록(공분산을 최소화할 수 있도록) 포트폴리오를 구성하는 것이다.

이해하기 쉽게 설명하자면 이렇다. 예를 들어 설명한 우산 회사와 양산 회사처럼 수익률의 상관관계가 전혀 반대이거나 따로 움직이는 주식으로 포트폴리오를 구성하는 것이 양산 회사와 선크림 회사처럼 수익률의 상관관계가 높은 주식으로 포트폴리오를 구성하는 것보다 포트폴리오의 수익률 변동 폭을 낮출 수 있다는 것이다.

위험은 무엇을 기준으로 결정되는가

마코위츠의 포트폴리오 이론은 현대 포트폴리오 이론의 초석을 만들었고 거대 자금을 운용하는 기관의 펀드 운용 방식에 큰 영향을 주었다.

GM의 펀드 관리 이사는 이렇게 말한다.

"투자 관리는 예술도 과학도 아니다. 이것은 공학이다. 우리는 금융 투자 리스크를 관리하고 공학적으로 처리하는 일에 종사한다. 가장 중요한 것은 수익을 내기 위해서 필요 이상으로 리스크를 취하지 말아야 한다는 것이다."

마코위츠의 주장을 정확히 대변하는 발언이다.

마코위츠는 우리에게 "분산투자를 해야 하나?" 하는 질문을 던진다. 내 대답은 '그렇다'이기도 하고 '아니다'이기도 한다. '아니다'라는 내 대답에 고개를 갸웃거릴 수도 있지만 버핏과 케인스도 같은 대답을 했다. 버핏은 집중투자가 더 현명한 투자 방식이라고 주장한다. 버핏은 몇 종목으로 집중투자를 해야 더 많이 그 기업에 대해서 조사할 수 있고 잘 알 수 있어서 투자의 위험이 줄어든다고 한다.

그리고 버핏은 위험에 대한 개념에서 마코위츠와 다른 개념을 사용한다. 버핏에게 있어서 위험이란 수익률의 변동 폭이 아니라 원금을 손해 볼 가능성이었다.

서로 다른 위험 개념을 이해하기 쉽게 설명하면 다음과 같다.

A 자산의 기대 수익률 범위 : 0% ~ 20%

B 자산의 기대 수익률 범위 : -5% ~ +10%

A와 B 중에 어느 자산이 더 위험한가? 기대 수익률이 0퍼센트에서 20퍼센트 사이에 있다면 버핏은 이를 위험이 높지 않다고 간주한다. 원금이 손해는 보지 않으니까 말이다.

그러나 마코위츠는 수익률의 변동 폭이 얼마나 큰가로 리스크를 측정하니까 변동 폭이 큰 A 자산이 더 위험하다고 본다. 그래서 버핏과 마코위츠가 측정한 위험의 개념은 다른 것이다. 버핏은 장기 투자자에겐 마코위츠가 말한 수익률의 변동 폭이 그다지 큰 위험이라고 생각하지 않았다. 단기적으로 수익률이 출렁거리지만 장기적으론 결국 더 올라 손해 볼 일이 없을 테니 말이다.

분산투자해야 할까, 집중투자해야 할까?

그렇다면 우린 누구 말을 따라야 하는 것일까? 분산투자해야 하나? 집중투자해야 하나? 기관 투자자들이 수익률의 분산을 줄이기 위해서 최적 포트폴리오를 구축하는 방안으로는 마코위츠의 투자법이 적당하다. 그러나 재산을 늘려서 부자가 되기를 희망하는 개인 투자자라면 과도한 분산투자 방식으로 부자 되기는 어렵다. 앞에서 말했다시피 투자 종목 수가 늘어날수록 수익률은 종합주가지수와 비슷해지기 때문이다. 주변에서 종합주가지수에 투자해서 큰돈을 벌어 부자 되었다는 이야기를 들은 적이 없다.

당신이 아직 부자가 아니라면 자산을 늘리기 위해서는 집중투자해야 한다. 집중투자를 하더라도 지식의 양이 늘어남에 따라서 리스크는 줄어든다. 피터 린치는 개인 투자자라면 5종목이면 충분하다고 말했다. 부자가 되고 싶다면 집중적으로 개별 주식에 대해서 공부하고 관찰하고 투자해야 한다는 것이다. 또 집중투자에서 필수적인 지침은 장기 투자를 해야 한다는 것이다. 장기 투자라야 주가 변동성을 극복하고 높은 수익으로 보답할 수 있기 때문이다.

그런데 마코위츠의 포트폴리오 이론을 부동산 투자에서 적용할 만한 아이디어도 있을까? 부동산도 수익률 변동과 분산만 측정할 수 있다면 포트폴리오 이론을 적용할 수 있다. 하지만 포트폴리오 이론을 적용할 만큼 부동산 자산 규모가 많은 개인이 몇이나 되겠는가? 거대 부동산 자산 운용 회사에서나 적용할 수 있을 듯하다.

개인적인 생각으로는 자산을 주식과 부동산으로 분산투자하면 수익률의 변동 폭을 줄여서 인생의 굴곡을 좀 줄일 수 있을 것이란 생각이 든다. 나는 그렇게 하고 있다.

요약하자면, 같은 기대 수익을 거두면서 위험을 최소화할 수 있는 분산투자법을 마코위츠가 발견했고, 이러한 분산투자법은 거대 자산 운용 기관의 자산 운용 시 도움이 되었다. 그러나 마코위츠가 말하는 위험이란 수익률의 분산도를 말하며, 이것은 손해를 볼 수 있다는 뜻의 전통적인 의미의 위험과는 다른 의미의 위험을 말한다.

게다가 개인 투자자 입장에서는 너무 많은 분산투자는 수익률이 종합주가지수 수익률과 비슷해지기에 큰돈을 벌 수 없다는 단점이 있다. 따라서 주식 투자로 큰돈을 벌려는 개인 투자자 입장에서는 특히 장기 투자자라면 마코위츠의 분산투자법이 실제로 큰 도움이 되기 어렵다는 점을 알아야 한다.

차트 분석으로는
절대 돈을 벌 수 없다

유진 파마 Eugene Francis Fama (1939~)
시카고 대학교 경영대학원 교수다. '효율적 시장 가설(Efficient Market hypothesis : EMH)'의
주창자이다. 시장의 모든 정보는 즉각 가격에 반영된다고 주장한다.

유진 파마는 2013년 효율적 시장이론으로 노벨 경제학상을 받았다. 그가 현대 투자 이론에 미친 엄청난 영향력에 비하면 노벨 경제학상 수상은 상당히 늦은 편인데, 투자 이론으로는 가히 혁명적이었다.

그렇다면 효율적 시장이론이 기존의 투자 이론과 확연히 다른 점은 무엇일까? 효율적 시장이론이 나오기 전까지 대다수 투자자들은 주식시장에서 남보다 더 많이 돈을 버는 비법이 있다고 믿었다. 예를 들면, 파마 이전에는 차트 분석을 통해서 돈을 버는 비법이 있다고 믿었다. 능력 있는 펀드매니저는 종합주가지수 상승률을 능가하

는 수익률을 계속 올려 줄 것이니, 우리가 할 일은 내 돈을 맡길 훌륭한 펀드매니저를 찾아내는 것이라고 믿어 온 것이다.

그런데 효율적 시장이론은 그런 기대가 다 헛된 것이라고 주장한다. 알려진 정보나 투자 기법을 활용해서 남보다 더 많은 돈을 벌 수는 없다고 주장한 것이다.

차트도 펀드매니저도 다 엉터리다

효율적 시장이론은 어떻게 그런 혁명적이고 도발적인 주장을 했을까? 효율적 시장이론에 대해서 쉽게 설명해보자. (매우 단순화하여 말할 것이기에 엄밀하게 따지고 들면 틀리게 말한 부분도 있을 수 있다고 미리 양해를 구한다.)

시장이 효율적이란 말은 무슨 말인가? 이 말은 시장이 매우 효율적이라서 시장은 새로운 정보를 낭비나 지체 없이 가격에 반영한다는 말이다. 즉 어떤 투자자라도 이용 가능한 정보를 기초로 한 거래에서는 초과 수익을 얻을 수 없다는 것이다. 초과 수익이란 남들보다 더 얻는 수익을 말한다.

예를 들자면, 신문 방송에 나온 호재 뉴스를 보고 주식을 사려는 순간 이미 주가가 올라버려서 그 뉴스로 인한 이익을 얻을 수 없게된다는 말이다. 모든 정보는 바로바로 가격에 반영되기 때문에 어느 누구도 그 정보로 남보다 더 많은 이득을 얻을 수 없다는 것이다. 물론 내부자 정보는 예외적이다. 그래서 내부자 정보를 이용하면 감방에 보내는 것이다. 다시 말하면, 모든 공개된 정보(예를 들면, 과거 주가, 거래량, 실적 정보, 투자 기법)를 이용해서 남보다 더 수익을 낼 수 없다는 것이 파마의 주장이다.

80년대만 해도 이 도발적인 주장에 대해서 갑론을박이 많았다. 하지만 효율적 시장이론 주장자들은 그들의 이론이 맞다는 것을 실증 분석으로 증명해냈다. 특히 기술적 분석가들이 내세우는 이기는 투자 기법을 모두 조사해서 컴퓨터로 돌려서 검증하고 이들 기법이 모두 쓸모없는 쓰레기라는 걸 증명했다.

예를 들자면 이런 거다. "골든 크로스(golden cross, 단기 이동평균선이 장기 이동평균선을 상향 돌파)일 때 매수하고 데드 크로스(dead cros, 단기 이동평균선이 장기 이동평균선을 하향 돌파)일 때 매도하라!" "헤드 앤 숄더(head and shoulder) 패턴이 나타나면 팔고 더블 보텀(double bottom) 패턴이 나오면 매수하라!" 우리가 잘 알고 있는 이런 차트 투자 기법을 컴퓨터로 돌려서 검증해 보니 모두가 돈을 벌 수 없는 엉터리이고 헛소리였다는 것이다. 그 외 대부분의 알려진 투자 기법을 실제로 검증해 보니 모두 효과가 없는 투자법인 것으로 드러났다.

돈 버는 비법이 있다고 해도 공개되는 즉시 많은 사람이 그 비법을 따라 하기에 누구도 더 이상 그 비법으로 이익을 낼 수 없다. 펀드매니저들의 실적도 분석해 본 결과 계속해서 시장 수익률을 능가하는 펀드매니저는 없는 것으로 드러났다.

물론 시장에 알려지지 않은 비법이나 기법이 있을 수 있고, 그런 기법으로 큰 부를 이룬 사람도 있겠지만 과거에 공개된 데이터를 이용해서는 초과 이익을 낼 수 없다는 것이 효율적 시장이론의 핵심이다.

예외적으로 효과 있는 2가지 투자법

그렇다면 엄청난 수익을 낸 피터 린치나 워런 버핏 같은 사람은 어떻게 된 것인가? 효율적 시장이론 신봉자들은 이들은 우연의 결과라고 말한다. 예를 들어, 앞면이 나오면 이기는 동전 던지기 시합이 있다고 하자. 100만 마리 원숭이가 모여서 동전 던지기 시합을 하면, 틀림없이 20번 연속적으로 앞면이 나오게 던지는 원숭이가 나오게 되어 있는데, 그 원숭이가 바로 피터 린치이고 워런 버핏이라는 것이다.

그러나 나는 워런 버핏이나 피터 린치가 우연에 기댄 원숭이라고 생각하지 않는다. 내 생각은 효율적 시장이론가의 주장과 달리 피터 린치와 워런 버핏 같은 인물은 탁월한 투자자이고 그들은 그들 나름의 비법을 가지고 있다고 믿는다. 워런 버핏은 효율적 시장이론에 독설을 퍼부었다. "만약에 시장이 효율적이라면 나는 지금쯤 길거리 폐지나 줍는 노인네여야 맞을 것이다. 효율적 시장이론은 터무니없는 헛소리다."

효율적 시장이론에 배치되는 효과가 있는 투자법이 발견되기도 했다. 즉 예외적으로 돈 버는 비결이 있다는 것이다. 내가 아는 돈 버는 비결 2가지만 소개해보자.

예외적으로 효과 있는 투자법 1

리처드 세일러 교수가 '주가는 과잉 기복하는가?'라는 논문에서 과거 3년간 투자수익률이 낮은 주식군에 투자하면 향후 3년간 투자수익률이 시장 평균을 넘어 초과 수익을 얻을 수 있다는 연구 결과를 발표했다. 이런 주장은 효율적 시장이론과 완전 배치되는 것이다.

최근에 투자수익률이 저조한 종목으로 포트폴리오를 구성해서 3년 뒤에 팔면 종합주가지수보다 더 높은 수익을 거둘 수 있다는 것이다. 이런 결과가 나오는 이유는 인간이 근시안적 본능 때문에 최근의 정보와 결과를 중시하고 장기적 정보와 결과에 대해서 등한시하기 때문이다.

예외적으로 효과 있는 투자법 2

대부분의 기술적 분석(차트 분석)이 효과가 없는 엉터리라고 밝혀졌지만 예외도 있다. 제러미 시겔(Jeremy Siegel) 와튼 스쿨 교수가 미국의 200년 간 주가를 대상으로 검토해 보니 200일 이동평균선이 상승 전환할 때 사고 하락 전환할 때 팔면 시장 수익률보다 더 높은 초과 수익을 얻을 수 있다는 것을 발견했다. 즉 200일 장기 이동평균선을 활용하면 평균보다 높은 수익을 얻을 수 있다는 것이다.

이 2가지 투자 기법이 앞으로도 계속 유효할 수 있을까? 기법이 공개되었기에 모든 투자자들이 따라 한다면 이 기법도 쓸모가 없어질 것이다. 그러나 1번은 계속 유효할 가능성이 높다. 왜냐하면 인간의 본능은 변하지 않고 인간은 본능을 극복하기 쉽지 않기 때문이다. 따라서 1번처럼 본능을 거슬러 투자하는 것은 계속 효과가 있을 가능성이 높다. 그러나 2번은 누구나 쉽게 따라 할 수 있기에 향후에도 계속 유효한 투자법으로 남을 수 있을지 의문이다.

효율적 시장이론에서 배울 점

주식시장은 대체로 효율적이다. 수많은 실증 논문과 통계 결과를 보면 그렇다. 그래서 계속 시장을 이기는 펀드매니저가 드문 것이다. 또 계속 시장 수익률을 능가하는 펀드도 거의 없다. 차트 투자자 중에서 끝까지 큰돈을 벌어서 은퇴한 위대한 투자자 또한 내가 알기론 없다. (물론 숨은 고수가 있을 수는 있다.)

많은 실증 연구 결과에 따르면 주식시장은 대체로 효율적이지만 시장에 알려지지 않은 자신만의 투자 기법으로 큰 수익을 계속 내는 투자자도 분명히 있다. 워런 버핏의 며느리 말에 따르면 버핏가의 일원이 되면 투자 비법을 외부로 발설하지 않겠다는 약속을 해야 한다고 한다. 비법이 있다는 말이다.

그래도 유진 파마의 효율적 시장이론에서도 배울 점은 많다.

첫째, 주식에 대해서 전문적 지식이 없거나 투자할 시간적 여유가 없는 투자자는 인덱스 펀드(Index Fund)에 투자하라. 인덱스 펀드는 종합주가지수와 같이 움직이는 펀드라고 보면 된다. 특히나 당신이 나이가 들고 또 개별 기업이나 시장 분석 능력이나 정보가 없다면 그냥 인덱스 펀드에 투자하는 게 좋다. 정보를 얻으려고 노력하지 않아도 되고 신경을 전혀 안 써도 된다.

만약 개별 주식에 투자한다면 경영자가 삽질해서 파산하거나 횡령하여 퇴출될 위험도 있고 기업이 잘하고 있는지 계속 분석을 해야 한다. 그러나 인덱스 펀드에 투자하면 개별 기업 투자 분석에 시간을 할애할 필요가 없다. 주식 투자에 대해서 아무것도 몰라도 된다. 그냥 인덱스 펀드에 투자하고 잊어버리면 된다. 그렇게 하고도 대부분의 펀드매니저보다 더 높은 수익률을 얻을 수 있다.

나 역시 전문적 주식 투자 지식이 없는 일반 투자자에게는 인덱스 펀드에 투자하라고 권한다. 워런 버핏도 인덱스 펀드를 계속 능가하는 펀드나 펀드매니저는 없다고 말한다. 조사해 보면 실제로 그렇다.

이런 현실을 반영해서 해가 갈수록 인덱스 펀드에 투자하는 자금 유입이 늘고 있다. 반대로 펀드매니저가 적극적으로 운용하는 액티브 펀드로 자금 유입은 줄어들고 있다. 투자자들도 경험적으로 시장을 이기는 펀드매니저가 없다는 걸 알게 되고 행동을 수정하고 있기 때문이다.

둘째, 시장 수익률에 만족하지 못하고 큰 투자 수익을 바라는 투자자는 스스로 직접 주식 투자법을 개발해야 한다. 직접 주식 투자를 하려면 많은 주식 공부를 하고 기업을 분석하는 법을 배우는 것은 기본이고 남과 다른 자신만의 투자 기법을 개발해야 한다. 남들이 다 아는 투자 기법으로는 효율적 시장이론이 주장하듯 성공하기 힘들 것이다.

셋째, 상대적으로 덜 효율적인 부동산 시장에서 돈 벌기가 쉽다. 모든 시장이 효율적이지 않다. 주식시장에 비해서 부동산 시장은 상대적으로 효율적이지 않다. 효율적이지 않은 시장에서 돈을 벌기가 더 쉽다는 것은 다들 짐작할 것이다.

왜 부동산 시장은 주식시장처럼 효율적이지 않은가? 부동산 시장은 정보가 지역적이고 주식시장처럼 중앙 시장에서 유통되지 않는다. 즉 부동산 정보는 매우 지역적이고 개별적이어서 즉각 모든 투자자에게 알려지지 않는다. 그러나 요즘은 인터넷으로 부동산 정보가 많이 확산되고 공유되기에 부동산 시장도 점점 더 효율적으로 변화되고 있다. 남보다 더 많은 이익을 내고 싶다면 남들이 모두 알기 전에 정보를 알아내야 한다.

3년간 투자수익률이
저조한 주식에 투자하라

리처드 세일러 Richard H. Thaler (1945~)

행동 경제학의 개척자로서 제한적 합리성과 사회적 선호, 자기 절제 결여라는
인간의 특질이 개인의 경제적 의사 결정과 시장의 결과에 미치는 영향을 연구했다.
2017년 노벨 경제학상을 수상했으며 현재 시카고 대학교 석좌교수로 재직하고 있다.

주가는 과잉 기복하기 때문에 3년간 투자수익률이 낮은 주식군
에 투자하면 돈을 벌 수 있다고 주장한 경제학자가 있다. 그가 바로
2017년 노벨 경제학상을 수상한 리처드 세일러다. 리처드 세일러 교
수는 인간이 때때로 비합리적인 행동을 한다고 주장하는 행동주의
경제학자 중에 한 명이다.

그는 한국에서도 유명한데 『넛지*Nudge*』라는 책의 저자로도 유명
하다. '넛지'는 팔꿈치로 슬쩍 찌른다는 뜻인데 강압이나 강요에 의
해서가 아니라 부드럽게 개입해서 상대방이 똑똑한 선택을 하도록

유도한다는 의미다.

예를 들면 이런 경우다. 암스테르담 공항에서 소변기에 파리 모양 스티커를 붙여 놓는 아이디어만으로 소변기 밖으로 튀어 나가는 소변을 80퍼센트나 줄일 수 있었다. 파리 한 마리 그려 놓은 게 이렇게 큰 차이를 만든다.

헐값에 거래될 때 사고 시장이 뜨거울 때 판다

리처드 세일러의 '주가는 과잉 기복하는가?'라는 논문이 가지는 의미는 중요하다. 그는 이 논문에서 3년 단위로 주가 상승률이 낮은 종목과 높은 종목을 분류하고 이들의 다음 3년간 수익률을 조사해 보니 앞서 낮은 수익률을 보였던 주식군은 3년간 평균 19.6퍼센트 상승률을 보인 반면에 높은 수익률을 기록한 주식군은 약 5퍼센트 하락했다는 걸 보여주었다.

연구 방법에는 다소 논란이 있었지만 다른 후속 연구에서도 지속적으로 이런 결과를 지지하는 논문이 많이 발표되었다. 나도 대학원 시절에 우리나라 주식에도 이 연구 결과가 맞는지 조사한 적이 있는데 유의미한 결과가 나왔다.

이 같은 결과는 주식시장이 효율적이라는 주장에 배치되는 것이기에 아주 중요한 의미를 가진다. 효율적 시장이론의 주장은 남보다 더 많이 돈을 버는 비결이 없다는 뜻이다. 그런데 세일러 교수의 연구 결과는 쉽게 말하자면 돈 버는 비법을 찾았다는 말이다.

세일러 교수의 논문은 효율적 시장이론에 배치되는 결과를 증명했으니 당연히 큰 화제가 되었는데, 다른 나라에서도 많은 후속 연구가 이루어졌고 대체로 사실인 걸로 나타났다. 이런 결과가 나온 이유는 인간이 근시안적이어서 최근 결과와 현상을 더 중시하고 반면에 장기적인 결과는 등한시하는 데 기인한다고 한다.

앞에서 잠깐 언급한 워런 버핏의 며느리 메리 버핏이 데이비드 클라크와 함께 쓴 책『주식 투자 이렇게 하라 Buffettology』에 소개된 버핏의 투자 비결도 세일러가 말한 것과 일치한다. 메리 버핏이 파악한 바에 의하면, 워런 버핏은 장기적으로 볼 때 주가가 아주 헐값에 거래된다고 판단될 때 매수하고 또 시장가치 이상으로 치솟으면 파는 것이 투자 비법이라고 한다.

주가가 과잉 기복한다면 3년 이상을 내다보고 시장이 비관적일 때 매수하고 또 시장이 뜨거울 땐 매도해야 한다는 말인데, 이런 투자법을 실천에 옮기기는 정말 쉽지 않다. 또 이러한 투자법이 항상 옳은 것도 아니다. 대체로 그러하다는 말이 항상 맞다는 뜻은 아니기 때문이다. 수익을 내려면 3년을 기다려야 할 수도 있고 10년을 기다려야 할 수도 있기 때문이다.

또 세일러가 논문에서 주장한 것은 개별 주식에 대한 주장이 아니다. 패자군 즉 앞서 3년간 수익률이 저조했던 주식 포트폴리오의 성적을 말한 것이다. 그렇기에 개별 종목에 투자할 때 이런 방식을 적용한다면 한계가 있다는 점을 주의해야 한다.

부자가 되려면
손실의 공포에서 벗어나라

대니엘 카너먼 Daniel Kahneman (1934~)

이스라엘 태생의 경제학자로서 심리학과 수학을 전공했다. 경제주체의 의사 결정이
반드시 합리적으로 이루어지는 것은 아니라는 '준합리적 경제 이론'이라는
새로운 분야를 개척했다. 현재 프린스턴 대학교 명예교수다.

———

　장기적인 수익률로 보면 주식과 부동산의 투자수익률이 예금 이
자율보다 높다. 그런데 왜 사람들은 주식과 부동산 투자를 못하는
가? 손실에 대한 두려움 때문이다. 손실에 대한 고통이 이익의 기쁨
보다 2.5배 정도 강하기 때문이다. 이런 주장을 하는 심리학자가 있
었다. 그가 바로 대니엘 카너먼이다. 그는 심리학자로는 처음으로
2002년 노벨 경제학상을 받았다.

투자하지 않는 것이 가장 위험하다

대니엘 카너먼은 행동주의 경제학이란 새로운 학파를 창시했다. 그동안 경제학에서는 사람들이 합리적이고 이성적인 판단을 근거로 행동한다고 가정했다. 그러나 카너먼은 사람들이 언제나 합리적으로 행동하지는 않는다고 주장했다. 사람들은 때때로 비합리적이고 편향된 행동을 한다는 것이다.

행동주의 경제학이란 구체적으로 무엇일까? 이해하기 쉽게 예를 들어보자.

사례 1.

A는 최근에 재산이 30억 원에서 29억 원으로 줄어들었다.

B는 최근에 재산이 3억에서 3억 1천만 원으로 늘어났다.

누가 더 행복감을 느낄까?

전통 경제학에 따르면 절대 재산 규모로 따져서 재산이 더 많은 A가 B보다 더 행복해야 한다. 그런데 실제로는 B가 행복감을 더 느낀다. 왜 그럴까? 사람은 처음에 기준점을 어디에 두었는지에 따라서 다르게 생각하기 때문이다. 이런 현상을 전문용어로 '준거(기준점)의 의존성'이라고 부른다. 인간은 절대치보다 변화에 더 예민하고 민감하게 반응한다는 것이다.

사례 2.

A는 최근에 재산이 1억 원에서 3억 원으로 늘었다.

B는 최근에 재산이 20억 원에서 24억 원으로 늘었다.

누가 더 행복감을 느낄까?

전통 경제학에 따르면 재산이 늘어난 규모가 큰 B(4억 원 늘었음)가 A(2억 원 늘었음)보다 행복해야 한다. 그러나 실제로는 A가 더 행복감을 느낀다. 왜 그럴까? 같은 금액이 늘어나도 재산이 작을 때는 손익 민감도가 크지만 재산이 많을 때는 손익 민감도가 떨어지기 때문이다. 이런 현상을 전문용어로 '민감도 체감성'이라고 한다.

SK그룹 최종현 회장의 이야기가 떠오른다. 사업 초기, 재산이 20억 원까지 불어날 때는 너무 좋아서 매일 밤 부부가 통장을 보고 웃으면서 행복했었다고 했다. 그런데 재산이 20억 원을 넘어가면서부터는 무덤덤하게 변했다고 한다. 행복감은 재산의 단순한 증가액에 달려 있는 게 아니고 증가 비율에 달려 있다는 말이다.

사례 3.

A 선택 : 동전을 던져서 앞면이 나오면 1억 원을 주고 뒷면이 나오면
        2천만 원을 손해 본다.

B 선택 : 동전 던지기를 하지 않으면 그냥 2천만 원을 준다.

이런 경우에 어떤 선택을 할 것인가?

전통 경제학에서는 A를 선택한다고 답한다. 왜냐하면 A의 기댓값이 B의 기댓값보다 많기 때문이다.

A의 기댓값 = 1억 원 × 50% + 2천만 원 손실 × 50% = 4천만 원

B의 기댓값 = 2천만 원

그런데 실제로는 사람들은 B를 선택한다. 왜 그럴까? 사람들은 이익이 생겼을 때 얻는 행복보다는 손실이 생겼을 때 더 큰 고통을 느끼기 때문이다. 이런 현상을 전문용어로 '손실 회피성'이라고 부른다. 이 손실 회피성 때문에 사람들은 더 큰 수익을 낼 수 있는 투자를 회피하고 부자가 되지 못하는 것이다. 손실 공포감 때문에 적금과 예금만 하고 주식이나 부동산 투자를 멀리하는 것이다. 이런 본능을 극복해야 부자가 될 수 있다. 아무 데도 투자하지 않는 것이 가장 큰 위험이다.

두려움을 이겨내고 한 살이라도 젊을 때 투자를 시작하라

인간은 대체로 합리적이고 이성적인 척하지만 사실은 비합리적이고 감정적으로 행동한다. 그중에서도 비합리적인 '손실 회피성'을 극복해야 부자가 될 수 있다. 투자를 두려워하면 절대 부자가 될 수 없다. 부자가 되는 비결은 저축하고, 또 그 돈을 투자하는 데 있다.

저축하고 투자하고 또 저축하고 투자하고……. 지루한 반복이 부자로 가는 길이다.

그런데 많은 사람이 안전한 저축에만 매달리고 있다. 저축에만 매달려서는 부자가 될 수 없다. 물론 예외가 있다. 고소득의 전문직이나 연예인의 경우다. 평범한 월급쟁이는 저축만으로 부자 되기가 어렵다.

나는 젊은 시절 워낙 가진 게 없었기에 투자에 두려움이 없었다. 다 잃어도 처음 상태라고 생각했기 때문이다. 아내에게 종종 말했다. "나야 뭐 원래 개털인데, 잃어봐야 개털이지. 그러려니 하면 되지, 뭐!" 그러나 나이가 들면 체력이 약해지고 머리 회전속도도 떨어지고 무엇보다 복구할 시간적 여유가 없다는 생각이 들면서 용기가 사라진다. 그래서 젊은 시절에 용기를 내서 투자해야 한다.

부자 부모도 만나지 못하고 '흙수저'인데도 부자가 되기보다 부자 흉내 내기에 빠져서 일찌감치 좋은 차에 맛집 순례에, 해외여행에 욜로족으로 살다간 늙은 뒤 후회하게 될 확률이 100퍼센트다. 나중에 자녀가 부모의 가난을 탓할지도 모른다는 생각을 하면 아찔하지 않을까? 젊음은 영원하지 않다. 조금이라도 젊을 때 용기 내고 부딪치고 노력해야 한다.

대니엘 카너먼은 사람들은 높은 기대 수익률이 예상되어도 손실 가능성이 있으면 두려움 때문에 투자를 회피한다는 사실을 밝혀냈다. 인간은 수익 발생 확률에다 수익을 곱한 기댓값을 보고 투자 여부를 판단하는 합리적인 존재가 아니라는 것이다. 이러한 비합리성

218

때문에 사람들은 더 부자가 될 수 있는 기회를 놓친다고 대니엘 카너먼은 말한다. 부자가 되려면 두려움을 극복하고 합리적인 투자자가 되어야 한다.

부동산과 주식 거품,
미리 알고 피하는 법은 없을까

로버트 실러 Robert James Shiller (1946~)

예일 대학교 교수다. 2013년 자산 가격의 경험적 분석에 기여한 공로로
유진 파마, 라스 피터 핸슨과 함께 노벨 경제학상을 수상했다.

2000년대 인터넷 거품이 터졌을 때 나는 많은 상장주와 비상장주를 가지고 있었다. 당시에 나 같은 사람을 일컬어 '주식거지'란 말이 유행했다. 거품이 꺼지고 나니 쓰레기 주식만 한 움큼 남았던 것이다. 나는 내 행동을 복기해 봤다. 무엇이 잘못된 걸까? 내가 그렇게 탐욕스러웠던가? 그래서 내가 이런 벌을 받는 걸까?

내가 내린 결론은 내가 유난히 탐욕적이지는 않았다는 것이었다. 투기 광풍이 한번 불면 보통 사람이 그 광풍에 맞서서 비켜 나가기란 쉽지 않은 일이다. 또다시 투기의 광풍이 불면 나는 또 동참할 것 같

있다. 그래서 이를 방지할 수 있는 방법이 없을지 생각해 보았다.

고민을 거듭한 나는 로버트 실러에게서 나름의 해답을 찾았다. 로버트 실러가 만든 지표를 참고하면 현재 주가와 부동산 가격이 어느 수준에 와 있는지를 객관적으로 판단할 수 있어 거품을 피할 수 있다.

자산 가격의 거품이 만들어지고 붕괴되는 이유

로버트 실러는 2013년에 노벨 경제학상을 받았다. 예일대 경제학 교수인 실러는 인간은 때때로 비합리적으로 행동한다고 주장하는 행동주의 경제학자인데 족집게 예언가로도 유명하다.

실러는 2000년에 주식시장은 비이성적으로 과열되어 있다고 지적한 『이상과열Irrational Exuberance』이란 책을 출간했다. 책이 출간된 바로 그달에 '닷컴버블'이 폭락하여 이 책은 세계적인 베스트셀러가 됐다. 그는 2005년에는 부동산 거품이 꺼지고 세계 금융 위기가 올 수 있다고 경고했다. 경고한 다음 해 2006년부터 부동산 거품이 꺼지기 시작하더니 2008년도는 서브 프라임 모기지 사태를 겪으면서 전 세계가 금융 위기를 맞이했다. 2018년도에는 가상 화폐 시장의 거품이 완전히 녹을 것이라고 경고했는데 딱 맞아떨어졌다. 실러 교수가 경고한 비트코인은 네 토막까지 하락하기도 했다.

실러는 어떻게 이렇게 족집게 예언을 할 수 있었을까? 그는 주식이나 부동산 같은 자산 가격이 인간의 비합리적이고 비이성적인 행동에 따라서 거품이 생기고 붕괴된다고 주장했다. 그래서 그는 전통 경제학자들의 분석 방법에다 사회심리학적 분석을 접목하여 주식 부동산 같은 자산의 거품 생성과 붕괴를 예측했다.

2000년 당시 주가 수준은 정상적이지 않고 이상 과열을 보였다. 실러는 주가가 이상 과열된 이유를 사회심리학적인 분석을 통해서 설명했다. 인터넷이란 신기술이 도입되고 베이비붐 세대가 주식 투자에 나서고 신경제를 맞이했다는 시대적 사조가 지배하자 주가는 거품이 생겨 계속 상승하고 자연 발생적인 폰지 사기 시스템이 나타났다는 것이다.

그는 거품을 만들어내는 중요한 요소 중 하나로 인간의 무리 짓기 행위가 있다고 보았다. 실러가 주식 거품 형성에 핵심 역할을 했다고 설명한 무리 짓는 행동에 대해서 알아보자.

인간은 무리 짓는 행동을 한다. 인간의 무리 짓는 행동이 왜 투자에서 문제가 되는가? 무리 짓는 행동이 주식시장이나 부동산 시장의 거품을 만들기 때문이다.

그렇다면 왜 인간은 무리 지어 행동하는가?

첫째, 인간은 사회적 압력에 약하다. 그리고 다수의 의견은 틀리지 않을 것이라고 믿는 경향이 있다. 솔로몬 애쉬가 한 실험이 유명하다. 그는 실험자에게 끈 길이를 맞혀 보게 했는데 주변의 사람들이 모두 짜고 엉터리 답변을 하자 실험에 참가한 사람도 엉터리 답변을 내놓거나 또는 상당히 우물쭈물하고 혼란스러워 하는 모습을 보였다. 사람은 주변 사람의 의견에 반하여 독립적인 의견을 내는 걸 꺼린다는 걸 여실히 보여주었다.

또 다른 학자도 같은 실험을 했다. 이번에는 주변 사람 없이 다른 사람들이 선택한 정답만 알려 주고 난 뒤에 정답을 고르게 했는데 역시 세 번 중에 한 번꼴로 엉터리 답을 골랐다고 한다. 사람들은 다수의 의견은 틀리지 않을 것이란 믿음을 갖는 경향이 있다는 것이다. 즉 인간은 사회적 압력에 약하고 다수의 의견은 틀리지 않을 것이란 생각 때문에 무리 지어서 행동하기 쉽다는 것이다.

둘째, 사람은 전문가의 말을 잘 듣는 경향이 있다. 즉 권위에 복종하는 경향이 있다는 것이다. 스탠리 밀그램의 전기충격 실험이 유명하다. 다른 사람에게 전기충격을 가하게 지시하고 잘 따르는지 알아보는 실험이다.

전기충격을 받은 사람이 고통을 호소하지만 실험을 진행하는 전문가가 위험하지 않으니 괜찮다고 계속하라고 지시했다. 대부분의 사람들이 지시에 따라서 계속 전기충격을 가했다고 한다. 이 실험이 의미하는 바는 사람들은 전기충격을 받은 사람이 직접적으로 고통을 호소해도 무시하고 전문가의 의견을 따른다는 것이다. 권위에 복종하는 것이다. 전문가의 권위에 복종하기 쉬운 성향 때문에 인간은 모두가 한 방향으로 무리 지어서 달려가기 쉽다.

셋째, 정보 캐스케이드(information cascade) 효과 때문에 무리 짓는 행동을 하기 쉽다. 유리창으로 내부가 훤히 보이는 음식점이 줄지어 있을 때 사람들이 어떻게 음식점을 고르는지 살펴보면 정보 캐스케이드 효과를 확인할 수 있다. 캐스케이드는 폭포라는 뜻이다. 정보가 폭포처럼 흘러내려 간다는 의미를 담고 있다.

사람들은 어느 식당을 고를지 선택하기 위해서 식당의 맛이나 음식이나 다른 걸 따져 보지 않고 식당 안에 손님이 많은지만 살펴보고 손님이 많은 식당을 선택한다는 것이다. 그렇게 하는 이유는 매우 합리적이다. 왜냐하면 식당을 알기 위한 시간과 노력을 절약하기 위해서 타인의 선택을 따라서 자신도 선택한다는 것이다. 이런 효과 때문에 손님이 많은 식당은 폭포에 물이 흘러내리듯 줄줄이 새로운 손님이 들어가게 된다. 사람들은 구체적인 정보나 분석을 하는 대신에 다른 사람의 선택을 따라 해서 시간과 노력을 절약하려 하기에 무리 지어서 행동하기 쉽다는 것이다.

넷째, 인간은 본능적으로 대화를 좋아하고 입소문을 통해서 정보를 공유하기에 무리 짓기 쉽다. 인간은 800만 년 동안 대화를 통해서 사냥물에 대한 정보, 타인에 대한 평가 등 다양한 정보를 공유해 왔다. 그래서 인간은 가만히 두면 서로가 이야기하는 걸 좋아한다. 이야기를 통해서 정보를 공유하는데, 이렇게 공유한 정보를 가장 신뢰한다고 한다. 따라서 입소문이 무리 짓는 행동을 하게 만든다.

무리 짓는 본능을 극복하는 데 도움이 되는 2가지 지표

사람들은 상대적인 기준으로 가치를 평가하는 경향이 있다. 저 주식이 얼마이니 이 주식은 얼마가 정당하다고 판단하는 경향이 있다. 비슷한 주식이나 부동산 가격이 얼마이니 이 주식이나 부동산도 얼마쯤 올라야 한다고 생각한다. 하지만 이런 생각으로 투자하면 거품에서 빠져나올 수 없다. 나 역시 2000년 거품 때 주변의 모든 주식에 거품이 끼어 있으니 내가 보유한 주식에 특별히 거품이 끼어 있다고 생각하지 않게 된 것이다.

무리 짓는 본능을 피하기 위해서는 상대평가가 아닌 절대평가를 해야 한다. 그래야 모두가 광풍에 휩쓸려도 객관적으로 지금이 얼마나 과대평가되었는지 알 수 있다.

그래서 실러는 부동산과 주식이 어느 정도 과열되었는지 알 수 있는 지표를 개발했다. 주가는 기업의 이익과 밀접하게 연관되어 움직인다는 점에 착안해서 만든 지표다. 이 지표는 CAPE라고 불리는데, CAPE란 'Cyclically Adjusted Price-earnings Ratio'의 약자다. 경기조정한 P/E 비율이란 뜻으로, 일종의 주가수익률 PER 지수인데,

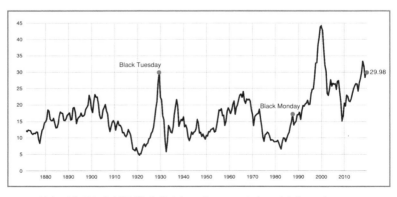

CAPE 지수는 다음 주소에서 확인할 수 있다. http://www.multpl.com/shiller-pe/

물가조절한 실질 주가를 물가조절한 실질 10년간 평균 이익으로 나누면 CAPE 값을 얻을 수 있다.

경기를 감안하여 현재 미국 주가가 기업 이익의 몇 배 수준인지를 나타내는 지표다. 미국 대공황, 닷컴버블 때 수준과 지금의 수준을 비교할 수도 있다. 어느 정도 주가가 많이 올랐는지 또는 많이 하락한 수준인지 평가한다.

부동산과 관련해서 실러 교수가 만든 지표는 S&P/Case-Shiller Index다. 이 지표는 미국 부동산 가격이 과거와 비교해서 어느 정도 올랐는지 알 수 있는 지표다.

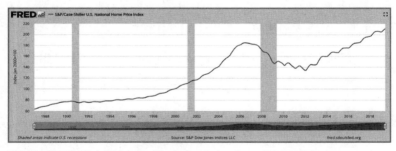

다음 주소에서 확인할 수 있다. https://fred.stlouisfed.org/series/CSUSHPINSA

이들 지표를 한 번씩 체크해 봄으로써 부동산과 주식이 어느 정도 수준에 있는지 알아보고 공격적으로 투자해야 할지 아니면 보수적으로 투자해야 할지 가늠할 수 있다. 즉 무리 짓는 본능에 휩쓸려서 상투에 사고 바닥에서 파는 어리석은 행동을 피할 수 있다.

투자의 길을 만드는
부의 법칙

왜 다들 강남에 못 살아서
안달일까?

소스타인 베블런 Thorstein Bunde Veblen (1857~1929)
미국의 사회학자이자 사회 평론가이다.
산업의 정신과 기업의 정신을 구별하여 규정했으며 상층계급의 과시적 소비를 지적했다.
주요 저서로 『유한계급론The Theory of the Leisure Class』이 있다.

애덤 스미스는 도덕 감정론에서 사람들이 부자가 되려고 하는 가장 큰 이유가 과시라고 했다. 사람들이 탐욕과 야망을 품고, 부를 추구하고, 권력과 명성을 얻으려는 목적은 다른 사람들이 주목하고, 관심을 쏟고, 공감 어린 표정으로 맞장구를 치면서 알아주는 것을 원하기 때문이라는 것이다. 오직 그것 때문에 힘들게 노력하고 부산을 떨며 산다는 것이다.

"부자가 자신의 부를 즐거워하는 것은 부를 통해서 자연스럽게 세상의 관심을 끌어모은다고 생각하기 때문이다. 반면에 가난한 사람은 가난을 부끄러워한다. 가난 때문에 자신이 사람들의 시야에서 사라졌다고 느끼기 때문이다. 아무도 우리를 주목하지 않는다는 것은 인간 본성에서 나오는 가장 강렬한 욕구의 충족을 기대할 수 없다는 뜻이다."

우리는 과시를 통해서 타인의 존경을 받고자 하는 본능을 가지고 있다. 이러한 인간의 과시 본능에 대해서 탁월하게 설명한 경제학자가 바로 소스타인 베블런이다.

과시를 통해 존재감을 확인하는 인간

베블런은 좀 괴짜였던 모양이다. 노르웨이 이민자 출신인 그는 고등학생 시절에 전교생 예배 시간에 술에 취하자는 연설을 하기도 하고 또 친구들에게 사람 고기를 먹자고 선동하기도 했다. 코넬 대학 경제학 교수 시절에는 수업 시간 내내 혼자서 중얼거렸고, 수업 시간에 학생을 불러내서 모욕을 주고 자퇴하라고 협박하기도 했다. 학기 초에는 칠판에 책 제목을 가득 채우고 여기서 시험문제가 출제될 거라고 말해 주곤 학생들에게 예외 없이 C 학점을 주었다고 한다.

그런 그가 고전 경제학의 기초를 흔들었다. 가격이 올라가면 수요가 준다는 게 고전 경제학의 기본 기둥인데 이 이론을 들이받은 것이다. 가격이 올라갈수록 잘 팔리는 상품이 있다는 것이다. 그게 뭘까? 보석이나 귀중품 같은 사치품이다. 이걸 베블런재(veblen goods)

라고 한다.

그는 "낭비하고 과시하라, 그러면 존경을 받을 것이다"라고 말했다. 인간이 과시 소비와 과시 레저를 좋아하는 이유를 단적으로 설명한 것이다.

예를 들면, 부자들은 벤츠 같은 고급 승용차를 좋아한다. 말로는 공학적인 차이와 기계의 우수성에 대해서 말하지만 사실은 하나도 아는 게 없다. 옷도 명품을 좋아한다. 상표가 옷 바깥에 붙어 있는 걸 더 좋아한다. 결국 부자들이 그런 차와 옷을 사고 입는 이유는 과시하기 위해서라는 것이다. 비싸면 비쌀수록 과시효과가 올라간다. 베블런의 지적은 한 치의 틀림이 없다.

상대적 빈곤감이 강남 아파트값을 올린다

SNS를 보면 베블런의 주장에 더욱 고개가 끄덕여진다. 페이스북이나 인스타그램을 보면 모두 최상류층처럼 산다. 고급 레스토랑, 해외 휴양지, 고급 액세서리, 명품 옷으로 과시하는 것이 전부다. 그러니 상대적인 박탈감이 심해질 수밖에 없다.

SNS가 없던 과거에는 대체로 친구와 지인의 세세한 삶을 잘 알지 못했다. 스스로 교양을 가졌다고 생각하기에 대놓고 친구와 지인에게 지난 휴가는 어디에 놀러 가서 무얼 먹고 어떤 즐거움을 가졌는지 과시하고 자랑하는 사람이 없었기 때문이다. 그런데 SNS가 생기고 난 뒤로 친구와 지인이 대놓고 자랑하지 않아도 그들이 지난 주말에 어디를 놀러 가고 뭘 먹었는지 어떻게 즐거운 시간을 가졌는지 은밀한 사생활을 다 알게 되어버렸다. 그래서 우리는 상대적 박탈감을 더 많이 느끼게 되었다.

우리를 괴롭히는 것은 절대적인 빈곤이 아니라 상대적인 빈곤이다. 당신이 그다지 불편한 것 없는 쾌적한 아파트에 산다고 해도 동창회를 나갔다가 옛 친구가 더 좋은 직장을 다니고 더 많이 벌어서 당신보다 더 좋은 동네, 더 좋은 아파트에 산다는 사실을 알게 되면 집으로 돌아오는 길에 나는 왜 이리 불행하냐는 생각에 시달려 정신을 가누기 어렵다.

신분제 시대에는 가난을 변명할 수 있었다. 타고난 신분 때문에 자신이 어쩔 수 없이 가난하다고 변명할 수 있어 가난을 부끄러워하지 않아도 되었다. 그러나 자본주의 시장경제에서는 신분과 혈통, 성별, 인종, 출신 지역, 계급과 상관없이 누구라도 능력이 있고 재능이 있고 또 운이 따른다면 부자가 될 수 있다. 부자가 경쟁을 통해서 부라는 자원을 차지할 수 있게 된 것은 그럴 만한 능력과 자격이 있다고 여겨지는 세상이 되었다.

누구나 부자가 될 수 있는 시대의 도래는 가난한 사람을 더 힘들게 한다. 자신이 훌륭하고 똑똑하고 유능한데도 왜 자신이 부자가 되지 못했는지 변명을 내놓아야 하는 괴로운 처지에 몰리기 때문이다. 그래서 요즘 사람들은 부자가 되기보다는 부자처럼 보이길 필사적으로 원한다. 그래서 베블런의 말대로 과시적 소비와 레저를 추구하고 이걸 SNS에 올려서 자신이 유능하다는 것을 과시한다.

　사람들이 강남, 강남 하는 것도 같은 맥락에서 이해할 수 있다. 강남 아파트에 산다고 하면 부자로, 성공한 사람으로 대우해 준다. 그러니 모두가 강남 아파트를 원하게 되는 것이다. 과시를 통해 존재감을 확인하려는 인간의 본능이 사라지지 않는 한 강남 아파트의 열풍은 사라지지 않을 것이다.

선진국과 이머징마켓 중
어디에 투자해야 할까

폴 로머 Paul Romer (1955~)

뉴욕 대학교 스턴경영대학원 교수다.
2018년 기술혁신이 성장을 촉진한다는 경제성장론으로 노벨 경제학상을 수상했다.

———

요즘은 해외 주식에도 많이 투자한다. 선진국과 이머징마켓 중 어디에 투자하는 게 좋을까?

워런 버핏은 이렇게 말했다. "나는 미국 주식에 대부분 투자할 것이다. 미국 주식이 가장 좋다."

나는 개발도상국이 투자수익률이 높을 것으로 생각했기 때문에 워런 버핏의 주장이 이해가 되지 않았다. 왜 그런지 설명이 없으니 항상 그 이유가 궁금했다. 내 생각에는 한국이 한국전쟁 이후 폐허에서 세계 11위 국가로 성장했듯이 다른 개발도상국도 경제를 개방하고 자본을 유치하면 싼 노동력과 결합하여 선진국보다 더 빠른 경제성장을 보일 것이라고 생각했다. 이런 생각은 나뿐만 아니라 많은 경제학자들의 주장이기도 했다. 개발도상국이 더 빠르게 경제성장을 할 수 있기에 주가도 더 빠르게 오를 것이란 기대를 가지고 있었기에 워런 버핏의 발언이 나로선 좀 의아했다.

영원한 성장의 기반을 만드는 것은 기술이다

오랜 의문을 풀어준 것은 바로 2018년도 노벨 경제학상을 받은 폴 로머 교수였다. 그는 경제성장에서 가장 중요한 요소는 기술이며, 선진국은 기술을 개발해서 경제성장을 계속하기에 선두를 계속 유지할 수 있다고 주장했다.

폴 로머는 오랫동안 수차례 노벨 경제학상 수상 후보로 거론되어 왔지만 노벨상을 타지는 못했다. 폴 로머는 기다리다 지쳐서인지 더 이상 노벨상을 추구하지 않기로 결심했다고 밝힌 바 있다. 그런데 2018년 어느 날 새벽 전화벨이 울렸다. 두 번이나 울렸지만 그는 받지 않았다. 스팸 전화로 간주했기 때문이다. 나중에 알고 보니 스웨덴에서 노벨 경제학상 수상 사실을 알려 주기 위해 전화한 것이었다.

나중에 통화하게 된 로머 교수는 스웨덴 왕립과학원 노벨위원회로부터 "노벨상을 받으시겠습니까?"라는 질문을 받았을 때 주저 없이 "예, 받을 겁니다"라고 대답했다고 웃으며 고백했다. 마침내 그가 원하던 상을 받게 된 것이다.

폴 로머는 '내생적 성장 이론(Endogenous Growth Theory)'으로 기술의 영향력을 정립한 공로로 노벨 경제학상을 수상했다. 폴 로머 이전의 경제학자들도 기술이 성장에 큰 기여를 한다는 것을 알았다. 그렇지만 기술이란 한 국가가 자기 마음대로 더 투입할 수 있는 생산요소가 아니라고 잘못 생각했다. 기술 진보란 과학 발전에 따라서 정해지지 기업 경영자나 국가가 어떻게 조절할 수 없는 외부에서 주어진 환경 같은 것으로 받아들였다. 즉 기술을 외생변수로 본 것이다. 이런 가정 아래서 기술은 통제할 수 없는 변수이고 주어진 것이니 국가의 경제성장은 투입되는 노동력과 자본량에 따라서 결정된다. 더 많은 노동력을 투입하고 더 많은 자본을 투입할수록 생산량은 늘어난다는 것이다.

이 이론에 따르면 노동력이 싼 후진국에 선진국의 자금이 더 많이 투입되어서 후진국의 경제성장률을 끌어올리면 시간이 지나갈수록 선진국과 후진국의 격차는 줄어들게 된다. 이런 주장이 로버트 솔로 교수의 경제성장 이론이고 그동안 경제학계가 받아들인 이론이다.

나도 그렇게 생각했다. 개발도상국에 주식 투자를 하면 주가 변동성이 선진국보다는 크겠지만 길게 보면 선진국 증시보다 더 많이 오를 것이란 기대를 하고 있었다. 그러나 이러한 나의 생각이 틀렸다. 일례로, 최근에 이머징마켓의 주식을 대변하는 주가지수를 보면 2007년 이후보다 오히려 더 하락했다. 10년이나 지났지만 이머징마켓 주식은 아직도 2007년도 고점을 회복하지 못한 것이다. 우리나라 증시도 거의 오른 게 없이 지난 10년간 지지부진했다. 그런데 미국 주가는 2007년도 고점을 넘어섰을 뿐 아니라 고점 대비 2배 가까이 올랐다. 다른 선진국 증시도 지난 10년간 다 올랐다. 버핏이 옳았고 나는 틀렸다.

다시 폴 로머의 내생적 성장 이론으로 돌아가서 말해보자. 기술은 내생변수이고 경제주체가 통제할 수 있는 변수이며 이 기술을 잘 개발하면 계속 성장할 수 있다는 것이 바로 내생적 성장 이론이다.

로머는 경제성장에 가장 중요한 것은 노동이나 자본이 아니라 기술이라고 했다. 이 기술 진보 덕분에 선진국은 계속 선진국 자리를 지킬 수 있고 교육 수준이 떨어지는 후진국은 기술 개발이나 흡수가 안 돼서 선진국을 따라잡을 수 없다는 것이다. 게다가 기술은 수확체감의법칙을 탈피하고 오히려 수확체증의법칙을 따르기에 기술이 결국 경제성장에 가장 큰 영향력을 주는 중요한 요소라는 것이다.[1]

특히나 우리 사회가 지식 정보화사회로 이행됨에 따라서 경제성장에서 지식과 기술의 중요성이 점점 더 높아지고 있다. 폴 로머의 내생적 성장 이론은 오늘날 세계경제의 현실을 더 잘 설명한다.

---

1) 수확체감의법칙(Diminishing Returns of Scale)은 예를 들자면 논에 노동력을 더 투입해도 쌀의 수확 증가량이 점차 줄어드는 것을 말한다. 수확체증의법칙(Increasing Returns to Scale)은 지식 같은 것을 공유하면 할수록 더 생산량이 늘어나는 것을 말한다.

지식과 기술이 많아지면 부는 폭발적으로 커진다

폴 로머의 내생적 성장 이론이 의미하는 바는 무엇인가? 부는 지식과 기술에서 나온다는 것이다. 특히 폴 로머는 지식이나 기술은 한계생산 체감이 아니라 한계생산 체증한다는 점을 강조했다. 부를 만드는 다른 요소인 자본이나 노동의 경우는 투입량이 늘어날수록 부가 늘어나는 증가율은 떨어지지만, 지식이나 기술의 경우는 반대로 투입량이 늘어날수록 부가 급속히 늘어난다는 것이다.

왜 그럴까? 지식이나 기술은 비경합성을 띠고 있기 때문이다. 예를 들어, 자동차와 냉장고는 누군가가 사용한다면 다른 사람이 사용할 수 있는 수량이 줄어든다. 그러나 지식이나 기술의 경우는 아무리 많은 사람들이 사용한다고 해도 줄어들지 않는다. 그래서 기술과 지식은 더 많이 공유할수록 부가 더 많이 늘어난다.

게다가 기술이 4개가 있다고 가정하면 4개의 기술로 만들어지는 조합의 경우의 수는 $4 \times 3 \times 2 \times 1$, 즉 24가지다. 그러나 기술이 6개가 있다면 이 6개의 기술로 만들어지는 조합의 수는 720개가 된다. 이런 식으로 기술이나 지식이 늘어날수록 폭발적으로 새로운 지식이나 기술이 늘어난다. 그래서 수확체증의법칙이 적용된다는 것이다. 이것은 역사가 증명한다. 전 세계의 부는 최근 150년 사이에 대부분 이루어졌다고 한다. 지식과 기술이 폭발적으로 늘어난 것이 최근 150년 동안의 일이기 때문이다.

폴 로머에 따르면, 부는 지식과 기술에서 생겨나기 때문에 기술

과 지식이 발전한 선진국이 후진국보다 성장에 유리하다. 해외 투자
를 고려한다면 고민의 여지없이 미국 주식시장을 두드리면 된다는
얘기다.

20대 80의 법칙을
투자에 활용하는 방법

빌프레도 파레토 Vilfredo Pareto (1848~1923)
이탈리아의 경제학자이자 사회학자로 '파레토최적' 사고방식을 도입했으며.
'파레토의 법칙'이라 하는 소득분포의 불평등도를 나타내는 경험적인 경제법칙을 도출했다.

상위 20퍼센트가 전 세계 부의 80퍼센트를 가진다는 '20대 80의 법칙'이 있다. 20대 80의 법칙을 알아낸 빌프레도 파레토는 이탈리아 경제학자다. 그는 파리에서 태어났는데, 아버지는 이탈리아 후작이었고 어머니는 프랑스인이었다.

그는 토리노 대학에서 공학박사를 취득한 뒤 젊은 나이에 이탈리아 철강 회사의 총지배인이 되었다. 단순한 기업 경영을 넘어서 경제학 연구를 하게 된 그는 나중에 경제학자 발라의 후계자로 로잔 대학의 경제학 교수가 되었다.

파레토최적을 받아들일 수 있을까

사람들은 파레토를 '부르주아의 마르크스'라고 불렀다. 마르크스가 부르주아를 경멸하고 혐오했듯 파레토는 사회주의를 똑같이 경멸하고 혐오했기 때문이다. 파레토는 엘리트주의자였다. 파레토가 부르주아의 마르크스로 불린 또 다른 이유는 마르크스나 사회주의자들이 주장하는 혁명이나 고상한 이념으로는 결코 사회 전체의 복지나 후생을 증진시키지 못한다는 것을 그가 수학으로 증명했기 때문이다. 이것이 그 유명한 '파레토최적(Pareto optimum)'이다.

사회주의혁명이 사회 전체의 복지를 증진시키기 위한 것이라면 사회주의혁명은 사회 후생의 총량을 늘린다는 것을 증명해야 한다. 그러나 파레토최적에 따르면 그것은 불가능하다. 예를 들어 사회주의자들의 주장대로 부자의 재산을 빼앗아서 100명의 가난한 자에게 나누어 준다고 하자. 부자의 후생은 감소하고 재산을 나누어 받은 100명의 후생은 늘어난다.

감소한 부자의 후생과 100명의 늘어난 후생 중에 어느 것이 큰가? 사회주의자들은 후자가 크다고 주장한다. 그러나 파레토는 어느 쪽이 크다고 말할 수 없다고 한다. 왜냐하면 후생이란 효용이며 주관적인 만족도인데, 감소된 부자의 효용과 증가된 가난한 사람의 효용을 비교하는 것은 불가능하기 때문이다. 효용의 법칙상 그렇다고 한다.

파레토 관점에서는 소수가 돈을 아주 많이 벌고 다수는 조금 벌거나 아예 못 번다고 해도 손해만 보지 않는다면 세상이 더 나아졌다고 본다. 손해를 보는 사람이 없이 사회 전체적으로 효용이 늘어났기 때문이다. 파레토의 주장은 부자들이 좋아하는 이론이지만 평등한 세상을 꿈꾸는 진보주의자들은 파레토최적을 혐오한다. 파레토최적은 수학적, 논리적으로 반박할 수는 없지만 우리의 감성이 받아들이기란 쉽지 않다.

오늘날 사람들은 파레토최적보다는 '20대 80의 법칙'이라 불리는 파레토의 법칙에 더 익숙하다. 파레토는 20대 80의 법칙을 어떻게 알아냈을까? 19세기 영국인의 재산 분포를 조사해 보니 상위 20퍼센트가 전체 부의 80퍼센트를 차지하고 있다는 사실을 알게 되었다. 파레토는 재산의 분포도가 시대와 나라와 상관없이 어디서나 99퍼센트 이런 분포를 가지고 있다는 걸 발견했다. 왜 20대 80의 비율일까? 이유는 알 수 없지만 그냥 현실이 그렇다는 것이다. 이 같은 사실을 20대 80의 법칙이라고 이름 붙인 것은 파레토가 아니고 후대 사람들이다.

세상은 20대 80의 법칙대로 흘러간다

그렇다면 우리가 사는 세상에도 20대 80의 법칙이 적용될까? 정말로 세상이 20대 80의 법칙으로 움직이고 있다고 주장하는 사람들이 있다.

1997년 한스 페터 마르틴과 하랄트 슈만이 쓴 『세계화의 덫*Die*

globalisierungsfalle』에 의하면, 세계화가 진행됨에 따라서 나라 간 무역 장벽과 관세 벽이 사라진다. 기업들은 더 값싼 노동력을 찾아서 해외로 공장을 이전한다. 다국적기업은 인건비가 싼 지역을 찾아서 공장을 옮길 뿐만 아니라 세금을 줄이기 위해서 비과세 지역으로 본사까지 옮긴다. 세계화 때문에 국내 노동자는 해외에 있는 중국과 인도 노동자와 인건비 경쟁을 해야 한다.

세계화 덕분에 국경 장벽과 관세율이 낮아짐에 따라 소비자들도 해외직구를 통해서 해외기업의 물건을 집에서 사들인다. 이제 글로벌 1등 제품만 살아남는 사회로 변화되고 있다.

세계화 때문에 정부의 시장에 대한 통제력은 점점 사라진다. 혁신과 자동화로 경제가 성장해도 고용이 없다. 고용 없는 성장이 이루어지고 있다. 국내의 중산층은 일자리가 사라지고 있다. 임금도 겨우 먹고살 정도로만 받을 수 있게 되었다.

『세계화의 덫』은 세계화로 인해서 전 세계 인구 중 20퍼센트만이 좋은 일자리를 가지고 안정적인 생활을 유지할 수 있고, 나머지 80퍼센트는 사실상 그냥 숨만 쉬고 사는 세상이 될 거라고 주장한다. 전체 인구 중 20퍼센트만 일해도 경제가 돌아가는 데 아무런 문제가 없다는 것이다. 그래서 세상은 20퍼센트의 부유층과 80퍼센트의 빈곤층으로 양분된다고 주장한다.

제러미 리프킨(Jeremy Rifkin)은 『노동의 종말*The End of Work*』을 통해 기계가 노동자를 대체하는 블루칼라의 종말에 대해 이야기한다. 자동차, 철강, 광업, 화학, 전자 산업, 섬유산업 등 모든 산업 분야에서 이미 기계가 인간의 노동력을 대체하고 있다. 해가 갈수록 공장 노동자의 숫자는 줄어들고 있다. 특히 로봇은 자동차 조립라인에서 인간 노동자를 아주 효율적으로 대체하고 있다.

21세기 중반에는 블루칼라가 사라질 것이라고 한다. 서비스업에 종사하는 노동자는 제조업 노동자의 감소를 대체해 왔다. 그러나 컴퓨터와 정보혁명으로 사무직 노동자도 줄어들게 될 것이다.

결국 신기술의 발달로 중산층은 사라지고 부자와 빈곤층이 늘어날 것이라는 전망이다. 사회가 양극화되는 것이다. 주주들은 신기술과 생산성 향상으로 큰 이익을 보았지만 그 혜택이 보통의 노동자에게는 흘러 들어가지 못한다. 노동자는 자동화된 설비 때문에 일자리가 사라지거나 불안정해져 간다. 많은 노동자가 더 이상 풀타임 일자리와 장기적인 직업 안정을 얻을 수 없게 될 것이라고 한다.

이런 20대 80의 법칙은 대부분의 사람을 불편하게 한다. 세상을 너무나 불평등하게 만들기 때문이다. 하지만 우리가 좋아하든 말든 상관없이 세상은 이런 방향으로 흘러가고 있다.

부동산 투자자라면 어떻게 대응해야 하나

부동산도 양극화가 심화될 것이다. 아파트는 거주민의 소득수준에 따라서 가격이 결정된다. 그런데 거주민의 소득이 양극화되고 있으니, 상위 20퍼센트가 거주하는 지역의 아파트 시세는 앞으로 계속 오를 것이 분명하다.

부동산 투자자라면 양극화의 흐름에 편승하는 게 유리하다. 『도시는 왜 불평등한가』라는 책에서도 미국의 경우 슈퍼스타 도시가 가격 상승을 주도하고 있고, 슈퍼스타 도시 내에서도 부동산의 양극화 현상이 벌어지고 있다고 한다. 전 세계적으로 이러한 현상이 일어나고 있는 추세니, 부동산에 투자하려면 지방이나 변두리에 투자하는 것보다는 부자들이 사는 중심지에 투자하는 게 유리하다.

양극화는 통계조사에서도 나타나고 있다. 국민은행의 통계자료를 이용한 아파트 가격 상승률을 보자. 아파트를 가격 기준으로 5등급으로 나누어서 3년 동안(2015년 10월~2018년 10월) 상승률을 조사했다. 결과는 가격이 가장 비싼 상위 1등급 아파트는 35퍼센트 오른 데 반해 가격이 가장 낮은 5등급 아파트는 1.47퍼센트 상승에 그치고 말았다. 3년 전 제일 비싼 등급의 아파트를 구입한 투자자는 1억 8000만 원의 시세 차익이 발생했으나 가장 싼 5등급의 아파트는 시세차익이 167만 원에 불과했다.

2018년 11월 〈조선일보〉에 서울 지역 내 집값 양극화를 다룬 기사가 실린 적이 있다. "집값 양극화 까 보니…… 서울 뛸 때 강남 날았다"는 타이틀이다. 서울이 전체적으로 가장 많이 올랐지만 서울 내에서도 양극화 현상이 심해져서 강남과 비강남 지역의 격차가 더 커졌다는 기사다.

"집값 양극화는 도대체 얼마나 벌어진 것일까"는 지난 2016년 4월과 2018년 9월을 비교하는 방식으로 진행됐다. 서울 부동산 시장에서도 양극화가 크게 심화된 것으로 나타났다. 집값이 가장 비싼 강남구를 기준으로 보면 서울 25개 자치구 중 무려 20곳이 강남과 가격 차이가 더 벌어졌다. 일부 자치구의 경우 강남구 대비 아파트 매매가격이 20퍼센트대로 떨어졌다.

과거처럼 부동산 가격 상승이 순환하기에 격차가 줄어들 것이라고 생각하는 사람도 있다. 그런데 점점 사회가 양극화되어 가는 경향이 있기 때문에 어느 정도 순환적인 가격 상승은 있을 테지만 예전만큼 가격 차이를 메우지는 못할 것이다. 과거처럼 가격이 덜 오른 변두리 지역을 사 두면 시간이 지나서 격차가 메워질 것이라는 기대는 앞으로 달라질 가능성이 높다.

문제는 그렇게 비싼 곳이 좋다는 건 알지만 돈이 없어서 그곳에 투자할 수 없다는 것이다. 그렇다고 손 놓고 앉아 있을 수는 없다. 돈 없는 사람도 투자는 해야 한다. 바로 부자 동네 인근을 노리면 된다. 가난해도 부자의 줄에 서라는 것이다.

성남 재개발 지구 같은 경우, 강남이나 분당처럼 될 순 없지만 부자 동네에 둘러싸여 있기 때문에 떡고물이 떨어질 수 있다. 실제로 산성 포레스티아 공급면적 112제곱미터(구 34평형)가 9억 원을 돌파했다는 뉴스가 있었다. 철거민 동네인 구성남 시가지에서 이런 비싼 가격대가 어떻게 나올 수 있었겠는가? 부자 동네 인근이기 때문에 가능한 이야기다.

나는 전부터 일산과 분당 중 어디가 나을 것인지 묻는 사람에게 분당으로 가라고 추천하곤 했다. 부자 동네인 강남과 가깝기 때문이다. 지금은 결과가 너무나 분명해져서 이런 걸 묻는 사람도 없다. 부동산 투자의 원리는 부자 동네랑 얼마나 가까운가에 있다. 인간은 자기가 살던 곳에서 멀리 이사 가기 싫어하는 '영토 본능'을 갖고 있기 때문이다.

주식 투자자라면 어떻게 대응해야 하나

주식 투자를 해보면 경험상 몇몇 종목에서 대박이 나서 전체 수익률을 결정한다는 걸 알게 된다. 20퍼센트에 해당되는 소수의 종목에서 전체 투자 수익의 80퍼센트를 얻고, 반면에 80퍼센트에 해당되는 종목에서는 전체 투자 수익의 20퍼센트만을 얻는다.

그러면 어떻게 투자해야 하나? 5종목 정도로 분산투자하고 그중에서 수익이 난 종목의 경우는 추세가 꺾일 때까지 지속적으로 보유해야 한다. 상승 추세가 진행 중인데 서둘러서 매도해 버리면 큰 수익을 얻지 못한다.

주식 투자에서 큰돈을 번 사람들 대부분은 소수의 종목에서 대박이 났다. 투자하는 종목 모두에서 수익률이 높았던 것은 아니다. 피터 린치 역시도 이런 주장을 했다. 그는 "꽃을 꺾고 잡초에 물을 주는 어리석은 행동을 하지 말라"고 조언했다.

지금까지 내용을 요약하면, 빌프레도 파레토는 '파레토최적'을 통해서 강제적 소득재분배로는 결코 사회 전체의 효용을 증진시키지 못한다는 것을 증명했다. 사회주의혁명으로 사회 전체의 효용을 올릴 수 없고, 사회 전체의 효용을 올릴 수 있는 방법은 오직 자유시장경제를 통해서만 가능하다고 말했다. 또 파레토는 세상의 부는 20대 80의 법칙, 상위 20퍼센트가 전체 부의 80퍼센트를 가지는 것에 따르며 이는 어느 사회, 어느 시대에나 다를 바 없다고 주장했다.

20대 80의 법칙을 활용한다면 상위 20퍼센트 부자들이 거주하는 지역의 부동산에 투자하는 것이 수익률 면에서 유리하다. 실제로 국내 지역별 부동산 투자수익률을 비교한 통계에서도 이 사실은 확인되었다. 주식 투자자라면 분산투자 후에 소수 상승세 종목의 수익률을 극대화해야 큰돈을 벌 수 있다. 전체 종목의 20퍼센트가 전체 수익률의 80퍼센트를 결정하기 때문이다.

노벨상 수상자를 파산시킨 블랙 스완은 무엇인가

노벨 경제학상을 동시에 수상한 마이런 숄스(Myron Scholes)와 로버트 머튼(Robert Merton)은 자산 운용 회사를 함께 만들었다가 파산했다.

마이런 숄스는 작고한 동료인 피셔 블랙과 함께 옵션 가격 평가 모델인 블랙·숄스 모형을 만들었고, 로버트 머튼은 주식 옵션 평가 모형을 발전시켰다. 두 사람 모두 그 공로로 노벨 경제학상을 받은 전문가다. 세상에서 가장 똑똑한 두 명이 자신의 전공 분야에서 실패한 것이다. 왜 실패했을까? 우리는 여기에서 어떤 교훈을 얻을 수 있는가?

무위험 거래가 파산으로 결말을 맺은 이유

두 노벨 경제학상 수상자가 어떻게 파산했는지 간략하게 살펴보자. 1994년에 월스트리트에서 아주 잘나가는 채권 중개 회사 사장이던 존 메리 웨더는 노벨 경제학상 수상자인 숄스와 머튼과 손을 잡고 자산 운용 회사를 만들었다. 이들이 세운 회사가 바로 롱텀캐피털이다. 숄스와 머튼은 노벨 경제학상을 받은 경제학자이고 존 메리 웨더는 월스트리트에서 가장 잘나가는 금융 전문가였다. 이들이 손잡은 것 자체가 화제였다.

이들의 투자 방식은 최첨단 금융거래인 차익 거래였다. 차익 거래가 뭔지 모르는 분을 위해서 간단히 설명해보자. 한 상품이 있고 이 상품과 연계된 파생 상품이 있다고 하자. 이 상품과 파생 상품 사이에는 항상 이론적인 갭이 있는데, 시장이 출렁거림에 따라서 갭이 이론적 차이보다 더 벌어지면 사고 다시 이론적 갭 수준으로 차이가 줄어들면 팔아서 이익을 취하는 것이다.

이게 무위험 차익 거래다. 위험 없이 차익을 얻는 것이다. 그런데 그 차익이란 게 너무 작다. 그래서 돈을 차입해서 운용 규모를 늘려 수익 규모를 키운다. 굉장히 안정적인 수익을 취할 수 있지만 수익이 적다는 단점을 커버하기 위해서 레버리지를 수십 배로 늘려서 투자해야 한다.

롱텀캐피털이 활동하던 당시 아시아의 외환 위기로 개발도상국인 러시아 채권은 많이 하락했고 반대로 미국의 채권은 상대적으로 비쌌다. 롱텀캐피털은 이 불균형이 시간이 지나면 정상화될 것으로 판단했다. 그래서 러시아 채권을 사고 미국 채권을 팔았다(공매도했다). 두 채권의 가격 차이가 정상적으로 회복되면 돈을 버는 거래였다.

이 거래는 두 노벨 경제학상 수상자가 확률적으로 계산한 바에 의하면 무위험 거래였다. 그런데 아시아 외환 위기로 석유 수요가 줄어들자 러시아가 돈을 못 갚겠다고 모라토리엄을 선언해 버린 것이다. 러시아가 발행한 채권은 3개월간 지급유예가 되었다. 러시아 채권에 엄청난 투자를 한 롱텀캐피털은 '물린' 것이다.

롱텀캐피털은 국채는 위험이 없는 안전한 자산이라고 여겼는데 러시아가 모라토리엄을 선언하자 러시아 채권은 더 하락하고 미국 채권은 더 올랐다. 이렇게 되자 롱텀캐피털은 막다른 골목에 처하게 되었다. 한편 피 냄새를 맡은 헤지펀드는 반대의 포지션을 취하여 롱텀캐피털을 공격하게 되었고 마침내 롱텀캐피털은 파산하고 말았다.

블랙 스완에 배팅해서 돈을 버는 방법

롱텀캐피털이 무엇을 잘못했을까? 숄스가 만든 수익 모델에 따른 수학적 확률로는 이 거래에서 롱텀캐피털이 파산할 확률은 제로에 가까웠다. 그들이 계산한 확률로만 따지면 지구 탄생 이후 지금까지 흐른 시간의 2배 기간 동안에도 파산할 수 없는 확률이었다고 한다.

그런데도 파산이 현실적으로 일어났다. 왜 그럴까? 왜 그랬을까?

옵션 평가 모형에서 위험은 정규분포상의 분산으로 측정한다. 종 모양의 정규분포곡선을 생각해 보라. 정규분포곡선은 가운데로 몰려 있고 양끝은 얇다. 정규분포상 양끝은 극단적인 현상이 나타날 확률인데 이 확률은 매우 낮다.

옵션 평가 모형은 정규분포를 가정하여 확률을 계산한다. 그런데 실제로 현실 세계에서 관찰된 사건 발생 빈도는 정규분포와 다른 확률분포를 보인다. 현실 세계의 실제 분포는 양끝 꼬리가 정규분포보다 풍뚱하다. 주가의 변동 폭을 관찰해 보면 그렇다. 즉 극단적인 사건이 정규분포를 가정해서 계산한 수학적 확률보다 실제로는 더 자주 많이 발생한다는 것이다. 그래서 롱텀캐피털이 파산한 것이다.

이 점을 주목해서 책을 쓴 사람이 나심 탈레브(Nassim Nicholas Taleb)이고, 그 책이 『블랙 스완*The Black Swan*』이다. 스완(백조)은 모두 흰 백조만 있는 걸로 알고 있는데 어느 날 호수에서 블랙 스완(검은 백조)이 발견된 것이다. 이처럼 희귀하고 잘 나타나지 않는 현상을 블랙 스완이라고 한다.

나심 탈레브는 블랙 스완에 배팅하여 돈을 벌었다고 한다. 그의 주장은 확률적으로 발생할 것 같지 않은 일이 우리의 수학적 계산보다 더 자주 발생한다는 것이다. 그는 아주 극단적인 옵션을 매수했다. 이것은 매달 복권을 사는 것과 같다. 매달 꽝으로 손해를 보다가 블랙 스완이 터지면 엄청나게 큰돈을 벌게 되는 것이다. 매달 조금씩 피를 흘리다가 어느 날 복권에 당첨되면 큰돈을 벌 수 있다는 것이다. 탈레브는 실제로 그렇게 해서 큰돈을 벌었다고 한다.

리스크는 수학적 확률보다 더 크다

롱텀캐피털 사건에서 배우는 투자 아이디어는 무엇인가? 우리가 자산 시장을 이해하기 위해서 사용하는 모델은 표준 모델인데 표준 모델은 실제 주식시장이나 부동산 시장의 모습을 정확히 반영하지 못한다. 표준 모델의 수학적 확률로 계산한 빈도보다 더 자주 블랙스완이 나타난다는 것이다. 그래서 우리는 항상 최악의 사태에 대비해야 한다.

예를 들어보자. 내가 아는 사람이 투자자문사의 사장으로 간다고 했다. 그 투자자문사는 옵션을 매도하여 돈을 번다고 했다. 쉽게 말하자면 아주 양극단의 발생 가능성이 매우 낮은 옵션을 매도하여 돈을 버는 회사다. 고객 돈을 받아서 행사 가능성이 매우 낮은 옵션을 매도해서 돈을 버는 회사인데, 쉽게 설명하자면 당첨 확률이 낮은 복권을 발행해서 파는 회사라고 보면 된다.

나는 그에게 충고했다. 절대로 그 회사 사장으로 가지 말라고 말이다. 언젠가 금융 지진이 날 것이고 그러면 그 투자자문사는 파산하게 된다고 말렸다. 금융 지진은 예고 없이 찾아온다. 푼돈을 벌다가 한 방에 날아간다. 실제로 그 자문 회사는 금융 지진이 발생했을 때 결국 파산했다.

또 옵션 평가 모델이 발생 확률을 과소평가하는 약점을 이용하여 돈을 버는 후배도 있었다. 컴퓨터로 극단적인 가격의 옵션 가격에 매수 포지션을 걸어 놓는다. 시장이 정상적일 때는 매수 주문이 체결이 되지 않는다. 그러나 시장이 급변동하거나 누군가의 실수로 순간적으로 극단적인 가격대의 주문이 체결되는 경우가 있다. 이는 마치 길거리의 떨어진 동전을 줍는 것과 같은 방식으로 돈을 버는 것이다. 이 후배는 아침에 출근해서 주문만 걸어 놓고 하루 종일 딴짓을 하면서 누군가 주문에 걸려들기를 기다리기만 한다고 한다. 제법 짭짤한 수익을 얻을 수 있다는 것이다.

블랙 스완의 교훈은 무엇인가? 금융 상품의 실제 리스크는 수학적으로 계산한 확률보다 더 크다. 그러니 리스크 대비는 아무리 강조해도 지나치지 않다.

돈 벌고 싶다면
혁신 기업에 투자하라

조지프 슘페터 Joseph Alois Schumpeter (1883~1950)
오스트리아의 재무 장관으로 제1차 세계대전 후 재정난 수습에 힘썼으며,
비더만 은행 총재, 본 대학교 교수 역임 후 나치의 압박을 피하여 미국으로 망명한 뒤
하버드 대학교에서 강의했다.

요즘 전 세계 경제학자들과 지식인들 사이에서 가장 각광 받는 경제학자는 애덤 스미스도 케인스도 아니고 슘페터다. 4차 산업혁명 시대에는 무엇보다 혁신이 중요한데 혁신을 강조한 경제학자이기 때문이다.

창조적 혁신이 경제성장을 창출한다

혁신이란 무엇인가? 슘페터는 혁신에 대해서 이렇게 말했다. "마차를 단순히 연결한다고 기차가 되지 않는다." 즉 기존의 패러다임이나 전통을 뛰어넘는 창조적인 게 있어야 한다는 말이다. 일론 머스크의 전기 차, 스티브 잡스의 아이폰 같은 상품이 좋은 예다. 이런 창조적 혁신이 나타나면 자본주의 경제는 계속 성장하고 발전한다.

이런 혁신은 누가 주도하는가? 슘페터는 사업가가 아닌 기업가라고 말했다. 사업가는 그냥 남들 하는 대로 공장 돌리고 돈 버는 사람이지만 기업가라 하면 혁신을 통해서 새로운 제품, 새로운 제조 방법, 새로운 시장, 새로운 경영 방법으로 새로운 이익을 창출하는 사람을 말한다.

세상이 발전할수록 단순노동이 이익 기여도에서 차지하는 비중은 점차 낮아진다. 천재 1명이 1만 명을 먹여 살리는 시대가 온 것이다. 4차 산업혁명의 시대에는 기업가의 혁신이 점점 더 중요해진다.

슘페터는 기업가가 혁신을 추구하게 되는 데는 동기가 있다고 했다. 기업가는 자기만의 왕국을 만들고 새로운 걸 창조하는 기쁨 그리고 성공을 통해서 인정받고 싶은 욕구 때문에 혁신을 한다고 했다. 즉, 기업가가 열심히 혁신을 할 수 있게 만들려면 기업가들이 혁신을 통해서 얻은 이익을 모두 향유하고 또 성공을 인정받을 수 있는 사회 분위기를 만들어 줘야 한다.

자본주의의 몰락을 예언한 천재 경제학자

슘페터는 오스트리아 태생의 경제학자다. 나치를 피해서 미국으로 이민을 가서 하버드 대학교 경제학 교수가 되었다. 슘페터는 중학생 때 6개 국어를 할 줄 아는 천재였다. 그의 저작 대부분이 불과 30살에 저술한 것이라고 하니 정말 천재 중에 천재였던 게 분명하다.

슘페터는 한때 이집트 공주의 재정 고문으로 활약하며 재산을 2배로 불려 주고 부동산 세금은 반으로 줄였다는 일화로 유명하다.

슘페터는 세 사람에게서 영향을 받았다고 한다. 프랜시스 골턴, 멜록, 니체가 그들이다. 골턴은 "천재와 바보는 타고나는 것이지 만들어지는 것이 아니다"라고 주장했다. 멜록은 "사회의 진보와 발전은 소수의 엘리트에 의해서"라고 주장한 사람인데, 슘페터는 멜록의 열렬한 숭배자였다고 한다. 니체는『도덕의 계보』에서 "열등한 다수의 무리가 성공한 소수에 대해서 원한과 분개를 가지며 그것이 노예의 도덕으로 나타난다"고 했다.

이 세 사람의 영향을 받은 슘페터는 역사와 세상을 이끌어 나가는 사람은 소수의 엘리트라고 믿는 엘리트주의자였다. 그는 품위 있는 매너와 귀족 같은 정장으로 유명했다. 매일 수제 맞춤 정장을 차려입고 외출 준비를 하는 데 2시간이나 걸렸다고 한다.

슘페터는 자본주의는 역사의 뒤안길로 조용히 사라질 것이라고 예언했다. 의사가 환자의 죽음을 결코 바라진 않지만 환자의 죽음을 선고하듯이 슘페터는 세상을 풍요롭게 만든 자본주의는 종말을 고하고 사회주의 시대가 올 것이라고 예언했다.

슘페터는 사회주의는 세상을 풍요롭게 만들 어떤 근거도 증거도 없으며 기대할 수 없는 불량품이라고 보았다. 그럼에도 불구하고 그는 자본주의는 서서히 쇠퇴하고 사회주의가 득세할 것이라고 단언했다.

마르크스와 슘페터의 가장 큰 차이점

마르크스와 슘페터는 둘 다 자본주의가 망할 것이라고 예언했다는 점에서 공통적이다. 마르크스는 프롤레타리아의 빈곤과 비참함이 혁명으로 이어져 자본주의가 망할 것이라고 예언한 반면 슘페터는 전혀 다른 이유로 자본주의의 몰락을 예언했다.

다른 몇 가지 이유가 더 있지만 여기서는 한 가지만 짚고 넘어가자. 슘페터에 따르면, 자본주의 시스템은 우리 모두를 잘살고 풍요롭게 만드는 기적 같은 시스템이라고 했다. 자본주의 시스템이 성공적인 이유를 슘페터는 이렇게 말했다.

"자본주의 시스템은 기업가가 성공했을 땐 어마어마한 부란 상을 주고 실패했을 땐 무시무시한 참담함과 파산의 고통을 준다. 자본주의 시스템은 큰 보상 때문에 재능 많은 사람들이 앞다투어 뛰어들어서 성공을 위해 노력하게 만드는 시스템이다."

자본주의 시스템 아래서는 기업가가 한때 성공했다고 해도 또 다른 혁신이 일어나면 통째로 판도가 바뀌어서 몰락할 수 있기에 기업가가 방심하지 않고 끊임없이 노력하도록 만든다. 이런 자본주의 시스템에서 주인공은 기업가이며, 소수의 엘리트 기업가들이 사회 전체를 끌고 간다고 보았다.

슈페터는 이렇게 장점이 많은 자본주의가 왜 역사에서 사라진다고 보았을까? 자본주의 시스템 아래서 양말 공장은 여왕만 양말을 사 신을 수 있게 만든 게 아니고 양말 공장의 직공도 양말을 사 신을 수 있게 물질적으로 풍요롭게 만드는 시스템이라고 했다. 자본주의 시스템은 모두를 물질적으로 풍요롭게 만든다. 프롤레타리아조차도 물질적으로 풍요롭게 만든다.

그런데도 왜 망한다는 것일까? 자본주의 시스템에서 소수의 성공한 사람은 다수의 대중에게 물질적인 궁핍함이 아닌 심리적인 상대적 박탈감을 주고, 다수의 뒤처진 대중은 소수의 성공한 자에 대해서 질투심, 원한 그리고 분개심을 가지게 된다고 보았기 때문이다.

특히 시장경제에 대한 현장 경험도 없고, 사업에 대한 직접적인 지식도 전혀 없이 오직 글과 말로만 먹고 사는 좌파 지식인들이 뒤처지고 낙오한 대중을 선동할 것이라고 주장했다. 자본주의 시스템이 낳은 불평등과 격차만 들이밀어 보여주고, 이를 해결할 수 있는 유일한 방법은 분배와 자본주의 시스템의 전복뿐이라고 하면서 말이다. 좌파 지식인들이 그렇게 비판에 앞장서고 선동하는 이유는 비판과 선동만이 그들의 존재 가치와 영향력을 강화할 수 있는 유일한 방법이기 때문이라고 설명했다.

이러한 사회 풍토 속에서 자본주의 시스템의 주인공인 기업가는 좌파에게 대항하지 못할 것이고 조용히 사라질 것이라는 게 슘페터 자본주의 몰락 예언의 개요다. 기업가들은 언론의 자유를 중시하기에 좌파의 선동과 비난의 자유도 제한할 수 없다고 믿고 그들과 맞붙어 싸우지 않는다. 또 섣불리 항전을 했다가는 소수의 불리함으로 재산권을 빼앗길 수 있다는 두려움 때문에 투쟁을 포기한다. 1인 1표의 정치제도가 자본주의 시스템의 주인공인 소수의 기업가를 움츠러들게 만든다는 것이다.

슘페터가 가리키는 투자 종목은 무엇인가

최근 10년간 미국 주가를 이끈 주도주는 FANG라는 종목이다. 페이스북(Facebook), 아마존(Amazon), 넷플릭스(Netflix), 구글(Google)의 앞글자를 따서 만든 단어로, 미국 증권시장에서 강세를 보인 IT기업 4개사를 가리킨다.

이 기업들은 모두 기술혁신 기업이란 공통점을 가지고 있다. 주식 투자에서 큰돈을 벌려면 혁신 기업에 투자해야 한다. 주도주는 항상 그 시대정신을 대표하는 종목이었다.

지금 4차 산업혁명이 진행 중에 있다. 4차 산업혁명의 기술을 이용하는 종목 중에서 큰 수익이 나올 가능성이 높다. 4차 산업혁명과 관련 있는 종목은 어떤 기업인가? 인공지능과 사물인터넷, 클라우드 컴퓨팅 빅데이터, 5G 통신 분야의 기업들이다. 이 중에서 유망하고 싼 종목을 고르면 된다.

직관 따위 접어 두고
냉정하게 판단하라

노벨 경제학상 수상자인 대니얼 카너먼은 인간의 생각은 2가지 방식으로 나눌 수 있는데, '빠른 생각'과 '느린 생각'이 그것이라고 말했다. 그는 투자를 잘하려면 느린 생각 방식으로 생각해야 한다고 말한다. 그러나 대부분의 사람은 빠른 생각 방식으로 생각하고 투자하기 때문에 실패한다고 한다.

투자자들은 어떤 생각 방식으로 생각하는가

빠른 생각은 어떤 생각인가? 빠른 생각은 얼굴 사진을 보고 어떤 표정인지 즉시 아는 것과 전화 수화기로 들려오는 몇 마디만 듣고도 상대방의 감정이 어떤지를 알아채는 것 같은 생각 방식이다. 빠른 생각은 반사적이고 직관적이다. 생각하려고 노력하기도 전에 저절로 떠오른다. 빠른 생각은 운전을 하거나 운동을 하거나 걷거나 잡담을 할 때 사용하는 자동화된 생각 방식이다.

느린 생각은 어떤 생각인가? 느린 생각은 34×35와 같은 곱셈을 하는 경우의 생각 방식이다. 느린 생각은 저절로 떠오르지 않고 정신을 집중해야 할 수 있으며 집중력과 에너지가 많이 소비된다. 느린 생각은 이성을 이용한 합리적인 생각 방식이다. 느린 생각은 빠른 생각으로 해결할 수 없는 난관에 부딪혔을 때 사용하는 생각 방식이다.

우리는 생각을 할 때 빠른 생각과 느린 생각 중 어떤 생각을 따르는가? 대부분의 사람은 95퍼센트 비율로 빠른 생각 방식을 사용한다. 단지 5퍼센트만이 느린 생각 방식을 사용한다. 왜 그런가? 느린 생각을 하려면 힘이 들기 때문이다. 집중하고 노력하고 긴장하고 많은 에너지를 필요로 한다. 인간은 시간과 에너지를 적게 사용하는, 즉 효율적으로 사는 걸 좋아하기 때문에 느린 생각보다는 빠른 생각에 의존해서 생각하기를 좋아한다.

빠른 생각 방식은 원시시대에 생존에 유리했다. 맹수를 만난 원시인이 느린 생각을 하다가는 잡아먹히고 말았을 것이다. 그래서 오늘날 인간은 본능적으로 빠른 생각을 하는 삶을 살아간다. 우리 생각의 주도권은 빠른 생각이 가지고 있다.

그렇다면 성공하는 투자자들은 투자를 할 때 어떤 생각 방식으로 생각하는가? 대다수 사람들은 빠른 생각 방식으로 생각하고 투자를 결정한다. 카너먼의 사례를 하나 들어보자.

대형 금융기관의 CIO(최고투자책임자)가 포드 주식을 수천만 달러어치를 매수했다며 자랑하자 카너먼이 이유를 물었다. 그는 모터쇼에 갔다가 강한 인상을 받았기 때문이라고 대답했다. 카너먼은 깜짝 놀랐다. 그는 "카너먼 씨, 당신은 자동차를 어떻게 만드는지 아십니까?"라며 자신의 육감을 믿고 내린 자신의 결정에 만족한다고 말했다. 그는 경제학자라면 당연히 제기했어야 할 한 가지 질문, 즉 "포드 주식은 현재 저평가되어 있는가?"를 전혀 검토하지 않았다는 것에 개의치 않았다. 대신에 그는 자신의 직관이 말하는 소리를 경청했던 것이다. 그는 자동차를 좋아했고, 포드 회사를 좋아했으며, 포드 주식을 보유하는 것 자체를 좋아했다. "주식 선택의 정확성에 대한 지식을 기준으로 본다면, 그는 자신이 무슨 일을 했는지 몰랐다고 믿는 게 합리적이다"라고 카너먼은 지적했다.

'빠른 생각'은 어떻게 잘못된 판단으로 이어지는가

그 CIO가 포드 주식을 매수한 이유는 감정 휴리스틱[1]의 사례다. 포드 주식을 살 때 그는 논리와 심사숙고를 기반으로 하는 느린 생각을 따른 게 아니고, 호불호의 감정에 직접 영향을 받는 빠른 생각 방식을 따랐다는 것이다.

빠른 생각으로 투자를 하면 무엇이 문제인가? 빠른 생각은 잘못된 판단으로 유도하는 각종 편향(bias)에 영향을 받아서 실수하기 쉽다. 그래서 빠른 생각으로 투자하는 투자자는 실패할 가능성이 높을 수밖에 없다.

카너먼은 빠른 생각과 관련된 20개의 편향 사례를 밝혔다. 빠른 생각이 어떻게 틀리는지를 3가지 사례를 통해 살펴보자.

착각 1. 다음의 삼단논법이 논리적으로 타당한가?

1. 모든 장미는 꽃이다.

2. 어떤 꽃은 빨리 시든다.

3. 따라서 어떤 장미는 빨리 시든다.

---

1) 감정 휴리스틱(Affect Heuristic) : 휴리스틱이란 말은 주먹구구, 어림짐작 등의 뜻이다. 즉 휴리스틱은 어떤 문제를 해결하기 위해서 완벽하진 않지만 빠르게 답을 찾을 수 있게 해주는 간편법이라고 할 수 있다. 포드 자동차 주식을 사야 할지 말아야 할지 결정하기 위해서는 포드 주식 가치 평가를 먼저 해야 하는데, 사례의 CIO는 이런 복잡한 계산 대신에 포드 자동차가 좋다는 느낌, 포드 주식을 사는 게 좋을 것이라는 느낌으로 매수 결정을 한 것이다. 계산 대신에 어림짐작으로 판단한 것이다.

삼단논법이 맞는가? 빠른 생각으로 나도 맞다고 생각했다. 그런데 틀렸다. 왜 틀렸나? 빨리 시드는 꽃 중에 장미가 없을 수도 있기 때문이다. 빠른 생각은 이처럼 실수를 하기 쉽다.

착각 2. 미국의 3,141개 카운티를 대상으로 신장암의 발병률을 조사했다. 신장암의 발병률이 가장 낮은 카운티는 인구밀도가 낮은 시골이었고, 전통적인 공화당을 지지하는 주에 속해 있었다. 이 조사 결과로 어떤 결론을 내릴 수 있을까?

아마도 당신은 신장암 발병률이 낮은 이유를 시골에 초점을 맞추었을 수 있다. 시골은 공기가 좋고 신선한 야채를 먹을 수 있어 신장암 발병률이 낮을 것이라고 추측할 수 있다. 이러한 추측은 상당히 그럴듯하다. 나도 그렇게 생각했다.

그러나 과연 정답이 맞을까? 아니다. 신장암 발병률이 가장 높은 카운티도 놀랍게 인구밀도가 낮고 공화당 지지율이 높은 시골이었다. 이번엔 당신은 시골의 가난한 생활이 높은 신장암 발병률에 영향을 준 것이라고 추측하기 쉽다. 그러나 틀렸다.

시골에 신장암 발병률이 낮거나 높은 진짜 원인은 무엇이었을까? 정답은 시골에 인구가 적다는 데 있다. 인구가 적은 데서 신장암 환자가 한 명이라도 나오면 발병률이 높게 나타나기 때문이다. 표본이 충분히 크지 않았기 때문에 나타나는 현상이다. 이처럼 빠른 생각은 착각을 하기 쉽다. 특히 빠른 생각은 통계에서 종종 실수를 한다.

착각 3. 산부인과에서 태어나는 아기의 성별을 순서대로 표시했다.

1. 남-남-남-여-여-여

2. 여-여-여-여-여-여

3. 남-여-남-남-여-남

3가지 중에서 어떤 게 발생할 확률이 가장 낮을까? 2번이라고 착각하기 쉽다. 그러나 남아와 여아가 태어나는 사건은 독립적이며 확률적으로 같기에 1번, 2번, 3번의 확률은 똑같다. 그럼에도 불구하고 우리는 직관적으로 2번의 경우가 1번과 3번보다 발생 가능성이 더 낮다고 생각하기 쉽다. 이처럼 빠른 생각은 확률에도 서툴다.

앞의 3가지 사례를 보면 우리가 믿는 만큼 우리는 그렇게 정확하고 올바르게 판단하지 못한다는 것을 알 수 있다. 빠른 생각으로 생각하기 때문이다. 직관적으로 머릿속에 그럴듯한 정답이 떠오를 때는 반드시 이것을 의심해야 한다.

그런데 문제는 의심하려면 에너지가 필요하고 힘이 든다. 그리고 자신의 사고에 대해서 지속적으로 의문을 제기하기란 거의 불가능하다. 그래서 게으른 두뇌는 빠른 생각으로 떠오른 추측을 맞다고 생각하기 쉽다.

투자를 망치는 2가지 편향

그 외에도 빠른 생각은 많은 편향을 가지고 있다. 투자와 관련해서 중요한 2가지 편향을 확인하고 넘어가도록 하자. 바로 과도한 자신감과 낙관론이다. 과도한 자신감은 올바른 투자에 방해가 된다. 카너먼의 제자로 노벨 경제학상을 받은 리처드 세일러 교수는 이렇게 말한다. "투자자들의 최대 실수는 과도한 자신감이다."

투자자들이 투자에서 과도한 자신감을 갖는 예를 들어보자.

미국 대기업의 CFO(재무 담당 임원)를 대상으로 다음 해 S&P500지수를 전망하라고 했다. 전망 결과는 형편없었다. 실제 주가가 CFO가 전망한 주가 범위를 벗어날 가능성은 CFO의 예상보다 3배나 더 높았다. 또 CFO가 자신이 다니는 회사에 대한 주가 전망조차도 형편없었다. 오를 것이라고 전망하면 내렸고 내릴 것이라고 전망하면 올랐다. 결론적으로 CFO의 전망은 형편없고 아무 쓸모가 없었다. 더 놀라운 사실은 CFO는 자신의 전망 능력이 쓸모없다는 것을 절대로 믿지 않았다는 사실이다. 이처럼 전문가를 포함한 투자자들은 과도한 자신감을 갖는다.

빠른 생각은 미래를 알 수 있다는 잘못된 자신감으로 이어진다. 그래서 투자자들은 미래를 잘 전망할 수 있다고 과신한다. 미래는 알 수 없다는 생각은 쉽게 설명할 수 있는 과거 때문에 약해지기 때문이다. 빠른 생각은 그럴듯한 이야기를 만들어서 믿으려 하는 편향이 있기에 정확한 미래 예측이 어렵다는 것을 인정하기 싫어한다.

나중에 보면 다 이해되는 것 같다. 투자자들이 지난 주식시장을 여러 사건을 예로 들어 확신을 갖고 잘 설명할 수 있는 이유도 마찬가지다. 오늘 생각했을 때 이해되는 일 때문에 어제가 예측 가능했다는 강력한 직관을 거부하기 힘들다. 사후 해석을 잘한다고 해서 미래 예측을 잘할 수 있는 건 아닌데도 미래 예측을 잘할 것 같은 느낌을 갖기 쉽다. 무엇보다 주가가 많이 오른 상태에서 기업 실적에 대한 전문가들의 확신이 시장에 가득하다면 조심해야 한다. 그러한 확신대로 되지 않을 가능성이 예상보다 높기 때문이다.

또 빠른 생각은 과도한 낙관론 편향을 갖고 있다. 인간은 본능적으로 과도한 낙관론을 가지고 태어난다. 낙관적인 편향은 우울증에 걸리지 않게 하고, 면역 기능을 더 강하게 하며, 건강하게 장수할 확률을 높여 주고, 인생을 즐겁고 행복하게 살기 쉽게 만든다. 낙관론 편향은 삶에 대체로 유익하지만 투자자를 실패로 유도하기도 한다.

이성을 활용하여 느리게 생각하라

사람들은 빠른 생각으로 투자한다. 빠른 생각은 많은 편향을 갖고 있기에 투자를 망치게 할 수도 있다. 앞에서 설명한 편향 외에 몇 가지 더 짧게 소개하자면, 대부분의 투자자는 손실을 확정 짓는 것을 두려워하는 손실 회피 편향[2] 때문에 손절매를 못해서 더 큰 손실을 초래한다.

많은 투자자들이 자신이 보유한 재산에 대해서 애착을 느끼고 과대평가하는 보유효과[3] 때문에 집을 적당한 시기에 적당한 가격에 팔지 못한다.

또한 닻내림 효과[4] 때문에 주변의 주식이나 집값이 같이 오르면 자신이 소유한 주식이나 부동산에 거품이 끼었다고 생각하지 못할 수도 있다. 무작위적인 현상에서 규칙을 발견했다고 착각하는 편향 때문에 차트 분석을 맹신하는 경우가 많다.

투자를 올바르게 하려면 느린 생각으로 투자해야 한다. 감정과

---

2) 손실 회피 편향(Loss Aversion Bias) : 인간은 손해를 확정 짓는 행위를 피하려는 경향이 있다. 손해를 확정 지으면서 본전 이하로 파는 것이 고통스러워 손절매를 하지 못하는 것이다. 또 동전 던지기를 해서 앞면이 나오면 400만 원을 얻고 뒷면이 나오면 100만 원을 손해 보는 게임과 게임하지 않고 그냥 100만 원을 가질 수 있는 것 중에서 선택을 하라고 하면 그냥 100만 원을 가지는 것을 선택하는데 이 또한 손실 회피 편향 때문이다.

3) 보유효과(Endowment Effect) : 사람들이 어떤 물건을 소유하고 있을 때 그것을 갖고 있지 않을 때보다 그 가치를 높게 평가하여 소유하고 있는 물건을 내놓는 것을 손실로 여기는 심리 현상을 말한다. 코넬 대학교 경제학부 학생들을 대상으로 실시한 한 실험에서 이러한 보유효과가 극적으로 드러났다. 학생들을 무작위로 2개의 그룹으로 나누고, 한 그룹에만 대학의 로고가 그려진 머그잔을 선물했다. 그리고 머그잔을 가진 그룹과 머그잔을 가지지 못한 그룹 사이에서 머그잔을 대상으로 경매가 이루어지도록 했다. 머그잔을 가진 그룹이 팔려고 하는 금액은 머그잔을 가지지 못한 그룹이 사려고 하는 금액의 약 2배였다.

4) 닻내림 효과(Anchoring Effect) : 배가 닻을 내리면 닻과 배를 연결한 밧줄의 범위 내에서만 움직일 수 있듯이 처음에 인상적이었던 숫자나 사물이 기준점이 되어 그 후의 판단에 왜곡 혹은 편파적인 영향을 미치는 현상이다. 주변의 집값을 기준으로 자신의 집값을 비교하여 평가하는 것, 또 부동산 중개인이 비싼 집을 먼저 보여준 다음에 마지막에 싼 집을 보여주면 매수인은 싸다고 생각해서 매수하기 쉬운 것도 닻내림 효과 때문이다.

편향에 따르지 않고 이성을 활용하여 합리적이고 논리적으로 투자해야 한다. 향후 발생할 손실과 이익을 확률과 기댓값으로 주의 깊게 계산한 다음에 투자해야 한다.

한편 대다수가 빠른 생각으로 투자하는 세상에서 그들의 실수와 편향을 이용하는 것도 좋은 투자 방법이다. 재야 투자 고수 중에는 이 방법으로 돈을 버는 사람도 제법 많다. 투자자가 성공하려면 빠른 생각 대신에 느린 생각으로 투자해야 한다.

자본주의 게임에서
승리하는 법

모든 투자의 기본이 되는
자본주의 게임의 법칙

토마 피케티 Thomas Piketty (1971~)

부의 불평등에 대해 연구하는 프랑스 경제학자로 파리 경제대 교수다.
돈이 돈을 버는 속도(자본 수익률)가 사람이 일해서 돈을 버는 속도(경제성장률)보다 빠르기
때문에 자본주의가 발전할수록 빈부 격차가 심해진다는 주장으로 세계적인 주목을 받았다.

———

많은 사람들이 토마 피케티의 『21세기 자본 *Capital in the Twenty First Century*』을 읽고 세상이 잘못되었다고 불평했다. "내 가난이 내 탓이 아니고 구조적인 문제 때문이야." "부익부 빈익빈, 이런 세상은 불공평해!"라고 불만을 터트렸다. 맞는 말이다. 그런데 나는 조금 다른 관점을 가지고 있다. 피할 수 없다면 적응하라는 것이다.

피케티의 불평등을 줄이는 3가지 방법

먼저 프랑스 경제학자 토마 피케티가 쓴『21세기 자본』이 어떤 내용을 담고 있으며 왜 전 세계적으로 화제인지 알아보자.

첫째, 이 책이 나오기 전까지는 경제 발전이 종국에는 불평등을 줄여 줄 것이라는 믿음이 있었다. 1971년에 노벨 경제학상을 수상한 러시아 출신의 미국 경제학자인 쿠즈네츠(Simon Kuznets)는 경제가 발전하면 종국에는 불평등이 줄어든다고 주장했다. 쿠즈네츠가 엑스축에 1인당 국민소득, 와이축에 지니(Gini)계수로 표시되는 소득 불평등 차트를 만들었더니 종 모양의 곡선이 나타나는 걸 발견했다. 즉, 후진국에서 중진국으로 갈 때는 소득 불평등도는 높아지지만 선진국으로 가면서 소득 불평등도는 완화되고 있음을 보여주었다. 이를 '쿠즈네츠 곡선(Kuznets curve)'이라 불렀다. 경제 발전 초기에는 누군가가 먼저 부자가 되고 불평등이 심해지지만 계속 발전함에 따라서 나머지 사람들도 같이 부자가 되어서 불평등이 줄어든다는 생각이다.

그런데 피케티는 경제가 발전할수록 불평등이 확대되고 있음을 통계로 확인시켜 주어 평등에 대한 기대를 깨뜨렸다. 피케티는 20개국 이상을 대상으로 200년 이상을 조사해서 불평등이 점점 더 심해진다는 걸 통계조사로 밝혔다. 즉 쿠즈네츠가 틀렸다고 말한 것이다. 그러자 세상 사람들은 불평등이 확대되는 현 자본주의 체제에 대해서 의문을 제기하고 마르크스가 옳은 것이 아닌가 의구심을 가지게 되었다.

둘째, 피케티는 부동산이나 금융자산(주식, 채권)의 자본이익률이 경제성장률보다 더 높다는 것을 밝혔다. 자본이익률이 경제성장률보다 높다는 것은 부동산이나 주식 등의 자본을 가진 부자가 임금근로자보다 더 빠른 속도로 돈을 번다는 것을 의미한다.

자본은 이익률만 높은 게 아니라 규모도 크다. 자본은 연간 GDP의 5~6배 수준이다. 많은 자본이 높은 자본이익률과 결합하게 되어서 자본으로 얻는 소득이 국민소득에서 차지하는 비중이 점점 커진다. 결국 자본을 가진 부자가 점점 더 빨리 부자가 되는 바람에 자본이 없는 사람과 빈부 격차는 더 벌어진다고 말한다. 특히나 저성장 시대에는 빈부 격차가 더욱 커질 수밖에 없다는 것이다.

셋째, 피케티는 불평등 확대의 해결책으로 전 세계적으로 누진적 고소득세와 자본소득세를 매기자고 주장했다. 해결책은 전 세계적인 과세다. 전 세계적으로 동시에 부유세를 시행해야 한다는 것인데, 전 세계적으로 동시에 누진적 소득세와 자본소득세를 과세할 수만 있다면 불평등을 줄일 수 있다는 주장이다.

나도 이런 식의 과세에 대해서 대찬성이다. 나는 미국이나 선진국이 과세를 통해서 불평등을 줄이는 복지를 확대하는 것을 언제나 찬성해 왔고 또 그렇게 해야 한다고 믿는다. 그래서 미국의 월스트리트를 점령하라는 운동을 지지했다. 자본주의 심장인 미국이 변해야 한국도 국가 경쟁력 상실 없이 소득을 재분배할 수 있는 여력이 생기기 때문이다. 피케티의 제안이 현실화된다면 정말 많은 사람이 행복해질 것이다.

그런데 만약에 특정한 나라만 부자에게 중과세하면 어떤 일이 벌어질까? 프랑스가 좋은 예다. 프랑스가 고소득자에 대한 부유세를 올리니 프랑스 부자들이 다른 나라로 떠나 버리고 프랑스는 경제 침체에 시달리는 지독한 경험을 했다. 결국 프랑스는 부유세를 폐지했다.

브라질이 또 다른 예다. 브라질은 2000년 초만 해도 미래가 밝았다. 당시에 브라질은 다수의 공기업을 민영화했다. 그로 인해 경제가 크게 성장했다. 브라질의 고질병인 인플레이션도 진정되었다. 많은 해외투자자들이 브라질에 투자했다. 그러나 이후에 브라질 경제는 망가지고 국가 부채는 늘고 실업률은 높아졌다. 무슨 일이 있었던 것일까?

2002년에 룰라 다 실바 대통령이 취임했다. 그는 사회주의자였다. 그는 국론 분열을 치유하고 대통합할 것이라고 장담했다. 그는 빈부 격차를 해소한다고 부의 재분배를 강조했다. 브라질의 언론과 엘리트 지식인과 연예인도 이 주장에 동의하고 지지했다. 부자로부터 돈을 빼앗아 분배함으로써 가난한 이들을 도와야 한다고 했다. 사회주의자들은 정부 지출과 적자와 부채를 증가시켰다. 그들은 이것을 자극제라고 불렀다. 또 그들은 최저임금을 올렸고 복지를 대폭 확대했다. 이걸 사회정의라고 불렀다. 그들은 공무원의 봉급과 연금을 올렸다. 이걸 미래에 대한 투자라고 불렀다. 사회주의자들은 공무원 수를 늘렸다. 이를 수준 높은 정부라고 했다.

처음에는 잘 돌아가는 듯했다. 사회주의는 언제나 처음엔 잘 돌아간다. 하지만 정부 지출은 걷잡을 수 없이 늘어나기만 했고 자본은 해외로 탈출했다. 결국 룰라가 만든 사회주의 낙원은 브라질 경제와 함께 망했다. 2015년 브라질 경제는 25년 만에 최악으로 추락했다. 세계은행 조사 결과, 브라질 경제는 세계 최악 수준이라고 평가했다. 15년간 사회주의 정책은 경제적으로나 도덕적으로 브라질을 크게 망쳤다. 브라질의 살인 절도 범죄율은 세계 최악 수준으로 치솟았으며 의료 서비스와 공교육 수준은 산업화 국가 중에 최하위권으로 떨어졌다. 최근에 브라질은 우파 대통령이 집권하여 나라를 재건하려고 노력 중이다.

프랑스와 브라질의 경험에서 보듯이 이제 세계는 하나의 시장에서 경쟁하는 글로벌 경제다. 특정 국가만 부유세를 올리고 복지정책을 펴면 그 나라는 경쟁력을 상실하여 도태된다. 대양의 함대전에서 가장 속도가 느린 배에 맞추어서 속도를 떨어뜨리면 그 함대는 전투에서 전멸한다. 이것이 오늘날 우리 자본주의 세계가 맞닥뜨리고 있는 냉엄한 현실이다.

보다 현실적인 3가지 제안

『21세기 자본』을 읽고 'r>g' 즉, '자본이익률>경제성장률'인 세상은 너무나 불평등하다고, 그런 세상에서 자기가 뭘 할 수 있겠냐고 불평하는 사람을 많이 보았다. 그럴 때면 나는 푸른 들판의 붉은 메뚜기 이야기가 떠오른다. 붉은 메뚜기는 이렇게 불평했다. "왜 들판이 푸른 거야? 들판이 붉어야지. 정말 세상은 잘못되었군." 그러는 사이에 그 메뚜기는 새의 눈에 띄어서 먹잇감이 되고 말았다.

불평만 하다가 새의 먹잇감이 된 메뚜기가 되어서는 안 된다. 불평은 해결책이 아니다. 용감하게 세상을 뒤엎을 혁명가가 되거나 적응하는 수밖에 없다. 불평등을 줄이기 위해서 피케티가 제안한 해결책은 이상적이지만 실현될 현실성은 낮아 보이는 게 사실이다.

푸른 들판을 자본주의 게임의 법칙으로 받아들이고 여기에 적응하려는 현실주의자들을 위해서 내가 주는 조언은 3가지다.

첫째, 마르크스는 틀렸다. 마르크스는 자본주의의 발전에 따라서 자본이익률은 0이 되어서 망할 것이라고 예언했다. 그러나 200년도 넘게 자본주의 국가의 자본이익률은 한 번도 4퍼센트 아래로 떨어진 적이 없었다. 피케티가 조사한 통계를 보면 자본이익률은 최저 4퍼센트에서 10퍼센트 사이에서 움직였다. 즉 자본이익률은 계속 안정적인 수익률을 보여주었다. 마르크스의 주장과 달리 긴 세월 동안 자본가의 수익률에는 문제가 없었던 것이다.

둘째, 한국의 부자는 월급 모아서 부자가 된 것이 아니고 부동산이나 주식이 올라서 부자가 되었다. 부자 되는 비결은 월급에 달려 있는 게 아니고 투자에 달려 있다. 이 같은 주장을 우리나라뿐만 아니라 전 세계도 마찬가지라고 피케티가 통계로 증명한다. 역사적으로 보면 세계 경제성장률은 1퍼센트 이하인데 반해서 자본이익률은

4퍼센트에서 10퍼센트 사이에서 움직였다. 투자로 돈을 버는 속도가 노동으로 돈을 버는 속도보다 빠르다는 것이다. 결국 부자 되는 승패는 투자에 달려 있다.

셋째, 투자하려면 종잣돈이 있어야 한다. 종잣돈이 없는데 어떡하느냐고 묻는 사람도 있다. "저도 그곳에 투자하면 돈이 될 것을 알아요. 그런데 돈이 없어요." "돈이 돈을 버는 걸 알아요. 근데 돈이 없는데 어떡하나요?" 이렇게 묻는 사람이 있다. 종잣돈은 닥치고 모으는 수밖에 없다. 안 먹고 안 입고 안 쓰고, 그렇게 해서 죽자 사자 모으는 방법밖에 없다. 인내와 절약이 결국 종잣돈 모으는 비결이다.

살아남으려면
자본주의 게임의 법칙을 익혀라

내 집 마련이 목표였던 A는 안 먹고 안 입고 남들 다 가는 해외여행 한 번 안 가고 악착같이 돈을 모았다. 이렇게 해서 5년간 모은 돈이 2억이었다. 가까운 친구들 중에 억 단위 현금을 모은 사람은 없었기에 A는 뿌듯했다. 이렇게만 하면 금방 부자가 될 것 같았다.

그런데 최근에 들어 자신이 바보 같단 생각이 들기 시작했다. 쓸거 다 쓰고 철철이 해외여행 다니면서 놀던 친구가 빚을 얻어 산 집이 1년 만에 2억 원이나 올랐다는 이야기를 들었기 때문이다. 그 친구와 비교하면 그동안 자신이 해온 노력이 멍청한 짓이라는 생각이

들며 회의감에 빠졌다.

이게 진짜 현실이다. 저축만으로 부자 되기란 결코 쉬운 일이 아니다. A가 자본주의 게임의 법칙을 알았다면 진작 적당한 빚을 얻어서 집을 샀을 것이다.

나는 월급쟁이가 적금 들어서 부자 된 경우를 보지 못했다. 절약과 노력도 중요하지만 그것만으로 부자가 되기엔 충분하지 않은 것이다. 대다수 한국의 부자들이 어떻게 부자가 되었는지 아는가? 안 먹고 안 입고 안 쓰고 열심히 저축해서 부자가 된 사람은 몇 안 된다. 부동산이나 주식 가격이 올라서 부자가 된 경우 빼면 정말 몇 안 될 것이다.

회계사 사무실을 운영하는 친구가 있다. 이 친구가 자신의 거래처를 분석해 보았더니, 사업으로 돈을 벌어서 부자가 된 기업은 몇 안 되고 거의 공장 부지나 사옥 같은 부동산 값이 올라서 부자가 되었더라고 한다. 물론 사업이 잘되면 부자가 되는 데 큰 도움이 되는 것은 분명한 사실이지만 사업소득만으로는 큰 부자가 되기 어렵다는 말이다. 대부분의 사업가는 부동산과 주식 가격이 올라서 부자가 되었다. 이것이 진짜 현실이다.

그렇다면 생각을 해보자. 당신이 열심히 공부해서 좋은 대학을 졸업하고, 대기업에 취직해서 또 열심히 일하고, 그렇게 해서 받은 월급을 아끼고 모으면 부자가 될 수 있을까? 최고 임원직까지 승진한다면 가능하지만 대부분의 직장인은 그럴 수 없기 때문에 절약과 저축에만 매달리게 되는데, 그렇게 해서는 부자가 되기 어렵다. 열심히 일하고 저축하고 모으는 것은 부자가 되기 위한 필요조건이지 충분조건은 아니다. 부자가 되려면 열심히 일하고 저축하는 것 외에 부동산과 주식 투자를 잘해야 한다. 그리고 투자를 잘하려면 우선 먼저 '자본주의 게임의 법칙'을 알아야 한다.

금본위 화폐가 사라지면서 환율이 태어난 것

자본주의 게임의 법칙은 매우 중요한데도 불구하고 나는 학창 시절에 이에 대해서 들어 본 적이 없다. 인생에 정말 필요하고 중요한 것은 학교에서 가르치지 않으니 당연한 일이지 뭔가.

자, 그럼 학교에서 안 가르쳐 주는 자본주의 게임의 법칙에 대해 알아보자. 자본주의 게임의 법칙을 알려면 먼저 자본주의 시스템하에서 돈이 어떻게 만들어지는지 알아야 한다. 돈이 어떻게 만들어지는지 알면 자연스럽게 자본주의 게임의 법칙도 보이기 때문이다.

돈이 어떻게 만들어지나? 한국은행에서 돈을 찍어낸다. 누구나 다 아는 사실이다. 그런데 한국은행이 구체적으로 어떻게 돈을 찍어내는지 정확히 아는 사람은 많지 않다.

이 이야기를 잠시 짚고 넘어가도록 하자. 한국은행은 돈을 찍어서 시중은행에 준다. 그냥 막 주는 것은 아니고, 옛날에는 금을 받고 돈을 내줬다. 이걸 금본위 화폐라고 한다. 화폐를 은행에 제시하고 금을 달라고 하면 은행이 금을 내주던 시절 이야기다. 옛날에는 금이 돈 역할을 했다. 금은 시간이 지나도 가치가 변하지 않기 때문이다. 그러니 한국은행은 금이 있는 한도 내에서 얼마든지 돈을 찍어낼 수 있었다.

그런데 지금은 화폐를 은행에 제시해도 금으로 바꿔주지 않는다. 이건 매우 중요한 포인트다. 좀 더 자세히 알아보자. 1971년, 미국의 닉슨 대통령은 더 이상 달러를 금으로 바꿔주지 않겠다고 발표했다. 이유가 뭘까? 제1차 세계대전과 제2차 세계대전을 거치면서 미국은 유럽에 무기를 팔고 금을 받았다. 그러다 보니 전쟁이 끝났을 때 전 세계 중앙은행이 보유한 금의 3분의 2를 미국이 보유하게 되었다. 반면에 유럽에는 금이 하나도 남지 않게 되었다. 금본위 화폐다 보니 금이 없는 유럽은 더 이상 돈을 발행할 수가 없게 되었다. 유럽의 금본위 화폐 시스템이 붕괴될 위험에 처한 것이다.

1944년, 연합국 대표들은 미국 뉴햄프셔주 브레튼우즈에 모여서 새로운 브레튼우즈 협정이란 화폐 체계를 만들었다. 먼저 미국 달러를 기본으로 금을 바꿔준다고 정했다. 그리고 다른 나라 통화는 미국 달러와 교환비율을 정한다. 그렇게 하면 모든 화폐가 달러를 통해서 금으로 교환할 수 있게 된다. 맞다. 비로소 환율이란 게 생기게 된 것이다. 당시에 환율은 고정되어 있었고 오늘날처럼 변동되지 않았다. 이때만 해도 여전히 세상의 모든 돈은 금으로 지불이 보장되는 체제였다. 브레튼우즈 체제하에서 모든 화폐는 금으로 보증되어 있어 안정적이었고 달러가 세계 화폐의 중심인 기축통화 역할을 했다.

그런데 미국이 베트남전에 참전하여 엄청난 비용을 지출하는 바람에 이 비용을 충당하려고 달러를 많이 찍어내게 되었다. 당시에 미국은 보유한 금보다 많은 달러를 찍어냈다고 한다.

보유한 금보다 더 많은 달러를 찍어낸 것은 금본위제를 어기고 국제적인 사기를 친 것이다. 이때 프랑스 드골 대통령이 눈치를 챘다. 미국이 달러를 보유한 금보다 많이 찍어내서 더 이상 달러가 금과 같은 가치가 없다는 걸 간파한 것이다.

프랑스는 달러를 미국에 주고 금을 달라고 했다. 그러자 다른 나라도 프랑스를 따라서 금을 달라고 미국에 요구했다. 그러다 보니 미국은 1959년부터 1971년까지 보유한 금의 50퍼센트를 잃게 되었다. 전 세계가 미국을 상대로 금 인출 소동을 벌인 셈이다.

그러자 닉슨은 생각했다. '이 상태가 지속되면 미국이 보유한 모든 금이 사라질 것이다. 그러면 미국 달러 시스템은 붕괴되고 전 세계 화폐제도에도 대혼란이 올 것이다. 그래서 닉슨 대통령은 더 이상 달러를 제시해도 금으로 내주지 않겠다는 충격적인 발표를 하게 된다. 이때부터 모든 지폐는 금과 같은 확실한 보증 없이 그냥 정부의 약속으로 찍어내는 돈이 된 것이다.

돈의 가치와 부동산의 가치, 어느 쪽이 먼저 떨어질까

금본위 화폐제도가 사라지면서 정부는 금이 없어도 마음대로 돈을 찍어낼 수 있게 되었다. 결국 정부는 경제가 침체될 때마다 천문학적인 돈을 찍어내게 된다. 이렇게 돈을 마구 찍어내면 돈의 가치가 떨어져서 인플레이션이 오게 되는데, 이런 시스템하에선 돈을 빌린 사람이 득을 보게 된다. 실질 구매력이 높은 현재에 빌려서, 실질 구매력이 떨어진 후일에 갚으면 되니까 앉아서 돈을 버는 것이다.

돈을 빌려서 실물 자산인 부동산에 투자한 사람은 더 큰 돈을 벌게 된다. 시간이 지나면 부동산 가격은 오르고 빚 가치는 떨어지게 마련이니 말이다. 바로 이런 게 자본주의 게임의 법칙이다.

그럼 빚을 내서 부동산에 투자하면 실패할 확률이 없는 것일까? 장기적으로 보면 항상 그렇다. 그 동안도 그랬고 앞으로도 그럴 것이다. 한 가지 염두에 둘 점은 자산 가격은 사이클이 있다는 것이다. 자산 가격은 직선으로 오르는 것이 아니라 하강과 상승 사이클을 그리면서 우상향한다. 그래서 과도한 빚을 얻어서 부동산 투자를 하다 하락 사이클에 걸리면 파산할 수도 있다. 그래서 빚은 원리금을 갚을 수 있는 범위 내에서 얻어야 한다. 이 원칙을 지키고 장기 투자를 하면 부동산은 절대 당신을 실망시키지 않을 것이다.

그러니 열심히 저축해서 충분히 돈을 모은 다음에 그 돈으로 집을 사겠다고 생각한 사람이 어리석다고 하는 것이다. 거북이처럼 착실하게 집 살 돈을 모았을 때 이미 집값은 토끼처럼 저 멀리 달아나 버린다. 앞에서 소개한 저축만 열심히 한 A는 바로 이런 자본주의 게임의 법칙을 몰랐기에 후회하고 있는 것이다.

이런 자본주의 게임의 법칙을 가장 잘 활용한 비즈니스가 바로 보험업이다. 보험업은 지금 화폐로 받고 후일 실제 가치가 떨어지는 화폐로 지불을 약속하는 비즈니스다. 그러니 인플레이션 국면에서 가장 유리한 비즈니스라고 할 수 있다.

한국종합주가지수를 보라. 업종지수를 보라. 모든 업종지수가 1980년에 똑같이 100에서 출발했는데 보험 업종지수는 업종지수 중에 가장 높은 지수를 기록하고 있다. 2018년 12월 현재 보험 업종지수는 16,700이다. 종합주가지수는 2,050이다. 종합주가지수가 100에서 2,050으로 상승하는 동안에 보험 업종지수는 100에서 16,700으로 올랐다. 종합주가지수보다 8배가 더 올랐다. 왜 그럴까? 자본주의 게임의 법칙 때문이다. 보험업에 종사하거나 보험 주식에 투자한 사람은 자신의 재능과 노력에 상관없이 남보다 돈을 더 많이 벌게 된 것이다. 이처럼 자본주의 게임의 법칙을 아는 것과 모르는 것은 하늘과 땅만큼 차이가 난다.

빚이 많아질수록 돈이 더 많이 생긴다?

돈 이야기로 다시 돌아가 보자. 금을 받고 돈을 찍어내는 게 아니라면 한국은행은 돈을 찍어서 누구에게 주는 것일까? 한국은행은 정부로부터 채권을 받고 돈을 준다. 예를 들면 30년 뒤에 돈을 갚겠다는 약속 증서인 채권을 받고서 정부에 돈을 준다. 정부는 그 돈을 다리나 도로, 지하철 같은 건설 현장에 사용하고 공무원 월급도 주고 또 복지 재원으로도 사용한다.

그러면 월급을 받는 공무원은 월급 중 일부를 은행에 저축한다. 또 정부가 벌인 공공사업으로 돈을 번 기업이나 개인도 그 돈을 은행에 맡긴다. 그러면 은행은 그 돈을 다시 대출해 준다. 그러면 은행 대출을 통해서 새로운 돈이 창출된다.

이해가 쉽도록 예를 들어서 설명해 보자. 갑이 100원을 A 은행에 맡기면, A 은행은 지급준비금으로 10원은 보관하고(지급준비금율 10%) 나머지 90원을 을에게 대출해 준다. 을이 대출받은 90원을 B 은행에 맡기면 B 은행 역시 지급준비금으로 9원을 빼고 81원을 병에게 대출해 준다. 최초의 돈 100원이 181원으로 늘어난 것이다. 이런 식으로 시중은행은 대출을 통해서 돈을 만들어낸다. 최초에 정부가 한국은행에서 빌려 온 100원이 시중은행의 연쇄적인 대출 덕분에 나중에는 1만 원이나 되는 식으로 늘어나는 것이다.

결국 돈은 빚(대출)으로 생겨난다. 빚(대출)이 많이 발생할수록 돈이 더 많이 생겨난다. 이런 식으로 돈이 많아지면 어떤 현상이 발생할까? 돈 가치가 떨어져서 인플레이션이 생긴다. 예를 들어, 섬이 있다고 생각해보자. 섬에 돈이 10원이 있고 바나나가 100개 있다면, 1원으로 바나나 10개를 살 수 있다. 그런데 만약에 바나나는 그대로인데 돈만 20원으로 늘어난다면 이제부터는 1원으로 바나나 5개만 살 수 있게 된다. 이처럼 돈 가치가 떨어지고 실물 자산 가치가 올라가는 것이 인플레이션이다. 즉, 금본위제가 아닌 지금 같은 화폐제도 아래서는 인플레이션이 발생할 수밖에 없다.

자장면 가격이 50년 동안 300배 올랐다. 부동산 가격은 더 올랐다. 1971년에 지어진 여의도 시범아파트 18평은 당시 분양가가 212만 원이었다. 지금 시세는 9억5천만 원이다. 47년 만에 448배 올랐다. 시간은 절대로 화폐 보유자 편이 아니다. 이게 자본주의 게임의 법칙이다.

집값이 하락하는 시기도 있다. 그러나 집값 하락은 언제나 예외적인 시기다. 집값의 역사를 살펴보면 가장 최근의 하락기(2007년~2014년)는 예외적인 시기였다. 1986년 아파트 가격 통계를 만든 이후에 아파트 가격이 하락한 것은 딱 3번이었다. 노태우 정부의 200만 호 대량공급 때, IMF 때, 서브프라임 모기지 사태 때가 전부다. 이런 특별한 경우가 아닌 이상 집값은 인플레이션 때문에 장기적으로는 상승할수밖에 없다.

가짜 돈에 목매지 말고 리얼 머니를 보유하라

그렇다면 인플레이션을 막기 위해 정부는 화폐 발행을 자제해야하는 것 아닐까? 그렇다면 일이 간단해지는데 사실은 전혀 그렇지가않다. 정부를 움직이는 대통령은 정치인이다. 정치인은 당선되기 위해서 항상 유권자에게 달콤한 약속을 한다. 병원비를 공짜로 해주겠다고, 학비를 면제해 주겠다고, 지하철 요금을 내려 주겠다고, 더 많은 도로와 공공건물을 지어 주겠다고 선심성 공약을 제시한다. 허리

띠를 졸라매고 세금을 올리고 절약하자고 하는 정치인은 당선되기 어렵다. 사람들은 당장 편하게 해주는 정치인을 좋아하니 말이다. 결국 선심성 지출을 약속한 정치인이 당선되면 정부 지출이 많아지고 더 많은 돈을 찍어내고 흥청망청하기 쉽다. 물론 부담은 후손이 지게 되겠지만 근시안적인 유권자들은 전혀 상관하지 않는다. 그래서 지금 같은 자본주의 시스템에서는 인플레이션이 생겨나기 쉽다.

더 중요한 것은 인플레이션이 생기면 '부의 이전' 현상이 발생한다는 것이다. '부의 이전'이란 국민의 재산이 정부로 넘어간다는 뜻이다.

정부가 지폐를 마구 찍어내서 인플레이션을 발생시키면 정부의 부채는 실질 구매력 기준으로 감소된다. 반면에 화폐를 보유한 국민들은 알게 모르게 실질 구매력이 떨어지니 손해를 보게 된다. 게다가 정부는 명목화폐 기준으로 세금을 거둔다. 그런데 인플레이션 덕분에 실물 자산인 부동산과 주식 가격이 오르면 세금도 더 많아진다. 결국 인플레이션이 발생하면 세금은 늘어나고 화폐가치는 떨어지고 알게 모르게 국민의 부가 정부로 이전되는 것이다. 이게 '자본주의 게임의 법칙'이다.

가장 극단적인 사례가 제1차 세계대전 이후 독일이 경험한 하이퍼인플레이션이다. 전쟁이 끝난 뒤 독일 정부는 영국과 프랑스에 전쟁배상금을 갚기 위해서 하이퍼인플레이션 정책으로 국민들의 재산을 빨아들였다. 식당에서 밥을 먹기 전 가격과 먹고 난 뒤 가격이 다를 정도로 인플레이션이 심했다.

하이퍼인플레이션이 발생하면 화폐는 빛의 속도로 가치가 떨어져 휴지가 된다. 화폐를 받는 순간 바로 실물 자산으로 바꾸어 놓지 않으면 순식간에 거지가 되고 만다. 요즘 세상은 그렇게까지 인플레이션이 심하지는 않지만 금본위제가 아닌 화폐 시스템을 가지고 있는 자본주의 시스템에선 인플레이션 발생을 피할 수가 없다.

전 세계적으로 부동산 부자가 많은 것은 바로 이런 메커니즘 때문이다. 우리나라만의 일이 아닌 것이다. 예나 지금이나 마찬가지고, 앞으로도 여전히 화폐가치는 떨어질 것이고 실물 자산인 부동산 가격은 상승할 것이다. 물론 지식 정보화 사회로 접어들면서부터는 땅이 과거만큼 중요하지 않아서 과거처럼 그렇게 많이 오르진 않겠지만 현재의 화폐 시스템하에서 오를 것은 분명하다.

이런 화폐 시스템에 우리는 어떻게 대응해야 할까? 가짜 돈인 화폐를 모으려 하지 말고 진짜 돈인 리얼 머니를 보유해야 한다. 그게 부동산이고 주식이다. 자산 상승 사이클을 주목하고 바닥에 이르렀을 때 과감하게 빚을 얻어서 투자해야 한다. 주식이나 부동산 같은 자산은 상승과 하락 사이클을 몇 년간 그리면서 우상향한다. 따라서 바닥이라고 생각될 때 과감하게 빚을 얻어서 투자하는 게 최고로 빨리 재산을 늘리는 첩경이다. 이게 투자의 핵심이다. 이게 자본주의 게임에서 이기는 법이다.

인간 본성을 이해하면
투자할 곳이 보인다

한비자 韓非子 (B.C. 280?~B.C. 233)

순자(荀子)에게 배운 중국 고대의 이름난 사상가이자 법가 학파를 대표하는 인물이다.
전국 말기 한나라 사람으로, 한나라의 공자라 일컫는다.

투자는 세상을 사는 지혜의 일부분이다. 인간 본성이 어떤지를 잘 알고 이를 활용해야 투자에도 성공할 수 있기 때문이다. 인간 본성을 잘 간파해서 중국을 통일한 진시황을 감동시킨 사람이 있었다. 그가 바로 한비자다.

돈이 움직이는 방식을 읽을 줄 알았던 한비자

한비자가 남긴 글 중에는 인간 본성에 대한 예리한 통찰과 자신의 이익을 중심으로 움직이는 경향에 대한 해석이 담겨 있는 것이 많다.

"뱀장어는 뱀과 비슷하고 누에는 애벌레와 비슷하다. 뱀을 보면 누구나 깜짝 놀라고 애벌레를 보면 누구나 징그러워한다. 그러나 어부는 맨손으로 뱀장어를 잡고, 여자는 맨손으로 누에를 잡는다. 다시 말해 이익이 된다고 판단되면 누구든 용감해진다."

그는 인간 본성에 대해서 탁월한 식견을 가지고 있었으며, 돈이 움직이는 방식을 정확하게 읽을 줄 알았다.

"수레를 만드는 사람은 모든 사람들이 부자가 되길 바라지만 관을 만드는 사람은 사람들이 빨리 죽기를 원한다. 그렇다고 전자가 좋은 사람이고 후자가 나쁜 사람이라고 단정 지을 수는 없다. 가난한 사람에게 수레를 팔 수 없는 것처럼 살아 있는 사람에게 관을 팔수 없을 뿐이다. 사람을 증오해서 죽기를 바라는 것이 아니라 죽어야만 관을 팔 수 있고 그만큼 이익을 얻을 수 있기 때문이다."

한비자의 이름은 한비이고 전국 말기 한(韓)나라 출신이다. 진시황이 한비자의 책을 읽고는 깜짝 놀라며 이렇게 말했다. "이 책을 쓴 사람을 한 번 만나 이야기를 나눌 수 있다면 죽어도 여한이 없겠다!" 그러자 이사는 "이것은 한나라의 한비자란 자가 쓴 것입니다"라고 말했다. 진시황은 한비자를 얻기 위해 한을 공격했고, 한비자를 지명하며 진나라로 보내 줄 것을 요구했다. 한나라 왕은 진나라의 요구를 받아들여 한비자를 사신으로 보냈다.

한비자와 이사는 동문수학한 사이였다. 한비자는 말을 더듬고 말도 잘 꾸미지 못했다. 하지만 재주와 생각이 남다르고 글을 잘 썼다. 이사는 이런 한비자에게 열등의식을 느끼며 자책했다. 그의 재능을 시기하고 질투한 이사는 진시황 앞에서 그를 모함했다. 한비자는 한의 신하이니 결국 진시황의 천하 통일을 돕지 않을 것이며, 후환을 남기지 말고 구실을 달아 법대로 그를 죽이라고 간언했다.

진시황은 사법관에게 명령하여 한비자의 죄를 묻도록 했다. 이어 이사는 다시 사람을 보내 한비자에게 독약을 주면서 자살하게 했다. 얼마 뒤 진시황은 자신의 행동을 후회하면서 한비자를 사면하려 했으나 한비자는 벌써 옥중에서 죽은 뒤였다고 한다.

인간의 본능을 정확히 파악해야 세상이 돌아가는 이치를 깨달을 수 있고 전망할 수 있다.

인간은 기회만 있다면 언제든 돈을 떼먹으려 든다

투자도 인간 본성에 대한 이해가 선행되어야 한다. 나는 삼성카드 투자로 큰돈을 잃었다. 아파트 한 채 정도 날렸다. 내가 큰 손실을 입고 난 뒤에 깨달은 것은 내가 인간 본성에 대한 이해가 부족했다는 사실이었다. 나는 그렇게 많은 사람들이 쉽게 남의 돈을 떼먹고 신용 불량자가 되리라 미처 상상하지 못했던 것이다. 외상이면 소도 잡아먹는다는 속담을 귓등으로만 들었던 대가를 크게 치렀다. 나만 그런 게 아니고 LG카드와 삼성카드의 경영진도 마찬가지였을 것이다.

전 세계를 공황의 위기로 몰아넣은 서브 프라임 모기지 사태도 인간 본성에 대한 이해 부족으로 발생한 것이다. 미국은 집을 담보로 돈을 빌린 다음에 돈을 갚지 못하면 집을 비우고 집 열쇠를 은행에 반납하면 대출금을 갚지 않아도 된다. 우리나라의 경우는 죽을 때까지 꼬리표를 달고 따라다니기에 어떻게든 갚아야 하는 것과 다르다.

그러다 보니 돈 없는 사람들이 무리하게 은행 대출을 받아서 집에 배팅하는 한탕주의 도덕적 해이가 미국에 만연하게 된 것이다. 서브 프라임 모기지 사태도 결국은 그렇게 많은 사람이 도덕적 해이에 빠질지 미처 파악하지 못해서 벌어진 것이다. 건전한 상식을 가지고 도덕적 결함이 없어 보이는 내 친구도 미국에서 집을 사고는 집값이 하락하자 집 열쇠를 은행에 넘겼다고 했다. 서브 프라임 모기지 사태는 인간은 돈을 떼먹을 수 있는 기회가 주어진다면 기꺼이 돈을 떼먹으려 한다는 것을 여실히 보여주었다.

또 다른 예를 들어보자. 퇴직을 하고서 약간의 목돈을 가진 사람들이 대부업에 뛰어든다. 대부 이자율이 높기에 그들은 땅 짚고 헤엄치듯 돈을 벌 수 있을 것으로 착각하고 사업을 시작한다. 하지만 대다수의 사람들은 사업을 시작한 지 2, 3년 안에 망한다고 한다. 세상이 그렇고 인간 본성이 그런 것이다. 그래서 고리대금업은 하지 말아야 한다. 비도덕적이라서 하지 말라는 게 아니고 망하기 쉬우니 하지 말라는 것이다. 대부업에 뛰어드는 순간 바로 인간의 본성에 대한 뼈아픈 성찰을 하게 될 수 있다.

인간 본성에 대한 이해가 투자의 기본이다

주식 투자도 인간 본성에 대한 이해가 있으면 도움이 된다. 예를 들어보자. 인간은 중독되기 쉬운 동물이다. 술, 담배, 도박, 게임에 중독되기 쉽다. 중독되면 뇌에서 도파민이 나와서 행복감을 주기 때문이다. 그래서 술, 담배, 카지노, 게임주들이 돈을 많이 번다. 주가도 다른 주에 비해서 수익률이 좋다. 2015년 영국 비즈니스 스쿨 연구에 따르면 '죄악 주식'은 1900년에서 현재까지 가장 뛰어난 투자 수익률을 기록한 업종이었다. (담배, 카지노, 술을 취급하는 주식을 흔히 죄악주라 한다.) 요즘은 미국에서 가장 핫한 종목이 마리화나 주식이다.

부동산 투자도 인간 본성에 대한 이해를 바탕으로 해야 한다. 인간은 더 좋은 동네, 더 좋은 집에 살고자 하는 욕망을 가지고 있다. 그래서 재건축도 허용해 주고, 재개발도 허용해 주고, 고층도 허용해 주어야 한다. 강남에 살고 싶은 욕망도 인정해 주어야 한다. 지금 같은 재건축·재개발 규제 그리고 강남에 대한 규제 정책은 인간의 본성에 반하기에 실패할 수밖에 없다. 시간이 가면 결국엔 재개발과 재건축은 이루어질 것이고 층고 제한도 풀리게 될 것이다. 철권통치자 김정일과 김정은도 북한의 장마당을 통제하지 못했다. 인간 본성에 반하는 정책은 그만큼 성공하기 힘든 것이다.

또 인간의 가장 강력한 본능인 자녀 사랑을 고려해서 투자해야 한다. 하이에크는 인간이 열심히 돈을 버는 이유 중에 하나가 자녀에게 좋은 기회를 마련해 줌으로써 상대적인 강점을 확보해 주려는 것이라고 했다. 따라서 정부가 특권층의 아이에게 불이익을 주고 불리한 환경 출신의 자녀를 우대하는 정책을 편다면 그것은 인간이 시장에서 재능을 발휘해 돈을 벌고자 하는 가장 큰 동기를 없애 버리는 것과 같다고 했다.

자녀에 대한 부모의 사랑은 맹목적 본능이다. 이러한 본능을 감안할 때 교육열은 당연한 것이고 부동산에서 학군의 가치는 영원할 것이다. 또 주식 투자를 할 때 그룹의 후계자가 지분을 많이 보유한 종목에 투자하는 것도 좋은 투자 아이디어다. 이런 종목만 찾아서 투자하는 투자자도 있다는 것을 기억해 두면 도움이 될 것이다.

교육비에 투자할까
부동산에 투자해서
유산으로 물려줄까

대학 졸업해 봐야 취직도 잘 안 되고 월급쟁이로 취직해 봐야 별 볼 일 없는 시대다. 이런 상황에서도 자녀 교육에 돈을 쓰는 게 효과가 있을까? 차라리 그 돈을 부동산이나 주식에 투자해서 나중에 유산으로 물려주는 게 더 낫지 않을까?

제법 많은 연구자들이 이 문제에 대해 고민했다. 미국의 마이클 그린스톤과 애덤 루니의 연구에 따르면 물가 상승률을 제외한 실질 투자수익률 기준으로 비교해 보니 주식투자수익률은 연 7퍼센트고 금, 채권, 부동산 투자수익률은 모두 3퍼센트 미만이었다고 한다.

그런데 대학 졸업장의 투자수익률은 연 15퍼센트 이상으로 밝혀졌다고 한다. 결국 자녀를 대학에 보내는 게 가장 좋은 투자라는 것이다. 대학 졸업장의 투자수익률은 주식투자수익률보다 2배 이상의 수익률을 보였고 부동산 투자수익률보다는 5배 이상의 높은 수익률을 보였다.

자녀를 대학에 보내는 게 더 나은 선택이란 조사 결과는 그 외에도 많다. 뉴욕연방준비은행의 제이슨 R. 아벨과 리처드 데이츠 연구원이 2014년에 보고서를 발표했다. 이 보고서에 따르면 대학 졸업장을 가진 사람이 대학을 나오지 않은 사람보다 평생 기준으로 120만 달러(약 13억 원)을 더 많이 버는 것으로 나타났다. 한편 대학 졸업에 드는 비용은 12만2천 달러(약 1억3천만 원) 드는 것으로 나타났다.

우리나라도 별반 다르지 않다. 고용노동부 통계에 따르면 2013년 기준 최종 학력에 따른 급여 차이는 성과급을 포함해 고졸 근로자 평균이 214만 원, 대졸 근로자 평균은 334만 원, 대학원 졸업은 470만 원이었다. 평생 기준으로 대학을 졸업한 근로자는 고졸보다 3억4390만 원 더 받는 것으로 나타났다. 우리나라에서도 대학 졸업장은 분명 남는 장사다.

미래에는 어떨까? 향후 교육투자의 중요성은 떨어질까? 아니, 오히려 시간이 갈수록 교육투자의 중요성은 더 높아지고 있다.

미국에서 조사한 한 연구에 따르면 시간이 갈수록 학력별 임금 차이가 더욱더 커진다고 보고되고 있다. 실제로 1980년과 2010년을 비교해 보면 그렇다. 1980년에는 시간당 임금 기준으로 고졸이 16

달러, 대졸이 21달러, 석사는 24.9달러였지만 2010년도에는 고졸이 14.8달러, 대졸이 25.3달러, 석사 이상은 33.1달러로 나타나 학력 간 임금 격차가 더 벌어진 것으로 나타나고 있다. 사회가 지식 정보화 사회로 변화함에 따라서 교육의 중요성이 점점 높아지는 것으로 볼 수 있다.

세계의 신흥 부자들, 자녀 교육 위해 돈 모은다

미국 경제학자 게리 베커(Gary S. Becker)는 1992년 노벨 경제학상을 받았다. 그는 1964년에 출간한 『인적자본*Human Capital*』에서 교육투자는 기계 투자와 동일하다고 주장했다. 즉 기업이 생산성을 높이려면 기계를 늘린 것만큼이나 직원의 교육이 중요하다는 주장인데, 기업의 생산성은 단지 투입된 노동자의 수에 달려 있는 게 아니고 노동자의 교육 수준과 숙련도에 달려 있다는 것이 핵심 내용이다.

또 다른 노벨 경제학상 수상자인 폴 로머 뉴욕 경영학 대학원 교수도 교육투자의 중요성을 역설한다. 그는 2018년 내생적 성장 이론으로 노벨 경제학상을 수상했다. 내생적 성장 이론이란 무엇인가? 성장을 결정짓는 중요 요소는 외부가 아닌 내부에 있다는 말이다. 바로 기술혁신과 지식이 성장의 중요 동인인데 이것이 통제할 수 있는 내부에 있다는 것이다.

과거 경제학자들은 기술혁신과 지식을 환경처럼 주어진 외부적

요인으로만 봤다. 그런데 폴 로머 교수는 이 기술과 지식을 외부적인 요소로 받아들일 것이 아니고 경제주체가 내부에서 적극적으로 개발 발전시킬 수 있으며 기술혁신을 통해서 계속 성장할 수 있다고 주장한 것이다.

결국 폴 로머 교수의 주장을 요약하면 경제성장은 자본과 노동보다는 기술의 진보와 지식의 축적에 달려 있으며 이를 통해서 계속 더 성장할 수 있다는 것이다. 즉 인재 교육을 통해서 경제를 계속 성장시킬 수 있다고 주장했다.

스탠다드차타드(SC)그룹의 '2018 신흥 소득자 보고서-번영의 사다리를 오르며'라는 연구 보고서에서 한국의 신흥 부자들은 돈을 모으는 첫째 목표가 자녀 교육에 있다고 답했다고 한다. 한국뿐만 아니라 다른 조사국인 10개국의 신흥 부자들도 돈을 모으는 이유 중 자녀교육을 첫 번째로 꼽았다고 한다.

보통 부모들은 이해타산을 떠나서 자녀 사랑 때문에 자녀 교육에 더 많은 신경을 쓴다. 비록 투자수익률이 낮다고 해도 자녀 교육에 많은 비용을 쏟아부을 것이다. 머릿속에 넣어 준 지식은 다른 사람이 훔쳐 갈 수 없으니 말이다.

자녀 교육에 대한 열성은 국적을 가리지 않는다. 외국에서도 자녀가 대학 수험생이 되면 전문직에 종사하는 엄마도 휴직하고 아이의 운전수 노릇을 하는 경우가 많다. 미국이나 캐나다 경우 공립 고등학교에 다니면 공짜지만 사립학교는 학비만 연간 3만 달러 이상든다. 그런데도 많은 부자들이 자녀를 사립학교에 보내고 개인 과외를 시킨다. 좋은 사립학교는 아이가 태어나자마자 입학하기 위해서 대기 등록을 한다는 말이 있을 정도다.

심지어 명문 고등학교에 자녀를 입학시키기 위해서 학교에 200만 달러를 기부하는 경우도 보았다. 자식에게 좋은 동창과 친구를 만들어 주려고 그런 비용을 치르는 것이다. 우리나라 부모들의 자녀 교육열이 유독 심한 걸로 알려져 있지만 막상 선진국에서도 상류층의 교육열은 우리나라와 별반 다르지 않다.

학군별 집값 차이는 선진국이 더하다

내가 경험한 바로는, 미국이나 캐나다 같은 경우, 학군별 집값 차이가 우리나라보다 훨씬 더 심하다. 길 하나 사이로 학군이 달라지는데 집값 차이는 그야말로 2배에 육박한다. 예를 들어, 매사추세츠 최고 학군인 브루클린에 있는 침실 3개짜리 주택은 70만 달러 이상이지만 보통 학군인 근처 멜로스-스토넘 지역에선 45만 달러면 이런 집을 살 수 있다. 신시내티 최고 학군인 시커모어의 집값은 평균 18만 달러지만, 보통 학군인 러블랜드의 집값은 10만 달러에 불과하다.

2016년 realtor.com의 조사에 따르면 학군이 좋은 지역의 집값은 전국 평균 집값보다 49퍼센트 비싼 걸로 나타났다. 미국에서 부동산 투자 격언이 과거에는 '로케이션(location)', '로케이션', '로케이션'이었지만 요즘엔 '학교', '학교', '학교'로 변한 것 같다고 한다.

외국의 사례를 보면, 학군별 집값 차이는 점점 더 확대될 것으로 보인다. 세상이 지식 정보화 사회로 이행하고 있기 때문이다. 실제로 유명 대학이 있는 도시 중에 발전하지 않는 도시가 하나도 없다고 한다. 교육의 중요성은 더하면 더하지 줄어들진 않을 것 같다.

지금까지 내용을 요약하면, 자녀 교육에 투자하는 게 부동산과 주식에 투자하는 것보다 더 높은 투자수익률을 보장하는 투자이며, 지식 정보화 사회가 되어 감에 따라 향후에도 그럴 것이다. 노벨 경제학상 수상자인 게리 베커는 설비투자만큼 교육투자가 중요하다고 했다. 또 다른 노벨 경제학상 수상자인 폴 로머는 기술 진보와 지식 축적이 경제성장에서 가장 중요한 요인이라고 지적하며 인재 개발의 중요성을 강조했다.

교육의 중요성은 앞으로도 계속될 것이며 이는 곧 해당 지역의 부동산 경기로 이어질 것이다. 부동산 투자를 할 때는 학군을 고려하는 것이 포인트 중 하나다.

미중전쟁은 한국 시장에
어떤 영향을 미치는가

미국의 군사 외교정책은 세계 1위 자리를 유지하는 데 목표를 두고 있다. 그러니 패권에 도전할 만한 2등 국가를 압박하는 것이 미국 군사 외교정책의 핵심이라 할 수 있다. 미국은 잠재적 경쟁국이 미국 GDP의 약 40퍼센트까지 추격해 오면 압박하는 정책을 펴곤 했다. 가까운 예로, 일본이 약 40퍼센트까지 추격해 오자 플라자합의를 맺게 해서 1985년 이후 잃어버린 20년을 보내게 만들었다.

그런데 중국은 이미 2018년에 미국 GDP의 70퍼센트에 육박했다. 중국이 이렇게 성장할 때까지 내버려둘 미국이 아닌데, 2008년 리먼

브라더스 사태 때문에 휘청하면서 때를 놓친 것이다. 미국이 리먼 쇼크에서 벗어나 몸을 추스르고 보니 중국의 패권 도전은 노골화되어 있었다. 늦었지만 미국은 바로 중국 누르기에 돌입한다.

미국의 패권에 도전하는 중국

중국이 미국의 패권에 도전하는 방법은 페트로 달러 체제(Petro Dollar System) 구멍 내기, 미국의 해상 포위망 뚫기, 시진핑 주석의 중국몽 선언 등 3가지로 요약할 수 있다.

페트로 달러의 올가미를 벗어나다

미국은 세계 패권을 장악하기 위해서 페트로 달러(석유 달러) 체제를 구축했다. 한 국가가 생존하는 데 가장 필요한 게 뭘까? 에너지와 식량이다. 미국은 에너지(석유)와 식량을 모두 달러로만 살 수 있게 만들었다. 우리나라도 예외가 아니다. 쌀이나 석유를 사려면 어떻게 하나? 달러를 들고 시카고 선물 시장으로 가야 한다.

달러가 없으면 식량을 살 수 없다. 석유가 없으면 냉난방도 할 수 없다. 우리나라는 죽으나 사나 수출을 해서 달러를 벌어 와야 하는 입장이다.

그렇다면 미국의 최대 수출품은 뭘까? F35 스텔스기? 보잉 747? 아이폰? 다 아니다. 바로 달러다. 미국은 달러를 찍어내고 수출해서 먹고사는 나라다. 그냥 달러를 찍어서 그 돈으로 개발도상국이 만든 냉장고, TV 등등을 수입해서 쓴다. 이것이 바로 패권국만 가질 수 있는 특혜다.

그런데 중국이 이 페트로 달러 체제에 구멍을 냈다. 어떻게? 상하이에 위안화로 석유 거래를 하는 시장을 만든 것이다. 이 시장에서 이란은 위안화를 받고 중국에 석유를 판다. 이란 석유 생산량의 절반 이상이 중국으로 간다. 베네수엘라도 상하이 석유 시장에서 위안화로 거래를 한다. 이들 반미 국가들은 석유와 위안화를 맞바꿔 중국에서 필요한 물품을 조달한다. 우리 모두가 알다시피, 세계의 공장 중국에서는 웬만한 것은 다 구할 수 있다.

미국이 그동안 잘 먹고 잘살게 해준 페트로 달러 체제에 중국이 구멍을 내고 있으니 미국으로선 위협을 느낄 수밖에 없다. 요즘 트럼프 대통령이 이란을 압박하는데, 이란의 석유 수출을 막아 버리면 중국도 타격이 클 수밖에 없다.

미국의 해상 포위망을 뚫다

중국은 이란에서 석유를 수입하는데, 이때 유조선들이 믈라카해협을 지나서 중국으로 온다. 믈라카해협을 봉쇄하면 중국은 망한다. 중국에겐 아주 치명적인 약점이다.

1941년 일본의 진주만 공습을 떠올려 보자. 일본은 왜 진주만을 공격했나? 일본이 석유의 80퍼센트를 미국에서 수입했는데 미국이 석유 공급을 끊어 버렸기 때문이다. 중국과 전쟁 중이던 일본은 석유 차단으로 치명타를 입게 되었다. 실제로 1941년 일본의 석유 비축량은 길어야 2년, 짧게는 18개월 정도밖에 사용할 수 없는 양이었다고 한다. 더 이상 물러설 곳이 없었던 일본으로서는 선택지가 없었다. 막말로, 이래 죽으나 저래 죽으나 마찬가지라는 판단이 진주만 공습으로 이어진 것이다.

미국이 믈라카해협을 봉쇄해 버리면 중국도 똑같은 위기에 처하게 된다. 이러한 약점을 잘 알고 있는 중국이 들고 나온 대응책이 바로 '일대일로'다. 일대는 하나의 벨트, 일로는 하나의 길이라는 뜻인데, 일대는 고대 실크로드처럼 육로로 중동 석유 생산국에 연결되는 것이고, 일로는 해상으로 중동 석유 생산국에 연결되는 길을 말한다. 믈라카해협을 통하지 않는 석유 수송로 확보를 위해서 말레이시아 종단 철도를 깔아 준다는 게 말레이 일대일로 사업이다.

요즘 중국이 남중국해의 무인도에 군사기지를 만들고 있다. 안전한 석유 수송로 확보를 위해서다. 일대일로는 석유를 가져와서 공장을 가동하고 생산한 제품을 팔 유럽 시장까지 연결하는 수송로다. 아프리카도 일대일로로 연결했는데, 이 역시 원재료와 시장 확보를 위한 것이다.

일대일로는 또 다른 배경을 가지고 있다. 2008년 리먼브라더스 사태 때 중국은 600조 원을 투자해서 경제 위기를 벗어났다. 그런데 당시에 투자한 철강, 시멘트 등은 공급과잉이 되었다. 중국은 이 공급과잉을 해결하기 위해서 교통망 주변의 국가에 돈을 빌려주고 중국인 노동자와 중국 제품으로 석유 자원 수송로와 수출 시장을 연결하는 도로, 철도, 항만 시설을 구축하는 사업을 벌였다. 남아도는 유휴 자원을 이용하고 석유 자원과 시장에 접근하는 수송로를 확보하는 꿩 먹고 알 먹는 일석이조 사업이 바로 일대일로인 것이다.

중국이 미국의 해상 포위망을 뚫고 석유 자원에 접근하는 것을 좌시할 미국이 아니다. 미국은 시리아 내전에 개입하고, 쿠르드족을 지원하고, 이란을 압박하는 것으로 일대일로 훼방 작전을 펴고 있다. 또 파키스탄이 일대일로 사업으로 빚에 허덕여서 IMF 지원을 요청했지만 이를 거절하게 압력을 행사한 것도 미국이다.

2050년, 중국몽의 현실화 선언

덩샤오핑은 죽기 전, 2050년까지 도광양회(韜光養晦, 자신을 드러내지 않고 때를 기다리며 실력을 기른다) 하라고 신신당부했다. 그러나 미국이 리먼 사태로 흔들리자 후진타오는 화평굴기(和平崛起, 평화롭게 우뚝 선다)를 내세웠다. 후임자인 시진핑은 아예 한술 더 떠서 2050년에 중국이 세계 넘버원이 되겠다는 중국몽(中國夢, 과거 세계의 중심이었던 중국의 영광을 21세기에 되살리겠다)을 선언했다. 중국몽 달성을 위한 청사진이 바로 '중국제조 2025'이다. 2025년까지 10개 첨단 분야에서 세계 1등을 하겠다는 것이다. 여기에 가만 있을 미국이 아니다. 트럼프 대통령은 바로 그 10개 분야 제품에 대해 25퍼센트 관세를 때려버렸다. 미중전쟁에 불이 붙은 것이다.

미국은 왜 중국이 이렇게 크도록 내버려두었나

미국이 리먼 쇼크에 빠져 허우적거린 탓이 큰데, 여기에 더해 미국 엘리트의 오판도 작용했다. 중국이 자유 시장경제에 편입되면 중산층이 늘어나고 자유롭게 경제활동을 하다 보면 자연스럽게 민주주의가 발달되고 자유 시장경제로 변화될 것으로 미국은 낙관했다.

그런데 세월이 흘러도 중국은 여전히 중국공산당 1당 독재 체제로 남아 있고 변한 게 없다. 오히려 시진핑은 임기도 없애버리고 황제처럼 죽을 때까지 집권할 태세다. 1인 독재 체제가 더 심해진 것이다.

예전에는 공산 독재 체제는 감시 감독 비용이 많이 드는 비효율성 때문에 오래가지 못할 것으로 예상했다. 그런데 중국은 인공지능을 이용한 감시 체제를 만들어서 전체주의 체제를 강화해 가고 있다. 위챗의 모든 대화 내용을 검열하고, 지하철 승하차도 CCTV 얼굴 인식으로 하고, 범죄자도 곳곳에 설치된 CCTV에 얼굴이 잡히면 바로 공안이 출동하는 등 인공지능을 이용해 전체주의를 강화하고 있다.

자유 민주주의 시장경제 체제의 미국 엘리트들은 당황했다. 인공지능을 이용해서 1당 독재 체제를 강화하는 중국을 보면서, 어쩌면 중국이 망하기는커녕 오히려 성장세에 오를 수도 있으리란 두려움을 갖게 된 것이다. 그래서 미국은 다각적으로 중국을 견제하고 있다. 최근에 미국은 중국의 슈퍼컴퓨터 개발 기업 5곳을 비롯한 IT 기업들을 거래 제한 리스트에 올렸다. 세계 1위 CCTV 기업 하이크비전과 2위 기업 다후아 그리고 세계 최대 드론 제조사인 DJI도 블랙리스트에 포함시킬지 검토 중이다.

미국은 중국을 어떻게 압박하고 있는가

미국이 중국을 상대로 벌이는 압박은 군사적 압박, 기술 전쟁, 무역 전쟁, 지정학적 전쟁 등 4개 전쟁터로 나뉘어 진행된다.

군사적 압박

미국이 가장 막강한 분야가 군사력이다. 국방비만 봐도 그렇다. 미국의 국방비는 세계 2위에서 10위국까지 국방비를 모두 다 합친 것보다 많다. 미국은 중국을 군사적으로 압박하여 군비경쟁으로 끌어들이고 중국이 군비 지출에 허덕이게 만들어 종국에는 소련처럼 붕괴시키려는 계획이다.

미국이 중국을 군사적으로 압박하는 주요 지역을 살펴보자. 미중 패권이 첨예하게 부딪치는 지역은 인도-태평양 지역이다. 오바마 대통령 때부터 미군은 중심 지역을 중동 지역에서 아시아로 옮겨왔다. 특히 인도-태평양 지역이 중요하다. 전 세계 물동량의 60퍼센트가 이 지역에서 발생하고 있기 때문이다. 세계에서 가장 큰 항구 10개 중에 9개가 이 지역에 몰려 있다. 인도-태평양 지역을 장악하는 나라가 자연스럽게 세계 패권국이 되는 구조다.

미국과 중국은 인도-태평양에서도 특히 남중국해에서 부딪치고 있다. 전쟁과 긴장이 일어난다면 이 지역에서 발생할 가능성이 높다. 남중국해에서도 첫째로 주목할 전략 지역은 믈라카해협이다. 중국, 한국, 일본, 대만이 사용하는 원유의 80퍼센트가 이 믈라카해협을 통해 지나간다. 믈라카해협을 막아 버리면 이 네 나라는 고사하고 말 것이다. 그런데 이 길목을 미국이 장악하고 있다. 미국은 언제든 중국의 숨통을 조일 준비가 되어 있는 셈이다. 그러니 중국이 믈라카해협이 아닌 다른 우회 원유 수송로를 만들려고 하는 것은 당연하다.

인도-태평양 지역에서도 그다음으로 주목할 미중 대결 지역은 남중국해의 난사군도다. 난사군도는 중국과 베트남, 타이완, 필리핀, 말레이시아, 브루나이 6개국 간의 영토 분쟁이 있는 지역인데, 중국은 남중국해 대부분이 중국 영해라고 주장한다. 중국 본토에서 멀리 떨어져 있지만 한나라 때부터 발견하고 관리해 왔다고 주장한다. 한나라 때면 기원전이다.

어쨌거나 난사군도는 인접한 베트남, 필리핀, 브루나이 등 여러 나라가 영토 분쟁을 이어 왔는데, 이 난사군도 바다 아래 석유 매장량이 자그마치 세계 4위 수준이라는 게 밝혀졌다. 그리고 전 세계 어획량의 약 10퍼센트가 여기서 나온다고 한다. 그러니 어느 한 나라도 물러설 수 없는 실정이다. 특히 중국과 베트남은 이 문제로 바다에서 충돌해 서로 물 대포를 쏘고 사망자가 발생하기도 했다. 결국 가장 힘이 센 중국이 난사군도에 깃발을 꽂았다. 작은 나라들은 어찌할 방도가 없었다. 중국은 이 무인도를 더 확장하고 비행장도 만들고 군사기지까지 설치했다. 석유 수송로의 안전을 확보하기 위해서다.

이때 미국이 등장한다. "난사군도가 중국의 바다가 아닌 것 같다, 국제사법재판소의 판결을 받아보자!" 그래서 국제사법재판소가 개입하게 되는데, 판결 결과 중국이 졌다. 이 판결이 나오자마자 미국은 국제법에 따라야 한다고 중국을 압박했고, 이날 시진핑은 인민해방군에 1급 전투태세를 명령했다. 중국은 죽어도 이 바다를 포기 못한다는 것이다. 왜 중국은 왜 이토록 난사군도에 목을 매는 것일까?

천연자원, 어획량도 있지만, 이 바다를 내주면 석유 수송로 확보가 안 되기 때문이다. 또 여기를 미국이 막아 버리면 중국은 대서양과 태평양으로 나갈 수가 없기 때문에 완전히 고립되고 만다. 그런데 미국은 항해의 자유 작전이라고 하면서, 걸핏 하면 미 해군이 난사군도를 지나가면서 중국의 심기를 건드린다. 미군은 자기만 항해하는 게 아니고 동맹국 함대도 같이 데리고 다니면서 보란 듯이 중국의 주장을 무시한다. 그리고 가끔은 전략핵폭격기도 지나가게 해서 중국이 긴장하고 화나게 만든다. 얼마 전에는 우리나라에게도 항해의 자유 작전에 동참하라고, 군함을 보내달라고 요청했지만 우리 정부는 중국 눈치 보느라고 안 보냈다.

다음으로 미국이 군사적으로 중국을 압박하는 지역이 어딘가? 대만해협이다. 올해 미 국방성이 백서를 발표했는데 대만을 국가라고 명시하고 있다. 이런 조치는 중국을 매우 강하게 자극하고 화나게 만드는 것이다.

1972년, 닉슨 대통령의 특별보좌관이었던 헨리 키신저와 마오쩌둥이 미중 수교에 합의할 때 중국이 요구한 수교 조건이 바로 하나의 중국을 인정한다는 것이었다. 즉 대만이 중국의 일부라는 것이다. 그런데 요즘 트럼프 대통령은 새로운 법을 만들어서 대만이랑 거래하고, 비밀리에 미군사고문단을 대만에 배치하고 있다. 또 최근에는 보란 듯이 대만에 전투기와 무기를 팔았다.

미국이 여러 지역에서 중국을 군사적으로 압박해서 노리는 것은 무엇일까? 중국이 군비 레이스에 말려들어 군비지출을 늘리게 자극하는 것이다. 이게 바로 레이건 대통령이 소련을 붕괴시킨 방법이다.

소련은 미국의 스타워즈 계획에 대비한다고 예산을 무리하게 군비에 지출한 결과 자멸의 길로 접어들었다. 미국은 이 전략을 중국에도 적용하고 있다. 그리고 미국은 중국을 둘러싼 국경 국가들을 전부 미국편으로 만들고 있다. 중국과 국경을 맞댄 인도, 파키스탄, 베트남, 필리핀, 대만, 몽고가 모두 친미 국가들이다. 친미 국가들로 중국을 포위하고 지속적으로 자극하고 군사적 마찰과 긴장을 일으켜서 중국이 자원을 군비에 쏟아붓도록 유도하는 것이다.

하지만 미국은 전면적인 전쟁은 원치 않는다. 핵전쟁이 일어나면 둘 다 죽는 길밖에 없기 때문이다. 그래서 전면전은 피하면서 중국이 군비지출로 허덕이다 망하게 만들려는 것이다.

기술 전쟁

중국이 지금 미국보다 앞서거나 왕좌를 위협하는 몇몇 분야가 있다. 중국은 우주굴기(宇宙崛起 ,우주 분야에서 우뚝 서다)에 박차를 가하며 미국도 못한 달의 뒷면 탐사를 완수했다. 미국의 전략 자산인 인공위성을 파괴할 수 있는 무기도 개발했다. 미 항공모함을 파괴할 수 있는 둥펑이란 미사일도 실전 배치했으며 미국의 방공망을 무력화할 수 있는 극초음속 미사일도 개발했다.

미국보다 연구는 늦었지만 레일건 실전 배치에선 중국이 빨랐다. 세계 최초로 레이저 소총을 만든 것이 중국이다. 미래 패권국이 가지게 될 최대 무기인 슈퍼컴퓨터 제조 분야에서도 미국과 대등한 수준으로 올라왔다. 차세대 컴퓨터인 양자컴퓨터에서도 중국이 미국을 따라잡았다.

미래 패권을 좌우하게 될 인공지능 분야에서도 특허 수가 미국을 능가하고 있다. 시진핑이 중국몽을 말하는 데는 그만한 근거가 있었던 것이다.

미국의 긴장감이 고조되면서 대응 조치도 강해지고 있다. 앞서 말한 것처럼, 중국제조 2025 계획에 따른 10개 분야 제품에 관세 25퍼센트를 때렸다. 또 중국의 슈퍼컴퓨터 연구소와 회사를 블랙리스트에 올려서 미국 기업이 거래를 못하게 만들었다. 또 중국 유학생들과 중국 연구원들을 미국 대학과 연구소 등에서 쫓아내고 있다.

2019년 6월 오사카에서 트럼프를 만난 시진핑이 "중국 유학생에게도 공평한 대우를 해달라"고 요청하자 트럼프는 "미국은 언제나 중국 유학생을 환영한다"고 대답했다. 화웨이 규제 완화 요청도 앞에선 풀어 준다고 립 서비스를 하고선 돌아서자마자 잊어버리는 것이 미국이다. (화웨이가 1년에 10조 원 정도 순이익을 올리는데, 이 돈이 중국공산당으로 흘러 들어간다는 주장이 있다. 몇 년 전 미국 NSA가 화웨이를 해킹해서 화웨이와 중국공산당의 관계를 파악했는데, 뒤늦게 이 사실을 알게 된 화웨이가 미국에 소송을 건 일이 있다. 이 와중에 흘러나온 소문이니 완전 헛소문은 아닐 것이다.)

이제 미국은 중국 첨단 기업이 미국에서 자본 조달을 하지 못하도록 뉴욕증시에서 쫓아낼 것이다. 트럼프의 전 수석 전략가가 앞으로 그렇게 될 것이라고 말했다. 중국 기업 알리바바는 눈치를 챘는지 뉴욕증시에서 홍콩으로 옮긴다고 한다. 쫓겨나기 전에 제 발로 먼저 대피하는 것이다. 미국은 중국 첨단 기업의 자금줄을 끊음으로써 기술 전쟁에서 유리한 입지를 차지하려 할 것이다.

무역 전쟁

2019년 여름 오사카에서 미국과 중국이 무역전쟁을 휴전하고 다시 협상을 이어 간다고 했다. 하지만 나는 이 협상이 잘 안 될 것으로 본다. 왜? 미국은 중국 붕괴를 위해서 시간 끌기를 하고 있을 뿐이다. 중국의 무기인 희토류 조달 방안을 완성하기 위해 시간이 필요한 것이다. 지금도 관세를 때리니 중국 내 미국 기업과 다국적기업의 탈출이 일어나고 있다. 희토류 조달 방안이 어느 정도 완성되면 미국은 본격적으로 중국 압박을 강화할 것이 뻔하다. 지금은 중국 첨단제품에 25퍼센트의 관세를 부과하지만, 이것이 나중에는 30퍼센트, 40퍼센트로 점점 올라갈 수 있다.

미국의 진짜 목표는 중국 내 자유 진영의 기업들을 탈출시키는

데 있다. 트럼프는 대선 때문에 잠시 휴전하는 경우는 있더라도 중국과 무역 전쟁을 멈추지 않을 것이다. 중국이 완전히 항복할 때까지 이 전쟁은 끝나지 않을 것이다. 세계의 공장으로 중국 대신에 단기적으론 베트남, 장기적으론 인도를 키우겠다는 게 미국의 생각이다. 시간은 몇 년 더 걸리겠지만, 한국 기업들도 중국에서 사업하는 건 조심해야 한다.

지정학적 전쟁

미국은 중국을 쪼개려는 의도를 감추지 않는다. 신장 웨이우얼 자치구 주민들은 쿠르드족인데 이들의 독립을 미국이 지원한다. 달라이 라마도 지지하여 티베트 독립도 지지하고, 대만도 실질적인 국가로 대우하면서 중국의 '하나의 중국' 정책을 부정하고 있다. 홍콩도 미국의 공격 대상이다. 홍콩의 민주화 운동을 뒤에서 지원하고, 현재는 홍콩을 자유무역 지대로 관세를 안 때리고 있지만, 홍콩이 민주화가 안 되고 있다는 핑계로 언제든 홍콩에도 관세를 때릴 수 있다. 이들 지역을 중국이 관리하려면 많은 자원을 쏟아부어야 하고 힘이 빠질 것이다.

중국과 근접한 북한 카드에 대한 미국의 전략에 대해서도 다양한 상상이 가능하다. 미국은 북한을 베트남화하려는 것처럼 보인다. 똑똑하고 근면하고 무엇보다 가장 싼 임금을 가진 북한은 중국에서 탈출한 기업들이 들어오면 급성장할 수 있다. 북한이 중국을 100퍼센트 대신할 순 없지만 베트남보다 더 큰 경쟁력을 가지고 중국 대신 세계의 공장 역할을 할 수 있을 것이다. 이걸 트럼프가 김정은에게 자꾸 말하는 것이다.

베트남은 미국과 한때 전쟁까지 했지만 지금은 완전 미국편에 서서 중국에 대항하고 있다. 트럼프는 북한이 핵무기를 포기한다면 안전을 보장해 주고 북한에 미군을 배치해 중국 바로 코앞에 총구를 겨누겠다는 계산이다. 트럼프의 제안은 간단하다. "규제로 굶어 죽을래? 아니면 핵을 포기하고 내 편이 돼서 번영할래?" 중국도 미국의 의도를 눈치채고 북한 끌어들이기에 여념이 없다. 김정은의 선택은 어느 쪽일까? 나는 북한이 미국 편에 서는 쪽이 우리에게 유리한 기회가 될 것으로 보고 있다.

미국의 요구와 중국의 방어는 어떻게 부딪치고 있나

먼저 미국이 중국에게 요구하는 것은 지적재산권 보호, 국가가 기업에게 주는 보조금 폐지, 중국 시장 개방, 금융시장 개방 등 크게 4가지다. 하나하나 의미를 살펴보자.

지적재산권 보호

미국 CIA 국장의 말을 빌리자면, 미국에는 2종류의 기업이 있다. 중국에게 해킹을 당해서 기술이 털리는 회사와 해킹당한 사실조차 모르고 있는 회사다. 말인즉슨, 미국 기업은 전부 중국에 해킹당해서 기술이 털린다는 말이다.

미국은 연간 3,000억 달러 정도 대중 무역 적자를 보고 있는데, 해마다 이 금액만큼의 기술도 털린다고 한다. F35 스텔스기 제조 기술도 중국에 해킹을 당했다고 하니 말 다했다. 상황이 이 정도면 미국 입장이 이해가 간다.

보조금 폐지

중국은 국영기업에게 보조금을 준다. 이 보조금을 바탕으로 깔고 다른 나라 기업이랑 경쟁한다. 예를 들어 BOE라고, LCD 만드는 중국 국영기업이 있다. 그동안 LCD 분야 세계 1위는 한국이었다. LG 디스플레이와 삼성디스플레이가 세계 최고였다. 그런데 BOE는 중국 정부의 보조금과 지원을 받아서 적자를 보더라도 수익성과 상관없이 LCD 공장을 확장하고 생산하더니, 마침내 LCD 생산량이 한국 기업을 능가해서 세계 1위를 차지했다. BOE의 전체 영업이익의 90 퍼센트가 보조금이라고 한다. 1위 자릴 내준 LG디스플레이의 주가는 처참하게 하락했다. BOE가 다음으로 노리는 게 아몰레드다. 이미 아몰레드도 생산하고 플렉서블 디스플레이도 생산하고 있다. 아몰레드 분야에서도 1위 하겠다고 선언했다. 한국 기업들로선 위기의식을 느낄 수밖에 없다. 이런 식으로 중국 국영기업들은 철강, 알루미늄, 석유화학, 태양광 폴리실리콘, 조선 등에서 한국 기업을 추월하고 있다. 공정한 경쟁이 아니니 해볼 도리가 없는 것이다.

반칙 경쟁의 피해는 미국도 비켜 갈 수 없다. 중국의 국영기업은 은행 돈의 75퍼센트를 빨아들이고 정부의 보조금을 받으면서 좀비 군단처럼 인해전술로 자유 진영 경쟁 기업을 초토화시키고 있다. 그러니 트럼프가 보조금을 폐지하라고 목소리를 높이는 것이다.

하지만 중국의 국영기업은 붉은 귀족들의 철밥통이고, 이들 국영기업이 시진핑의 주요 지지 세력이다. 중국이 사회주의 체제를 유지하는 것은 결국 국영기업이 있기 때문이다. 중국은 국영기업에 대한 보조금을 끊을 수가 없다. 보조금을 폐지하는 순간 좀비 국영기업은 파산하고 동시에 중국공산당의 1당 독재 체제도 붕괴될 수 있기 때문이다. 그래서 중국은 죽기 살기로 국영기업 보조금을 유지할 것이다.

중국 시장 개방

중국인만 사업할 수 있는 분야가 있다. 예를 들어보자. 미국에서는 아마존, 구글, 페이스북이라는 막강한 기업이 있다. 그런데 중국엔 진출을 못했다. 중국엔 구글에 해당하는 바이두가 있고, 아마존에 해당하는 알리바바가 있고, 페이스북에 해당하는 위챗 운영사 텐센트가 있다.

중국은 만리장성처럼 인터넷 장벽을 쌓고 외국 인터넷망을 차단하고 있다. 이걸 화웨이가 했다. 중국은 외국인은 자국 시장에서 사업을 못하게 막으면서 외국시장은 확장하고 있다. 알리바바는 우리나라 사람도 많이 이용한다. 인터넷 사업뿐만이 아니다. 거의 모든 분야의 산업에서 중국은 자국 시장은 보호하며 자기들만 밖으로 나가겠다고 고집을 부리고 있다. 그래서 미국이 끊임없이 중국의 시장 개방을 요구하는 것이다.

금융시장 개방

미국은 왜 중국의 금융시장 개방을 요구하는 것일까? 우리나라의 경우를 보자. 삼성전자는 주주의 절반이 외국인인데, 그중 미국인이 가장 많다. 삼성전자가 돈을 벌고 배당하고 주가가 오르면 미국에서 큰 이익을 본다. 미국은 삼성전자 외에도 국내 은행 등 많은 한국 기업에 투자해서 이익을 향유하고 있다. 그런데 중국 기업에는 그게 안 되고 있다. 중국 기업들은 돈을 벌면 혼자 다 챙긴다. 그래서 미국이 금융시장을 개방하라고 요구하는 것이다. 금융 비즈니스는 미국이 최강이다. 정보산업이다 보니 그렇다. 그런데 중국이 도통 협조를 안 해주니 미국으로선 아쉬움이 클 것이다.

중국이 금융시장을 개방하고 일본의 플라자합의처럼 위안화 절상을 받아들일 거라고 말하는 사람들도 있다. 그러면 미국이 중국 주식과 부동산에 거품을 일으키고 다음에 매도 치고 빠져나올 거라고, 소위 '양털깎이'를 할 것이라고 말이다. 이때 우리도 한탕하자고 행복회로를 돌린다. 그렇게 될 수도 있다. 나도 그랬으면 좋겠다. 그런데 나는 그렇게 될 가능성이 10퍼센트도 안 된다고 본다.

생각해 보자. 일본은 플라자합의를 할 때만 해도 자기들이 '잃어버린 20년'을 보내게 될 것이라고는 상상도 못했다. 그리고 당시에 일본은 안보를 미국에 의존하고 있었기 때문에 미국 말을 따를 수밖에 없었다. 그런데 중국은 다르다. 중국은 일본이 플라자합의로 어떻게 망했는지 뻔히 알고 있다. 덩치도 일본보다 2배나 크고 안보문제도 없는 중국이 순순히 독약을 받아 마실 리가 없지 않은가? 실제로 중국 고위 관료가 "중국이 제2의 플라자합의를 받아들일 거라는 꿈에서 깨라"고 말하기도 했다.

미국의 4가지 요구에 대해서, 중국은 일부는 받아들이지만 전부는 받아들이려 하지 않을 가능성이 높다. 특히 국영기업 보조금 지원, 인터넷 시장 개방 등에서 미국의 요구를 받아들이기 어려울 것이다. 왜 그럴까?

미중 협상 초기엔 중국이 굽신거리며 미국의 요구를 들어주었다. 그런데 갈수록 요구 사항이 많아지니 반발심이 생기고 특히 시진핑의 경쟁 세력들이 이를 지적하며 공격하자 시진핑도 강경으로 돌아서게 되었다. 그리고 모든 선전 매체를 동원해 대장정을 갈 각오로 미국에 대항하여 싸우자고 부추겼다. 지금 중국 내부의 분위기를 보면 완전 단결되어 있다.

미국의 중국 봉쇄 전략, 어떻게 끝날 것인가

미국은 소련 봉쇄 전략을 취해서 소련을 망하게 한 것처럼 중국 봉쇄 전략을 취할 것이라고 본다. 현재는 미국이 중국 제품만 관세를 높이고 미국 기업이 중국 기업과 거래를 못하게 하지만 나중에는 동맹국에도 같은 요구를 할 것이다. 세계를 중국과 동맹국으로 나누어 블록화해서 자유 진영 기업들이 중국에서 탈출하고 거래를 못하게 막으려 할 것이다.

이것이 가능할까? 나는 미국이 분명 그런 장기계획을 가지고 움직이고 있다고 본다. 그런데 큰 소비 시장을 가진 중국시장에서 돈을 벌려는 미국 기업가들의 반발을 무마시켜야 하기에 미국으로선 부담스러운 것이 사실이다. 그럼에도 불구하고 미국은 중국에 대한 압박을 멈추지 않을 것이다. 만약 미국의 공격과 봉쇄 전략이 중국이 주저앉을 때까지 계속된다면 결과는 어떻게 될까? 이 싸움의 승자는 당연 미국이 될 것이다.

이 싸움이 9회까지 갈지 5회에서 막을 내릴지 모르지만, 미국이 이길 것이란 것만은 분명하다. 내겐 너무 쉬운 답이다. 너무나 많은 이유를 댈 수 있지만 딱 3가지만 말해보자. 첫째, 패권을 차지하려면 일단 식량과 에너지 자급자족이 되어야 한다. 그런데 중국은 식량과 석유를 다 수입한다. 둘째, 1당 독재 체제는 부정부패를 가져올 수밖에 없다. 중국의 덩샤오핑은 마오쩌둥 시절 1인 독재의 폐해를 절감하고 이를 방지하기 위해서 집단지도체제와 다다음 세대(격세지정) 후계자 지명 제도를 도입했지만 시진핑이 이를 다 쓰레기통에 던져버리고 스스로 황제의 길로 들어섰다. 공산당 독재 체제는 부정부패를 불러오고 유연성을 떨어뜨려서 결국 사회 발전 속도가 자유로운 미국에 뒤처질 것이다. 셋째, 중국인들조차도 호시탐탐 재산을 외국으로 빼돌리려 하고 있다. 과연 이런 나라가 패권국이 될 수 있을지 의심스럽다.

한국은 어느 쪽에 줄을 서야 유리한가

한국 산업 중에서 중국에 앞서는 것은 반도체와 아몰레드 그리고 엔터테인먼트 산업만 남은 것 같다. 중국에 대한 미국의 견제가 없다면 한국의 모든 산업은 중국에 먹히고 말 것이다. 시간문제일 뿐이다. 미국이 세계경제를 블록화하여 중국 경제를 봉쇄한다면 나는 한국에 유리하다고 본다. 한국의 경제성장률이 2003년부터 세계 경제성장률보다 못했다. 평균을 깎아 먹었다.

여기에는 2002년 중국이 WTO에 가입한 영향이 크다. 중국 13억 인구가 자유 시장 경제 체제의 노동자로 유입되면서 예전보다 노동자가 50퍼센트 이상 많아진 것이다. 그만큼 한국 노동자들의 입지가 줄어들었다는 뜻이다. 아버지 세대는 취직이 잘 되었는데, 요즘 젊은이들은 취직이 안 된다고 불만이 많다. 그런데 알고 보면 아버지 세대는 운이 좋아서 자유 진영에서 가장 가성비가 좋았다. 일단 쌌다. 그러니까 취직이 잘 되었다. 그런데 요즘 젊은이들은 상대적으로 인건비가 저렴한 중국 대졸자와도 경쟁해야 하고 인도 대졸자와도 경쟁해야 하니 취업이 힘든 것이다. 살아남으려면 글로벌 경쟁력을 가져야 한다. 생존 환경이 바뀌니 생존의 조건이 달라진 것이다.

글로벌 정세라는 거대한 체스판에서 볼 때 우리나라는 작은 말에 불과할 수 있다. 그러니 전체 정세가 어떻게 돌아가는지 잘 보고 전략적으로 줄을 서야 한다. 미국 입장에서 한국은 장기적으로 유익하고 협조적인 동맹이 될 수 있다. 그 말이 무슨 말인고 하니, 한중일 삼국을 놓고 볼 때 미국은 일본을 믿지 않는다. 전쟁까지 한 나라다. 일본이 커지면 미국에 대들 게 분명하다. 중국은 말할 것도 없다. 그래서 미국은 한국이 아시아에서 입지를 키워 중국과 일본을 견제해 주기를 내심 바란다. 한국은 아무리 커져도 미국에 위협적인 수준까지 크진 못할 거라고 보는 것이다.

우리나라는 1985년부터 1988년까지 3년간 1인당 GDP가 2배로 늘었다. 단군 이래로 우리가 가장 빨리 부자가 된 시기였다. 그때 우리의 성장 동력은 무엇이었을까? 미국이 일본을 플라자합의로 때리니까 한국이 반사이익을 얻게 된 것이다. 한국전쟁 이후 미국은 한국의 경제 발전에 꾸준히 영향력을 행사했다. 한마디로 전쟁의 포화 속에서 굶주리던 나라가 그토록 짧은 시간 안에 재기할 수 있었던 것은 미국 덕이 크다. 결과적으로 미국 편에 줄을 서는 편이 우리나라에 유리할 것이란 얘기다.

잘살기 위해서는 노력과 재능도 중요하지만 줄을 잘 서야 한다. 개인도 국가도 마찬가지다. 줄을 잘 서려면 어떻게 해야 하나? 전략적인 사고를 해야 한다. 전략적인 사고를 하려면 어떻게 해야 하나? 일단 먼저 글로벌 흐름을 잘 파악해야 한다. 글로벌 흐름을 잘 파악하려면 어떻게 해야 하나? 부분을 알고 전체를 알고, 전체를 알고 부분을 알면 된다. 또 전체와 부분이 어떻게 연결되어서 작동하는지

알면 된다. 이런 식으로 파악하지 않으면, 매일 신문을 보고 뉴스를
봐도 산발적이고 지엽적인 정보만 얻을 뿐 세상이 어떻게 돌아가는
지 알 수가 없다.

　미중 전쟁에서 우리가 중국 편에 서느냐 미국 편에 서느냐는 향후
우리나라의 경제는 물론, 흥망에도 직접적인 영향을 미칠 것이다. 이
는 당신의 투자나 자산 형성 방향에도 직결된다는 이야기다. 항상 글
로벌 마인드와 시각을 가지고 미국과 중국, 일본, 북한 등의 만남과
분위기를 보고 분석해라. 그것이 투자의 향방을 알려줄 것이다.

투자에 성공하려면
원시적 본능을 극복하라

―――

어느 날 방 안에 들어온 파리 한 마리가 있었다. 창밖으로 나가려고 닫힌 유리창에 계속 부딪혔다. 나는 불쌍한 파리를 위해서 방문을 열어 주었다. 그러나 파리는 방문을 통해서 탈출하려 하지 않고 계속 유리창에 부딪혔다. 파리 입장에선 밝은 빛이 보이는 곳으로 무조건 비행해야 탈출할 수 있을 것이라는 본능에 따라서 계속 유리창에 부딪히는 것이다. 그런 행동이 안타깝지만 파리에겐 어쩔 수 없는 일이다.

개구리는 파리를 잡아먹는다. 그런데 개구리는 움직이는 파리만 잡아먹지 가만히 있는 파리는 잡아먹지 않는다. 개구리의 뇌가 움직이는 것만 잡아먹게 프로그램되어 있기 때문이다. 개구리는 눈앞에 파리가 있어도 움직이지 않는다면 잡아먹지 않는다. 개구리는 본능대로만 행동한다.

인간도 동물이다. 인간도 파리나 개구리처럼 생존하고 번식하기 쉽게 두뇌가 진화해 왔다. 인간은 800만 년 동안을 살아 왔지만 799만 년을 구석기인으로 지내왔다. 인류의 역사 대부분을 구석기인으로 지내 온 것이다. 그래서 인간의 두뇌는 구석기인으로 살기 좋게 진화되어 왔다. 그리고 인간은 더 이상 진화가 되지 않았다. 현재 인간의 두뇌는 구석기인으로 최적화된 두뇌에 머물러 있다.

구석기시대에는 없었던 시장경제가 나타난 것은 1만 년도 안 된다. 자본주의 시장경제가 나타난 것은 200년도 채 안 된다. 인간의 역사를 24시간이라고 한다면 자본주의 시장경제는 마지막 2초에 나타났다. 인간의 역사를 1,000페이지짜리 책이라고 한다면 자본주의 시장경제는 마지막 페이지, 마지막 한 줄에 등장한다.

우리는 자본주의 시장경제에 적응할 수 있는 두뇌를 타고나지 않았다. 우리는 자꾸만 구석기인처럼 생각하고 행동한다. 그래서 판판이 재테크에 실패한다. 바닥에서 팔고 상투에서 매수한다. 본능대로 하니까 부자가 되지 못한다. 부자가 되기 위해서는 시장경제에 맞지 않는 구석기시대 본능을 극복해야 한다.

그렇다면 우리를 부자가 되지 못하게 방해하는 본능이 무엇인가? 내가 발견한 것은 9가지다. 무리 짓는 본능, 영토 본능, 쾌락 본능, 근시안적 본능, 손실 공포 본능, 과시 본능, 도사환상, 마녀환상, 인식 체계의 오류 등 9가지 본능이 우리가 부자가 되지 못하게 방해한다. 나의 졸저 『부의 본능』은 바로 이 9가지 본능을 이해하고 극복해서 부자가 되는 법에 관한 것이다.

주식 투자와 부동산 투자에서 성공하려면 본능을 극복해야 한다. 본능을 극복하는 투자법이 진입 장벽이 있어 남들이 쉽게 따라 할 수 없고 효율적인 시장에서도 유효한 투자법이다.

그러니 부자가 되려면 먼저 자신의 내면을 들여다봐야 한다. 부자가 되려면 먼저 자신의 두뇌를 관찰하고 의심해야 한다. 파리가 갇힌 방 안에서 탈출하려면 본능을 극복해야 한다. 개구리가 움직이지 않는 파리를 잡아먹으려면 자신의 본능을 극복해야 한다. 마찬가지로 인간도 현대 자본주의 시장경제에 맞지 않는 원시적 본능을 극복해야 부자가 될 수 있다.

대다수 사람들은 본능대로 산다. 가난하게 사는 게 제일 쉬운 선택이기 때문이다. 본능대로만 살면 저절로 가난하게 살게 된다. 이것이 바로 다수가 가난하고 부자가 되지 못하는 이유다.

구석기시대에 최적화된 본능대로 살 것인가, 이를 극복하고 부자가 될 것인가? 내가 부자가 되는 세상의 모든 방법을 알려준다 해도 당신 스스로 원시적 본능을 극복하지 못한다면 절대 부자가 될 수 없다. 답은 이미 당신 안에 있다. 이 책을 통해 자신의 내면을 들여다보고 자신이 부자가 되지 못한 이유에 다가가기를 바란다.

참고도서

21세기 자본(Capital in the Twenty First Century), Thomas Piketty, 글항아리

갈등하는 본능, 공병호, 한길사

경쟁론(On Competition), Michael E.Porter, 21세기북스

국가는 왜 실패하는가?(Why Nations Fail), Daron Acemoglu & James A. Robinson, 시공사

국부론(The Wealth of nations), Adam Smith, 비봉출판사

금융의 연금술(The Alchemy of Finance), George Soros, 국일증권경제연구소

넛지(Nudge), Richard H. Thaler and Cass R. Sunstein, 리더스북

노동의 종말(The End of Work), Jeremy Rifkin, 민음사

노예의 길(The Road of Serfdom), Friedrich A. Hayek, 나남

도덕감정론(The Theory of Moral Sentiments), Adam Smith, 비봉출판사

도덕의 계보(Zur Genealogie der Moral: Eine Streitschrift), Friedrich Wilhelm Nietzsche

도시는 왜 불평등한가(The New Urban Crisis), Richard Florida, 매일경제신문사

도시의 승리(Triumph of the city), Edward Glaeser, 해냄

돈의 철학(Philosophie des Geldes), Georg Simmel, 길

렉서스와 올리브나무(The lexus and the olive tree), Thomas L. Friedman, 21세기북스

버핏도 따라한 케인스의 주식투자 비법(Keynes and the market), Justyn Walsh, 부크홀릭

부자의 경제학 빈민의 경제학, 유시민, 푸른나무

불안(Status Anxiety), Alain de Botton, 은행나무

블랙 스완(The Black Swan), Nassim Nicholas Taleb, 동녘사이언스

새로운 무의식(Subliminal, How your unconscious mind rules your behavior), Leonard Mlodinow, 까치

생각에 관한 생각(Thinking, Fast and Slow), Daniel Kahneman, 김영사

세계는 평평하다(The World is Flat),Thomas L. Friedman, 21세기북스

세계화의 덫(Die Globalisierungsfalle), Hans Peter Martin, 영림카디널

소로스 투자특강(The Soros Lectures), George Soros, 에프엔미디어

승자의 저주(The Winner's Curse), Richard H. Thaler, 이음

시장의 마법사들(Market Wizards), Jack D. Schwager, 이레미디어

신을 거역한 사람들(Against The Gods), Peter L.Bernstein, 한국경제신문사

언스크립티드(Unscripted), MJ DeMarco, 토트

에피파니 Z(Epiphany Z), Thomas Frey, 구민사

역사를 바꾼 모략의 천재들 : 중국편, 차이위치우(紫宇球), 들녘유한계급론(The Theory of the Leisure Class), Thorstein Bunde Veblen, 현대지성

열린사회와 그 적들(The Open Society and Its Enemies), Karl R. Popper, 민음사

워렌 버펫의 투자격언(Warren Buffett Speaks), Janet Lowe, 세종서적

워렌 버핏과 조지 소로스의 투자습관(The winning investment habits of Warren Buffett & Geoge Soros), Mark Tier, 국일증권경제연구소

월가에서 배우는 랜덤워크 투자전략(A Random Walk Down Wall Street), Burton G.Malkiel, 국일증권경제연구소

위대한 탈출(The Great Escape), Angus Deaton, 한국경제신문사

이기적 유전자(The Selfish Gene), Richard Dawkins, 을유문화사

이상과열(Irrational Exuberance), Robert J.Shiller, 매일경제신문사

자본주의와 자유(Capitalism and Freedom), Milton Friedman, 청어람미디어

자본주의의 매혹(The mind and the market), Jerry Z. Muller, Human & Books

자유로부터의 도피(Escape from freedom), Erich Fromm, 휴머니스트

전설로 떠나는 월街의 영웅, Peter Lynch, John Rothchild, 국일증권경제연구소

주식 투자 이렇게 하라(Buffettology), Merry Buffett & David Clark, 청림출판

죽은 경제학자의 살아 있는 아이디어(New ideas from dead economists), Todd G. Buchholz, 김영사

증보산림경제(增補山林經濟), 유중림(柳重臨), 지구문화사

직업의 지리학(The New Geography of Jobs), Enrico Moretti, 김영사

진보와 빈곤(Progress and Poverty), Henry George, 비봉출판사

찰리 멍거(Alles, was sie uber Charlie Munger wissen mussen), Rolf Morrien, Heinz Vinkelau, 다산북스

타이밍의 승부사(The new market wizards), Jack D. Schwager, 21세기북스

통섭과 투자(More Than You Know), Michael Mauboussin, 에프엔미디어

현명한 투자자(The Intelligent Investor), Benjamin Graham, 국일증권경제연구소

부의 인문학

초판   1쇄 발행   2019년 10월 4일
초판   120쇄 발행   2022년 2월 4일
개정판   1쇄 발행   2022년 3월 21일
개정판 15쇄 발행   2024년 11월 28일

지은이   우석(브라운스톤)
펴낸이   김인숙

펴낸곳   오픈마인드 주식회사
출판등록   제25100-2019-000103호
등록일자   2019년 10월 31일
이메일   openmindbook@gmail.com

일원화 공급처
㈜북새통
주소 (03955)서울특별시 마포구 월드컵로36길 18 902호
대표전화 02-338-0117
팩스 02-338-7160

ISBN 979-11-968512-0-0 03320

잘못된 책은 구입한 서점에서 교환해 드립니다.

가장 빠른 부자의 길을 보여주는
엠제이 드마코의 역작

부의 추월차선
10년 연속 글로벌 베스트셀러

392쪽 | 17,500원

이 책은 단시간 내에 기하급수적으로 돈을 버는 방법에 대해 수학 공식처럼 치밀하고 잘 다져진 방법을 제시한다. 엠제이 드마코는 자기만의 방법으로 31세에 첫 백만 달러를 벌었으며, 37세에 은퇴해 인생을 즐기며 살고 있다. 이 책은 그가 연구하고 실천해 온 '젊어서 부자가 되는 길'을 세세하게 정리한 것이다.

언스크립티드
아직 추월차선에 진입하지 못한 당신을 위한 책

496쪽 | 19,800원

빈손으로 시작해 30대에 억만장자가 되어 은퇴생활을 즐기고 있는 자신의 경험과 10년 동안 '추월차선 포럼'에서 매주 수천 명의 회원들과 교류하며 밝혀낸 부의 비밀을 담고 있다. '부의 추월차선' 진입을 위한 구체적이고 확실한 실전 로드맵으로, 변화를 원하지만 쉽게 변화의 길로 들어서지 못하는 당신을 움직이게 하는 최고의 책이 될 것이다.

부의 추월차선 | 위대한 탈출
경제적 자유를 앞당기는 120가지 원리와 전략

544쪽 | 22,000원

엠제이에게 직접 컨설팅을 받으며 기업가의 길을 걷는 것처럼 '추월차선 법칙'을 스펀지처럼 흡수할 수 있도록 구성되어 있다. 당신이 누구라도, 당신이 지금 어떤 악조건에 놓여 있더라도 추월차선으로 진입할 수 있는 용기와 무기를 함께 얻을 수 놀라운 있는 책이다. 쳇바퀴를 깨부수고 추월차선 기업가가 되기 위해 반드시 알아야 할 원칙과 기업가로 성장해 나아가기 위한 전략을 담고 있다.

실전 재테크의 신화,
우석의 통찰을 만나다

완벽한 자유와 부를 만드는
인생투자

388쪽 | 19,800원

투자자들의 워너비이며 롤모델인 우석을 성공한 투자가로 만든 철학과 생각이 고스란히 담겨 있는 책이다. 경제적 자유를 얻는 방법뿐만 아니라 직장 생활은 어떤 마인드로 해야 하는지, 불행을 피하고 행복하게 살기 위해서는 어떻게 해야 하는지, 자녀를 어떤 마음으로 키워야 하는지 등 평소 그가 갖고 있던 생각을 그대로 담았다.

나만의 투자법을 찾는 영감 넘치는 재테크 바이블
부의 본능

316쪽 | 17,000원

투자가 마음 같지 않은 당신을 위한 원인 분석과 해법을 제시하는 책이다. 경제학과 진화심리학, 철학적 배경 위에 자신의 경험을 풀어놓으며 부자 되는 걸 방해하는 심리적 장애물과 이를 극복하는 실전 투자법을 제시한다. 아울러 부의 본능을 일깨우는 도구와 유형별 맞춤 솔루션을 제시함으로써, 개인의 특성별 투자 가이드와 목돈 만들기 지침을 전수한다.

우석이 알려주는 실패하지 않는 주식투자법
초보자를 위한 투자의 정석

240쪽 | 16,800원

많은 팬들이 오랫동안 기다려 온 우석의 실패하지 않는 주식투자법. "최근 1년 6개월 수익률 530%"라는 경이로운 기록을 공개하며, 주식시장에 발을 들인 사람이라면 반드시 장착해야 할 주식투자의 정석을 이해하기 쉬운 일상의 용어로 풀어낸다. 나에게 맞는 투자법을 찾아 공포와 탐욕을 이겨내고 성공투자의 길로 들어서는 발판이 될 것이다.